Fischer TaschenBibliothek

Schöne Ferien!

Geschichten für die glücklichste Zeit des Jahres

Herausgegeben von
Julia Gommel-Baharov

FISCHER TaschenBibliothek

Erschienen bei FISCHER Taschenbuch
Frankfurt am Main, April 2024

© 2019 S. Fischer Verlag GmbH, Hedderichstr. 114,
D-60596 Frankfurt am Main
Die Nutzung unserer Werke für Text- und Data-Mining im Sinne
von § 44b UrhG behalten wir uns explizit vor.

Umschlaggestaltung: kreuzerdesign Agentur für Konzeption
und Gestaltung | Rosemarie Kreuzer
Umschlagabbildung: Pauline Launay /
Les Éditions d'Art Jack, Louannec
Druck und Bindung: CPI books GmbH, Leck
ISBN 978-3-596-52361-0

Inhalt

Die Kunst, falsch zu reisen

Wem Gott will rechte Gunst erweisen,
den schickt er in die –
»Alice! Peter! Sonja! Legt mal die Tasche hier in
* das Gepäcknetz,*
nein, da! Gott, ob einem die Kinder wohl mal
* helfen!*
Fritz, iß jetzt nicht alle Brötchen auf! Du hast
* eben gegessen!« –*

                    in die weite Welt!

Wenn du reisen willst, verlange von der Gegend, in die du reist, *alles*: schöne Natur, den Komfort der Großstadt, kunstgeschichtliche Altertümer, billige Preise, Meer, Gebirge – also: vorn die Ostsee und hinten die Leipziger Straße. Ist das nicht vorhanden, dann schimpfe.

Wenn du reist, nimm um Gottes willen keine Rücksicht auf deine Mitreisenden – sie legen es dir als Schwäche aus. Du hast bezahlt – die andern fahren alle umsonst. Bedenke, daß es von ungeheurer Wichtigkeit ist, ob du einen Fensterplatz hast oder nicht; daß im Nichtraucher-Abteil einer raucht, muß sofort und in den schärfsten Ausdrücken gerügt werden – ist der Schaffner nicht da, dann vertritt ihn einstweilen und sei Polizei, Staat und rächende Nemesis in einem. Das verschönt die Reise. Sei überhaupt unliebenswürdig – daran erkennt man den *Mann*.

Im Hotel bestellst du am besten ein Zimmer und fährst dann anderswohin. Bestell das Zimmer nicht ab; das hast du nicht nötig – nur nicht weich werden.

Bist du im Hotel angekommen, so schreib deinen Namen mit allen Titeln ein … Hast du keinen Titel … Verzeihung … ich meine: wenn einer keinen Titel hat, dann erfinde er sich einen. Schreib nicht: ›Kaufmann‹, schreib: ›Generaldirektor‹. Das hebt sehr. Geh sodann unter heftigem Türenschlagen in dein Zimmer, gib um Gottes willen dem Stubenmädchen, von dem du ein paar Kleinigkeiten extra verlangst, kein Trinkgeld, das verdirbt das Volk; reinige deine staubigen Stiefel mit dem Handtuch, wirf ein Glas entzwei (sag es aber keinem, der Hotelier hat so viele Gläser!), und begib dich sodann auf die Wanderung durch die fremde Stadt.

In der fremden Stadt mußt du zuerst einmal alles genauso haben wollen, wie es bei dir zu Hause ist – hat die Stadt das nicht, dann taugt sie nichts. Die Leute müssen also rechts fahren, dasselbe Telefon haben wie du, dieselbe Anordnung der Speisekarte und dieselben Retiraden. Im übrigen sieh dir *nur* die Sehenswürdigkeiten an, die im Baedeker stehen. Treibe die Deinen erbarmungslos an alles heran, was im Reisehandbuch einen Stern hat – lauf blind an allem andern vorüber, und vor allem: rüste dich richtig aus. Bei Spaziergängen durch fremde Städte trägt man am besten kurze Gebirgshosen, einen kleinen grünen Hut (mit Rasierpinsel), schwere Nagelschuhe (für Museen sehr geeignet), und einen derben Knotenstock. Anseilen nur in Städten von 500 000 Einwohnern aufwärts.

Wenn deine Frau vor Müdigkeit umfällt, ist der richtige Augenblick gekommen, auf einen Aussichtsturm oder auf das Rathaus zu steigen; wenn man schon mal in der Fremde ist, muß man alles mitnehmen, was sie einem bietet. Verschwimmen dir zum Schluß die Einzelheiten vor Augen, so kannst du voller Stolz sagen: ich habs geschafft.

Mach dir einen Kostenvoranschlag, bevor du reist, und zwar auf den Pfennig genau, möglichst um hundert Mark zu gering – man kann das immer einsparen. Dadurch nämlich, daß man überall handelt; dergleichen macht beliebt und heitert überhaupt die Reise auf. Fahr lieber noch ein Endchen weiter, als es dein Geldbeutel gestattet, und bring den Rest dadurch ein, daß du zu Fuß gehst, wo die Wagenfahrt angenehmer ist; daß du zu wenig Trinkgelder gibst; und daß du überhaupt in jedem Fremden einen Aasgeier siehst. Vergiß dabei nie die Hauptregel jeder gesunden Reise:

Ärgere dich!

Sprich mit deiner Frau nur von den kleinen Sorgen des Alltags. Koch noch einmal allen Kummer auf, den du zu Hause im Büro gehabt hast; vergiß überhaupt nie, daß du einen Beruf hast.

Wenn du reisest, so sei das erste, was du nach jeder Ankunft in einem fremden Ort zu tun hast: Ansichtskarten zu schreiben. Die Ansichtskarten brauchst du nicht zu bestellen: der Kellner sieht schon, daß du welche haben willst. Schreib unleserlich – das läßt auf gute Laune schließen. Schreib überall Ansichtskarten: auf der Bahn, in der Tropfsteingrotte, auf den Bergesgipfeln und im schwanken Kahn. Brich dabei den Füllbleistift ab und gieß Tinte aus dem Federhalter. Dann schimpfe.

Das Grundgesetz jeder richtigen Reise ist: *es muß was los sein* – und du mußt etwas ›vorhaben‹. Sonst ist die Reise keine Reise. Jede Ausspannung von Beruf und Arbeit beruht darin, daß man sich ein genaues Programm macht, es aber nicht innehält – hast du es nicht innegehalten, gib deiner Frau die Schuld.

Verlang überall ländliche Stille; ist sie da, schimpfe, daß nichts los ist. Eine anständige Sommerfrische besteht in einer Anhäufung derselben Menschen, die du bei dir zu Hause siehst, sowie in einer Gebirgsbar, einem Oceandancing und einer Weinabteilung. Besuche dergleichen – halte dich dabei aber an deine gute, bewährte Tracht: kurze Hose, kleiner Hut (siehe oben). Sieh dich sodann im Raume um und sprich: »Na, elegant ist es hier gerade nicht!« Haben die andern einen Smoking an, so sagst du am besten: »Fatzkerei, auf die Reise einen Smoking mitzunehmen!« – hast *du* einen an, die andern aber nicht, mach mit deiner Frau Krach. Mach überhaupt mit deiner Frau Krach.

Durcheile die fremden Städte und Dörfer – wenn dir die Zunge nicht heraushängt, hast du falsch disponiert; außerdem ist der Zug, den du noch erreichen mußt, wichtiger als eine stille Abendstunde. Stille Abendstunden sind Mumpitz; dazu reist man nicht.

Auf der Reise muß alles etwas besser sein, als du es zu Hause hast. Schieb dem Kellner die nicht gut eingekühlte Flasche Wein mit einer Miene zurück, in der geschrieben steht: »Wenn mir mein Haushofmeister den Wein so aus dem Keller bringt, ist er entlassen!« Tu immer so, als seist du aufgewachsen bei …

Mit den lächerlichen Einheimischen sprich auf alle Fälle gleich von Politik, Religion und dem Krieg. Halte mit deiner Meinung nicht hinterm Berg, sag alles frei heraus! Immer gib ihm! Sprich laut, damit man dich hört – viele fremde Völker sind ohnehin schwerhörig. Wenn du dich amüsierst, dann lach, aber so laut, daß sich die andern ärgern, die in ihrer Dummheit nicht wissen, worüber du lachst. Sprichst du fremde

Sprachen nicht sehr gut, dann schrei: man versteht dich dann besser.

Laß dir nicht imponieren.

Seid ihr mehrere Männer, so ist es gut, wenn ihr an hohen Aussichtspunkten etwas im Vierfarbendruck singt. Die Natur hat das gerne.

Handele. Schimpfe. Ärgere dich. Und mach Betrieb.

Die Kunst, richtig zu reisen

Entwirf deinen Reiseplan im großen – und laß dich im einzelnen von der bunten Stunde treiben.

Die größte Sehenswürdigkeit, die es gibt, ist die Welt – sieh sie dir an.

Niemand hat heute ein so vollkommenes Weltbild, daß er alles verstehen und würdigen kann: hab den Mut, zu sagen, daß du von einer Sache nichts verstehst.

Nimm die kleinen Schwierigkeiten der Reise nicht so wichtig; bleibst du einmal auf einer Zwischenstation sitzen, dann freu dich, daß du am Leben bist, sieh dir die Hühner an und die ernsthaften Ziegen, und mach einen kleinen Schwatz mit dem Mann im Zigarrenladen.

Entspanne dich. Laß das Steuer los. Trudele durch die Welt. Sie ist so schön: gib dich ihr hin, und sie wird sich dir geben.

JULI ZEH

Dann fahr doch!

Theo geht in die große Stadt. Einsam streift er durchs
Häusergebirge von Łódź, er fühlt den kalten Atem der
Geschichte im Nacken und wärmt sich am glühenden
Kern der Nacht

Anhand der Beschreibung würde Theo seine Stadt
schwerlich erkennen. Alter: kaum zweihundert Jahre.
Größe: achthunderttausend Einwohner. Besondere
Kennzeichen: unbekannt. Neben ihrem bürgerlichen
Namen, gesprochen »Wuuhdsch«, auf Deutsch: das
Boot, trägt sie mehr Decknamen als New York City.
Wie eine dunkle Zauberin bringt sie jeden Besucher
dazu, ob Verehrer oder Feind, ihr einen weiteren zu er-
finden, Manchester des Ostens, Wald der dreihundert
Schlote, Regenstadt oder Russlands Webstuhl. Für den
Nobelpreisträger Wladislaw Reymont war sie das Ge-
lobte Land, für die Nazis Litzmannstadt. Holly-Łódź!,
sagen jene, die Filme von Polanski und Kieslowski lie-
ben. Stadt ohne Grenzen, Stadt des Bösen, Stadt ohne
Geschichte. Theo ist gerade erst in den Zug gestiegen

und glaubt schon zu wissen, wie er sie nennen wird: die Oftgetaufte.

Was sich hinter den ungezählten Namen verbirgt, weiß in Deutschland kaum noch einer. Als hätte sich die Zauberin aus den Gedächtnissen gelöscht – niemand kann sich erinnern.

Außer daran, dass Theo nach Lodsch fährt. Seit dreißig Jahren beantwortet er die lustige Frage: Heute schon in Lodsch gewesen? Wen interessiert schon, dass das Lied eigentlich *Itzek, komm mit nach Lódz* heißt und dumme Bauern besingt, die Dorf und Torf verlassen, um in einer explodierenden Industriestadt ihr Glück zu suchen. Trotz aller Gegendarstellungen findet Theo seinen Namen an unerfreulichen Stellen, auf den Covers von Schlagersammlungen und in deutschen Grammatikbüchern:

> *Theo steht mit einem Fernglas am Fenster. Die Temperatur ist um drei Grad gesunken.*
> *Er fühlt sein Herz schlagen. Er hört sich selber schreien.*
> *Theo fährt nicht nach Lodsch. Er fährt nicht dorthin. Fahr doch, Theo!*«

Fahr doch, fahr doch. Theo schaut durch die Scheiben des Warschau-Express über eine flache Landschaft, in der das letzte Hochwasser mächtige Holzbrocken zurückgelassen hat. Wie dickhäutige Tiere hocken sie zwischen Eiskrusten auf den Feldern und wissen nicht weiter. Die grünstichige Zugbeleuchtung schaltet sich ein und aus, als könnte der Express nicht entscheiden, ob es dunkel ist oder hell. Es ist beides, ein richtiger Polarwintertag. Es war die Idee seiner genervten Freundin: Dann fahr doch hin. Mitkommen wollte sie nicht. Theo hört sein Herz schlagen. Die Temperatur ist um drei Grad gesunken.

»Wer ist dieser Theo?«, fragt mein Freund F., der mir beim Schreiben dauernd über die Schulter schaut. »Eine fiktive Figur«, sage ich genervt, »damit müsstest gerade du dich auskennen.« – »Und warum fährt er nach Lódz und nicht ich?« Ich bin schlecht gelaunt, weil es nicht einfach ist, auf mehreren Textebenen gleichzeitig zu operieren. Um F. loszuwerden, schicke ich ihn auf Recherche ins Internet. Historische Daten sammeln, Polnischvokabeln übersetzen.

Der Express verlangsamt das Tempo, spuckt Theo auf einen Bahnsteig und ist fast im gleichen Augenblick wieder verschwunden. Vier Schienenstränge unter freiem Himmel. Keine Menschenseele. Kutno heißt das gottverlassene Nest.

F. ist blitzschnell zurück: In den zwanziger Jahren des 19. Jahrhunderts, als Lódz seine knapp achthundert Einwohner noch in Holzhütten aufbewahrt, fällen die russischen Behörden im geteilten Wiener-Kongress-Polen die Entscheidung, eine Industriemetropole zu gründen. Linien werden mit Stöcken in den Sand gezogen, große Landstücke an in- und ausländische Einwanderer verschenkt. Unter einer Bedingung: Jeder baut eine Fabrik. Fünfzig Jahre später leben dreihunderttausend Menschen in der Stadt, zu je einem Drittel Polen, Juden und Deutsche. Vor meinem geistigen Auge entfalten sich Fabriken und Wohnhäuser wie Umzugskartons. Seitdem ist Lódz die zweitgrößte Stadt Polens. Aber, lacht F., deshalb noch lang nicht ans überregionale Verkehrsnetz angeschlossen. »Theo, pack dein Glück beim Schopf / Und hau alles auf den Kopf / So lang hast du auf Lódz gespart: / Für eine Stunde Taxifahrt!« F. klatscht und stampft, ich scheuche ihn zurück an die Arbeit.

»Waren Sie schon mal in Freitag?«, fragt der Taxifahrer dumpf. »Da liegt das Zentrum von Polen.« Schwer lastet Dunkelheit auf leeren Feldern. Auf Theo lastet das Gefühl, in den Wagen eines Wahnsinnigen gestiegen zu sein. Er sucht schon nach dem Türgriff, als ein Ortsschild vorbeiflitzt: Piatek-Freitag. »Nur in geografischer Hinsicht«, sagt der Fahrer und beginnt, vom Untergang der Metropole Lódz zu erzählen. Nach der Wende ist der Russlandhandel zusammengebrochen. Wenigstens gibt es ein neues Kino, »echt 21. Jahrhundert«, und Theos Hotel: »Nagelneu.«

Der Fahrer will das Zimmer besichtigen und befühlt die türkisfarbenen Duschvorhänge an den Fenstern. Draußen: »Lódz-Manhattan!« Neue und alte Plattenbauten und eine zehnspurige Hauptverkehrsstraße.

Am Hochhaus gegenüber hängt ein tennisplatzgroßes Werbeplakat, das eine grüne Wiese zeigt. »Schöne Aussicht«, sagt der Fahrer und drückt Theo die Hand.

F. steckt den Kopf durch den Türspalt und sagt: »Das Gute an Städten mit nur zwei Jahrhunderten Geschichte ist, dass sie keine historischen Marktplätze haben, keine gotischen Kathedralen und mittelalterlichen Gassen. Davon gibt's in Polen mehr als genug.« Lódz hat kein Herz, dafür aber eine Wirbelsäule. Schnurgerade fräst sich die Prachtallee Piotrkowska über fünf Kilometer durch die Stadt, auf dem Reißbrett gezogen, als Zeitstrahl einer selbst erfundenen Geschichte. Die Gebäude bewahren eine nicht vorhandene Vergangenheit: außen Neogotik, Neoromantik, Neobarock, innen Rokoko, Chinoiserien, mauretanische Schnörkel und Louis-seize. »In welchem Stil?«, brüllt der große Poznanski seine Palastarchitekten an. »Ich kann mir alle Stile leisten!« Wenn unter den Fenstern eine Straßenbahn vorbeirattert, klirren im 500 Quadratmeter großen Saal leise die Glastropfen der Kronleuchter, als ob sie noch immer unter dem Widerhall dieser Stimme erzitterten.

F. steht still und lauscht. Er spürt den Echos nach, dem dreisprachigen Geplauder, den ächzenden Schritten stattlicher Männer, die keine Webmeister mehr sind, sondern Baumwollfürsten und Barchentbarone. Niemand von ihnen ist von Adel, aber sie haben lang genug untereinander geheiratet, um wie am Königshof miteinander verwandt zu sein, und man nennt sie, halb im Spaß, halb schon im Ernst, die Fabrikantenaristokratie.

F. riecht Zigarren und hört das Klatschen von Spielkarten auf poliertem Holz, er sieht in teure Stoffe gehüllte Damen rund ums Klavier beim Tee und lässt barfüßige Jugendstiltöchter in transparenten Gewändern und mit langem, offenem Haar durch die Zimmerfluchten wehen. In den dunklen Ecken, hinter offen stehenden Flügeltüren, nistet und brütet jedoch der Untergang, die böse Fratze noch zur Wand gekehrt. Bald wird er sich umwenden, hervorkriechen und hässlich in die edlen Zimmer grinsen. Der erste Stoß wird das vielköpfige, polnisch-jüdisch-deutsche Wesen schwer verwunden, ihm gerade genug Leben lassen für zwanzigjährige Agonie. Der zweite Stoß wird es zerreißen und töten. F. hat glasige Augen.

»Sehr beeindruckend«, sage ich. »Trotzdem fährt Theo nach Lódz. Und nicht du.«

Weil die Straßenbeleuchtung ausgefallen ist, gerät Theo jedes Mal ins Taumeln wie eine lichtsüchtige Motte, wenn er einen der beleuchteten Torbögen passiert. Hinter der Bergkette dunkler Gebäude, deren Kämme er nur mit zurückgelegtem Kopf betrachten kann, reihen sich Hinterhöfe wie die Mägen einer Kuh. Theo traut sich nicht hinein. So hoch Menschenarme reichen, sind die Mauern mit Graffiti bedeckt, erst schwarze und rote Sprühfarbe in erster Schicht, dann Namen, Daten, Gedichtanfänge mit dickem Edding gemalt, und wenn Theo sich mit dem Gesicht zur Wand stellt wie vor einem Erschießungskommando, kann er die Feinstruktur aus Kugelschreiber- und Bleistiftschrift lesen. Er lernt, wen oder was er alles ficken soll und was Angehörigen verfeindeter Fußballclubs passiert, wenn sie aufeinandertreffen. Laut ruft Theo in einen Eingang hinein und ist sicher, das Echo zwischen den eng sitzenden Wänden in ein paar Stunden noch hören zu können.

Gerade erst angekommen, glaubt er, der letzte Mensch in der Stadt zu sein. Der Lichtschein laufender Fernseher, übriggebliebener Weihnachtsdekorationen oder schmutziger Neonröhren hilft nicht weiter. Statt Türen verschließen Metalltore die Eingänge, ohne Griffe oder Klinken, und manche der vergitterten Fenster erreichen die Größe von Fußballtoren. Als Theo dann doch wagt, ein Haus zu betreten, weil das Schild am Eingang Live-Music verspricht, blickt er in einen halbdunklen, verrauchten Raum, aus dem das Geräusch rollender Würfel zu hören ist. Musik und Tanz und Eleganz spielen sich nur im Innern vorbeirasender Autos ab.

Theo ist geschrumpft oder die Welt gewachsen, sie schlackert an ihm wie ein zu weit gewordenes Kleidungsstück. Schwarzbackige Löwen sehen von hoch oben auf ihn herunter, während die Stadt mit erstarrtem Gesicht in den Nachthimmel schaut. Irgendetwas ist schwer zu ertragen. Vielleicht Masse und Prunk der Fabriken, die wie Kastelle gestaltet sind, mit plumpen Türmen an allen vier Ecken und endlosen Reihen von Zinnen, die sich am Himmel festzubeißen scheinen. Es fällt schwer, sie nicht für schottische Burgen zu halten. Vielleicht sind Schlösser nicht zu ertragen, wenn sie nicht für Menschen, sondern für mächtige Maschinen errichtet wurden, die sie bewohnen. Oder vielleicht ist es der Verfall. Oder Theos Ahnung, dass ihn all das etwas angeht.

Diesmal bin ich froh, dass Freund F. mich mit den Teilen eines ausgedruckten Stadtplans unterbricht, die er quer über den Schreibtisch aneinanderlegt. Ich weiß ohnehin nicht recht, was mit Theo los ist.

»Dein Theo ist eine Memme«, meint F. »Nur zweihundert Schritte in östlicher Richtung würde er auf die prächtige Piotrkowska treffen.« Ein gewisses Gefühl der Bedrückung müsse ihm allerdings zugestanden werden. Immerhin sei der Wald der Schlote gerodet, ein paar der übriggebliebenen Schornsteine stehen unter Denkmalschutz. Fabriken lauschen still dem Bröckeln der eigenen Mauern. Theo spüre Geschichte, deutsche, polnische, europäische, Weltgeschichte überhaupt, diese ewige, rasante Parabel aus Errichten und Vernichten.

Lódz hat sich wegen Geldmangel kein künstliches

Gedächtnis errichtet und kann sich nur verschwommen erinnern. Die ehemaligen Grenzen des vier Quadratkilometer großen Ghettos von Lódz erkennt man nur an den Schneisen im Stadtteil Baluty, die einst aus »Hygienegründen« geschlagen wurden und heute schmale Parkflächen sind. Von zweihundertdreißigtausend Juden entgingen achthundertsiebzig dem Tod. Eine einzige, winzige Synagoge hat überlebt, verborgen im vierten einer Reihe Hinterhöfe, wo ein deutscher Fabrikant sie als Lagerraum verteidigt. Der größte jüdische Friedhof Europas wird von wuchernden Pflanzen zum zweiten Mal beerdigt. Auf dem evangelischen verfallen die Mausoleen der deutschen, auf dem katholischen die der polnischen Fabrikantenfamilien. Niemand geht spazieren, um seinen Nachnamen zu suchen. Überlebende Angehörige haben sich in alle Welt zerstreut, selten kommt einer zu Besuch, ein Enkel oder Urneffe von Kindermann, Geyer oder Herbst, und schüttelt den Kopf, weil ihm die Prachthäuser für Lebende und Tote, die seine Vorfahren erbauten, nichts mehr zu sagen haben.

Und gerade deshalb, meint F., spüre Theo die Zähne der Geschichte im Nacken. Weil sie nicht eingesperrt ist in Denkmälern, Schaukästen und Freilichtmuseen. Ungezähmt läuft sie herum und greift sich jeden, den sie will.

Eine Straße rumpelt heran mit erleuchteter Trambahn darauf und verschwindet um die nächste Ecke. Dahinter beginnt die Prachtallee, eine lichtstrahlende Schneise. Die Wohnhäuser sind mit steinernen Pflanzen, Menschen und Tieren beladen, als hätten sie sich zum Nachmittagsschlaf niedergelegt und trügen nun auf den müden Gesichtern die Abdrücke dessen, was sie unter sich begruben. Theo wendet sich nach Norden, ein ungeduldiger Wind ist sein Begleiter. Zwei alte Männer unterhalten sich übers Theater, ihre Stimmen kommen von den Fassaden zurück: *Ein Drama! Was für ein Drama!* Unzählige Boutiquen stellen goldene Mäntel für die himmlischen Heerscharen aus. Ein kleiner Hund rennt immer wieder vorbei und dreht an den Straßenecken in Panik den Kopf. Eben noch pfiff und rief ein Herrchen, aber Theo, der sich auf einmal danach sehnt, dem Tier nach Hause zu helfen, kann sich schon nicht mehr erinnern, wo das war. Und: wann?

Und Theo beginnt zu laufen. Er rennt durchs alte Ghetto, wo die Parks unter Wasser stehen, wo der Mond weiß und rund wie ein Bierdeckel über den Dächern klemmt, wo Kohleberge in schwarzen Hinterhöfen unter freiem Himmel auf Käufer warten, die Schritte der Menschen auf dem Pflaster schlurfen und Theo durch die leeren Arkaden des Markts und über den Hof einer Kirche verfolgen. Ein Kind drischt auf eine eiserne Absperrungskette ein.

Weil es Tag und Mittag wird, besäuft sich der Himmel mit blauer Farbe, was die Stadt nicht interessiert. Theo rennt durch Pfaffenmühle, Stadt in der Stadt, wo die Reihen von Arbeiterhäusern, Fabriken, Schule und Spital aus dem immergleichen Ziegel gemacht sind wie Körperteile eines einzigen roten Wesens. Eisfischer hocken neben gehackten Löchern auf dem zugefrorenen See, ein paar Schlittschuhläufer bewegen sich langsam auf schlecht geschliffenen Kufen. Theo durchquert Paläste und Villen, in denen es kalt ist wie draußen, ehemals bewohnte Ausstellungsräume für Möbel aller Epochen.

Ruhe findet er auf dem Mittelstreifen einer achtspurigen Hauptverkehrsstraße. Studenten sitzen in aufgeplusterten Daunenjacken wie frierende Vögel auf den Stufen der berühmten Filmakademie und lächeln ihm zu. Theo kauft sich ein Brötchen, bricht es auf und schnäuzt sich hinein. Theo betrinkt sich mit bulgarischem Rotwein auf seinem Hotelzimmer. Die Nacht fällt über Lódz und Theo mit ihr.

»Und dann?« Wir haben alle Stadtpläne und Reiseführer vom Tisch gefegt. F. hockt auf der Kante. »Dann«, sage ich, »in der zweiten Nacht, als die Schnellstraßen wieder brachliegen wie eingefrorene Flüsse, findet Theo sich in einem Kellergewölbe am Rand einer Bühne wieder. Darauf steht ein Mädchen, kaum größer als ein Hydrant, und bringt mit großer Stimme die

Nacht zum Schmelzen. Ein paar Häuser weiter trommeln vierzig Hände im Innern einer alten Fabrik, zwei Tänzer schlagen mit Flammenflügeln, drehen sich wie brennende Derwische und löschen sich selbst und ihre Zuschauer in einem Meer aus Licht und Hitze aus.

Theo feiert, ganz allein, ein Fest, das ihn die Welt vergessen lässt. Er ist verliebt und weiß nicht, in wen. Er will sein Haar zu Zöpfen binden, er will eine Wohnung im alten Ghetto nehmen und sie liebevoll einrichten, bis ihre Gemütlichkeit in ewiger Schlacht mit der Außenwelt steht. Er will einen kleinen Hund kaufen und ihn einmal pro Woche verzweifelt in allen Hinterhöfen suchen. Er wird lernen, bröckelnden Beton und rostiges Eisen zu lieben, was gar nicht schwer ist. Er wird im Januar die Weihnachtsdekoration nicht von den Fenstern nehmen, weil ein Jahr so schnell vorbei ist, dass der Kram gleich draufbleiben kann. Alle Sorgen werden von Theo abfallen. Er wird essen, was auf den Tisch kommt, und kein Handy oder Diktiergerät brauchen, um mit sich selber zu sprechen. Die Geschichte hat ihn im Nacken gepackt wie ein flüchtiges Junges und zu den anderen getragen, ins warme, leuchtende, brennende Nest.«

»Und seine genervte Freundin?«, fragt F. Ich runzele die Stirn. »Ich meine jene, die unbedingt wollte, dass Theo nach Lódz fährt.«

»Ach die. Ich glaube, sie hat nie wieder etwas von ihm gehört.« Nachdenklich spiele ich mit dem Stift.

»Die beschäftigt sich mit Hü und Hott und kann sich nur verschwommen erinnern.«

PETER STAMM

Treibgut

*May God forgive the hands that fed
The false lights over the rocky head!*
John Greenleaf Whittier

Ich wusste nicht, ob ich die richtige Nummer gewählt
hatte. Auf dem Anrufbeantworter war nur klassische
Musik zu hören, dann ein Pfeifton und dann die erwar-
tungsvolle Stille der Aufnahme. Ich rief noch einmal
an. Wieder kam nur die Musik, und ich hinterließ eine
Nachricht. Eine halbe Stunde später rief Lotta zurück.
Als wir uns besser kannten, erzählte sie mir von Joseph.
Er sei der Grund, weshalb sie den Beantworter nicht
bespreche. Er dürfe nicht wissen, dass sie zurück sei in
der Stadt.

Lotta war Finnin und wohnte im West Village auf
Manhattan. Ich brauchte für einige Zeit eine Wohnung.
Eine Agentur hatte mir Lottas Nummer gegeben.

»Ich muss die Wohnung manchmal vermieten«,
sagte Lotta, »wenn ich keine Arbeit habe.«

»Und wo wohnst du in der Zwischenzeit?«, fragte ich.

»Meistens bei Freunden«, sagte sie, »aber diesmal habe ich noch niemanden gefunden. Weißt du einen Platz für mich?«

Die Wohnung war groß genug, und so bot ich ihr an zu bleiben. Sie willigte sofort ein.

»Du darfst das Telefon nie direkt abnehmen«, sagte sie. »Warte immer, bis du weißt, wer dran ist. Wenn du mich anrufen willst, ruf mich. Dann stelle ich den Beantworter ab.«

»Warst du da, als ich zum ersten Mal anrief?«, fragte ich.

»Ja«, sagte sie.

Lotta wohnte im vierten Stock eines alten Hauses in der 11th Street. Alles war schwarz in der Wohnung, die Möbel, das Bettzeug, die Teppiche. Einige vertrocknete Kakteen standen auf dem kleinen eisernen Balkon, der auf einen Hinterhof hinausging. Auf der Kommode neben Lottas Bett und auf dem Glastisch mit dem Anrufbeantworter lagen verstaubte Muscheln und Korallenästchen. In den wenigen Lampen steckten rote und grüne Glühbirnen, die die Räume abends in ein seltsames Licht tauchten, als stünden sie unter Wasser.

Als ich die Wohnung besichtigt hatte, war Lotta im Pyjama an die Tür gekommen, obwohl es schon Mittag war. Nachdem sie mir alles gezeigt hatte, ging sie sofort zurück ins Bett. Ich hatte sie gefragt, ob sie krank sei, aber sie hatte den Kopf geschüttelt und gesagt, sie schlafe einfach gern.

Als wir dann zusammen wohnten, stand sie nie vor Mittag auf und ging meistens vor mir wieder zu Bett. Sie las viel und trank Kaffee, aber ich sah sie kaum je essen. Sie schien von Kaffee und Schokolade zu leben. »Du musst gesünder essen«, sagte ich, »dann bist du nicht immer so müde.«

»Aber ich schlafe gern«, sagte sie und lachte.

Mit uns lebte eine ganz junge schwarze Katze. Lotta hatte sie geschenkt bekommen und Romeo getauft. Später hatte sie erfahren, dass Romeo ein Weibchen war, aber der Name war geblieben.

Es war Oktober. Ich traf alte Freunde, Werner und Graham, die bei einer Bank arbeiteten. Ich schlug ihnen vor, für ein langes Wochenende ans Meer zu fahren. Graham sagte, wir könnten sein Auto nehmen, und ich lud Lotta ein, mit uns zu kommen. An einem Freitagmorgen fuhren wir los. Wir wollten nach Block Island, einer kleinen Insel, hundert Meilen östlich von New York.

Noch in Queens machten wir zum ersten Mal halt. Unsere Abfahrt hatte sich verzögert, und wir waren hungrig. An einem kleinen Imbissstand direkt an der Hauptstraße aßen wir Hotdogs. Lotta trank nur Kaffee. An einer Kreuzung, nicht weit von uns entfernt, stand ein Schwarzer. Er hatte eine Pappschachtel mit vakuumverpacktem Fleisch neben sich. Wenn die Ampel rot wurde, ging er von Auto zu Auto und versuchte, das Fleisch zu verkaufen. Als er uns sah, kam er mit einem der Pakete in der Hand auf uns zugerannt. Wir unterhielten uns eine Weile mit ihm. Sein Französisch war besser als sein Englisch, und wir fragten ihn, wie es ihn ausgerechnet nach Queens verschlagen habe. Er ging auf all unsere Scherze ein, hoffte wohl bis zuletzt, dass wir ihm etwas abkaufen würden. Als wir schon losfuhren, lächelte er noch, hob sein Fleisch in die Höhe und rief uns etwas nach, das wir nicht mehr verstanden.

Wir waren mit der letzten Fähre an diesem Tag auf die Insel gekommen. Das Auto hatten wir auf einem fast leeren Parkplatz auf dem Festland zurückgelassen. Die Überfahrt dauerte zwei Stunden, und obwohl es kalt war, blieb Werner die ganze Zeit über draußen an der Reling stehen. Wir anderen saßen in der Cafeteria. Das Schiff war fast leer.

Direkt am Hafen der Insel stand ein großes, heruntergekommenes Jugendstilhotel. Nicht weit davon entfernt fanden wir eine einfache Pension in einem leuchtend weiß gestrichenen Holzhaus. Es war selbstverständlich, dass Lotta mit mir das Zimmer teilte.

Vom Meer her wehte ein heftiger Wind. Trotzdem beschlossen wir, noch vor dem Abendessen einen Spaziergang zu machen. Am Strand entlang führte eine Promenade aus grauverwittertem Holz. Außerhalb des

Dorfes hörte sie plötzlich auf, und wir mussten durch den Sand weitergehen.

Werner und ich gingen nebeneinander. Er war sehr schweigsam. Graham und Lotta hatten die Schuhe ausgezogen und suchten näher am Wasser nach Muscheln. Sie blieben bald zurück. Nur manchmal hörten wir noch einen Schrei oder Lottas hohes Lachen durch das Lärmen der Brandung.

Als wir eine Weile gegangen waren, setzten Werner und ich uns in den Sand, um auf die beiden zu warten. Im Gegenlicht sahen wir ihre Silhouetten schwarz vor dem glitzernden Wasser.

»Was machen die so lange da unten?«, fragte ich.

»Muscheln suchen«, sagte Werner ruhig. »Wir sind weit gegangen.«

Ich kletterte auf eine Düne, um zurückzuschauen. Sand kam in meine Schuhe, und ich zog sie aus. Das Dorf war weit entfernt. In einigen Häusern brannte schon Licht. Als ich zurückkam, war Werner zum Ufer hinuntergegangen. Lotta und Graham saßen im Windschatten der Düne. Sie hatten ihre Schuhe wieder angezogen. Ich setzte mich neben sie, und wir schauten schweigend zum Meer, wo Werner Muscheln oder Steine ins Wasser warf. Der Wind trieb den Sand in Wirbeln über den Strand.

»Ich friere«, sagte Lotta.

Auf dem Rückweg ging ich neben Lotta und half ihr, die gesammelten Muscheln zu tragen. Meine Schuhe hatte ich an den Schnürsenkeln zusammengeknotet und über die Schultern gehängt. Der Sand war kalt geworden. Graham lief voraus, Werner folgte uns in einiger Entfernung.

»Graham ist nett«, sagte Lotta.

»Sie arbeiten bei einer Bank«, sagte ich, »er und Werner. Aber sie sind o. k.«

»Wie alt ist er?«

»Wir sind alle gleich alt. Wir sind zusammen zur Schule gegangen.«

Lotta erzählte von Finnland. Sie war auf einem Bauernhof aufgewachsen, nördlich von Helsinki. Ihr Vater hatte Stiere gezüchtet. Lotta war schon früh von zu Hause weggegangen, erst nach Berlin, dann nach London, nach Florenz. Schließlich, vor vier oder fünf Jahren, war sie nach New York gekommen.

»Letzte Weihnachten habe ich meine Eltern besucht. Zum ersten Mal seit Jahren. Meinem Vater geht es nicht gut. Ich wollte erst dableiben, aber im Mai bin ich dann doch zurückgekommen.« Sie zögerte. »Eigentlich bin ich nur wegen Joseph gegangen.«

»Was war denn mit Joseph? Wart ihr ein Paar?«

Lotta zuckte mit den Achseln. »Das ist eine lange Geschichte. Die erzähle ich dir ein andermal.«

Kurz vor dem Dorf schauten wir uns nach Werner um. Er war weit zurückgeblieben und ging langsam, nahe am Wasser entlang. Als er sah, dass wir auf ihn warteten, winkte er und kam schneller auf uns zu.

Wir aßen in einem kleinen Fischrestaurant. Lotta sagte, sie sei Vegetarierin, aber Graham meinte, Fisch dürfe sie trotzdem essen. Wir luden sie ein, und sie aß von allem, aber trank keinen Wein.

Wenn Lotta eine Weile geschwiegen hatte, fielen Graham und ich manchmal in unsere Muttersprache. Werner sagte nichts, und Lotta schien es nicht zu stören. Sie aß langsam und konzentriert, als müsse sie sich jede Bewegung in Erinnerung rufen. Sie merkte, dass ich sie beobachtete, lächelte mir zu und aß erst weiter, als ich meinen Blick abgewandt hatte.

Nachts trug Lotta einen rosaroten Pyjama mit einem aufgestickten Teddybären. Ihr blondes Haar war kurz geschnitten. Sie musste über dreißig sein, aber sie wirkte wie ein Kind. Sie lag auf dem Rücken und hatte die Bettdecke bis zum Kinn hochgezogen. Ich hielt den Kopf aufgestützt und schaute sie an.

»Willst du immer in New York bleiben?«, fragte ich.

»Nein«, sagte Lotta, »ich mag das Klima nicht.«

»Finnland ist auch nicht besser«, sagte ich.

»Zu Hause war mir immer kalt. Ich möchte nach Trinidad. Ich habe Freunde dort.«

»Du hast viele Freunde.«

»Ja«, sagte Lotta.

»Jetzt hast du auch Freunde in der Schweiz.«

»Ich möchte einen kleinen Laden haben auf Trinidad«, sagte sie. »Kosmetik, Filme, Aspirin und so …

von hier direkt importiert. Das gibt es dort nicht. Oder es ist sehr teuer.«

»Spricht man Englisch auf Trinidad?«, fragte ich.

»Ich glaube. Meine Freunde sprechen Englisch … und es ist immer warm.«

Unten fuhr ein Auto vorüber. Das Scheinwerferlicht, das durch die Jalousien fiel, wanderte durchs Zimmer, über die Decke und erlosch plötzlich, dicht über unserem Bett.

»Du bist sehr frei«, sagte ich. Aber da war Lotta schon eingeschlafen.

Wir trafen Werner und Graham beim Frühstück.

»Habt ihr gut geschlafen?«, fragte Graham grinsend.

»Ich mag es, wenn man das Meer vom Bett aus hört«, sagte ich.

»Ich war müde«, sagte Lotta.

Werner aß schweigend.

Vor dem Mittag begann es zu regnen, und wir gingen ins Lokalmuseum. Es war in einem kleinen weißen Schuppen untergebracht. Über die Geschichte von Block Island gibt es nicht viel zu sagen. Die Insel wurde irgendwann von einem Holländer namens Block entdeckt. Später kamen Siedler vom Festland herüber. Danach geschah nicht mehr viel.

Der alte Mann, der das Museum führte, erzählte uns von den unzähligen Schiffen, die an den Klippen vor der Insel gestrandet waren. Die Leute hier hätten mehr vom Strandgut als von der Fischerei gelebt.

»Es heißt, sie hätten die Schiffe mit falschen Feuern an die Klippen gelockt«, sagte der Mann und lachte. Heute lebe die Insel vom Tourismus. Im Sommer sei jede Fähre voll von Badegästen, und viele reiche New Yorker hätten ein Sommerhaus auf der Insel. Eine Zeitlang habe es zum guten Ton gehört, ein Haus auf Block Island zu haben. Aber heute flögen die Reichen in die Karibik.

»Es ist ruhiger geworden hier«, sagte der Mann, »aber wir können uns nicht beklagen. Schiffe stranden nicht mehr, aber es wird noch allerhand angetrieben.«

Lotta fragte ihn, ob er Fischer sei.

»Ich war Immobilienmakler«, sagte er. »Sie können sich gar nicht vorstellen, was hier alles angetrieben wird.«

Er lachte, ich wusste nicht, weshalb.

Dann gingen wir wieder an den Strand. Lotta machte sich auf die Suche nach Muscheln, wir anderen setzten uns und rauchten. Graham schaufelte mit einem zerbrochenen Krebspanzer ein Loch in den feinen Sand, der schon dicht unter der Oberfläche feucht zusammenklebte.

»Und«, sagte ich, »was habe ich gesagt? Sie ist doch ganz nett.«

Werner schwieg. Graham lachte. »Wir haben nicht mit ihr im selben Bett geschlafen.«

»Wie das klingt: im selben Bett geschlafen. Sag doch, was du denkst.«

»Heute Nacht bin ich an der Reihe«, sagte Graham grinsend, »und morgen Werner. Aber der macht so was nicht.«

Ich sagte, er sei ein Idiot, und Werner sagte: »Hört auf.« Er stand auf und ging davon, zum Meer hinunter. Lotta kam zurück, die Hände voller Muscheln. Sie setzte sich neben uns in den Sand, breitete ihre Beute vor sich aus und begann, sie sorgfältig mit den Fingern abzuwischen. Graham hatte sich eine Röhrenmuschel vom Lager zwischen Lottas Beinen genommen und betrachtete sie lange.

»Seltsam, was die Natur alles hervorbringt«, sagte er und lachte. »Wie war das? Sie können sich gar nicht vorstellen, was hier alles angetrieben wird.«

Mit der Mittagsfähre waren noch einmal einige Touristen angekommen, aber sie verloren sich rasch in alle Richtungen, und schon bald war das Dorf wieder leer. Wir aßen auf der Terrasse eines Coffee Shops.

»Was nun?«, fragte ich.

»Ich bin müde«, sagte Lotta. »Ich lege mich eine Stunde hin.«

Graham machte sich auf die Suche nach einer Zeitung, und Werner sagte, er gehe ans Meer. Ich schlenderte mit Lotta zurück zum Hotel.

Die Betten in unserem Zimmer waren schon gemacht, und das Fenster stand weit offen. Lotta schloss es und ließ die Jalousien herunter. Sie legte sich hin. Ich setzte mich auf den Boden und lehnte mich an das Bett.

»Was wohl der arme kleine Romeo macht«, sagte Lotta. »Er fehlt mir schrecklich.«

»Es wird ihm schon gutgehen.«

»Willst du dich nicht hinlegen?«

»Ich bin nicht müde.«

»Ich kann immer schlafen«, sagte Lotta.

Am Nachmittag liehen wir uns Fahrräder, um die Palatine-Gräber im Süden der Insel zu besuchen. Sechzehn Holländer, die den berühmten Schiffbruch der Palatine an der Insel überlebt hatten, sollen dort begraben sein.

»Warum sind sie denn begraben, wenn sie doch überlebt haben?«, fragte Lotta.

»Lebendig begraben«, sagte Graham.

Werner lachte.

»Das war im achtzehnten Jahrhundert«, sagte ich.

»Aber warum wurden sie zusammen begraben?«, fragte Lotta. »Nur weil sie auf demselben Schiff waren?«

»Vielleicht weil sie zusammen gerettet wurden«, sagte ich, »das verbindet.«

Wir fanden irgendwo einen verrotteten Wegweiser, aber die Gräber fanden wir nicht. Auf einer Wiese trafen wir einen Mann. Auch er wusste nicht, wo die

Gräber waren. Er hatte noch nie etwas von ihnen gehört. Enttäuscht kehrten wir um.

»Ich mag sowieso keine Friedhöfe«, sagte Lotta.

Wir fuhren jetzt gegen den Wind und kamen erst, als es schon dunkel wurde, zurück zu unserem Hotel. Wir tranken ein Bier. Lotta rief ihre Nachbarin an, um sich nach der Katze zu erkundigen.

»Alles in Ordnung«, sagte sie, als sie wieder da war.

»Werner wird in einer Woche dreißig«, sagte ich zu Lotta. »Wir sollten eine Party für ihn geben.«

»Dann bist du eine Waage«, sagte sie. »Joseph ist auch eine Waage.«

Werner nickte. Er wolle keine Party, sagte er.

»Wer ist Joseph?«, fragte Graham. »Joseph und Maria?«

»Joseph und Lotta«, sagte ich.

»Ein Freund«, sagte Lotta.

»Waage«, murmelte Graham und blätterte in seiner Zeitung. Dann las er vor: »Sie müssen eine Entscheidung treffen und sollten von realistischen Überlegungen ausgehen. Das Knüpfen neuer Kontakte dürfte Ihnen nicht schwerfallen. Glückliche Stunden stehen bevor.«

»Das ist ein gutes Horoskop«, sagte Lotta.

Werner lachte. Es war ein seltsames, spöttisches Lachen. Graham und ich lachten mit, aber Lotta lächelte nur und legte eine Hand auf Werners Arm.

»Es ist in Ordnung«, sagte sie. »Komm, wir gehen spazieren.«

Sie standen auf, und wir verabredeten uns in einer Stunde in dem Fischrestaurant vom Abend vorher. Werner ging aufrecht und langsam wie ein kranker Mensch. Es sah aus, als bewege er sich nicht. Lotta hängte sich bei ihm ein. Sie schien ihn vorwärts zu ziehen hinunter zum Strand.

»Und«, fragte Graham, nachdem wir lange geschwiegen hatten, »wie ist sie?«

»Was meinst du?«

»Spiel nicht den Unschuldigen. Wozu hast du sie denn sonst mitgenommen?«

»Sie ist eine seltsame Frau«, sagte ich. »Findest du nicht?«

Graham grinste. »Eine Frau ist eine Frau.«

»Nein«, sagte ich, »ich mag sie. Ich bin gern mit ihr zusammen.«

»Was meinst du, wer von uns dreien gefällt ihr am besten?«, fragte Graham.

»Ich glaube, du bist der Einzige hier, der so versessen darauf ist, ihr zu gefallen.«

»Ach was. Mir gefällt ihre müde Art. Die sind gut im Bett. Ich kenne den Typ.«

»Mein lieber Freund, denk an deine Frau.«

»Ich bin in den Ferien. Meinst du, ich bin hierhergekommen, um Muscheln zu suchen?«

»Und was sagt Werner?«, fragte ich.

»Nichts. Er sagt überhaupt nichts. Ich habe ihn noch nie so schweigsam erlebt. Stumm wie ein Fisch.«

Wir hatten unser Bier ausgetrunken. Graham sagte, er müsse telefonieren, und ich setzte mich in einen Sessel im Foyer der Pension und blätterte im *Fishermen's Quarterly*.

Lotta kam nicht zum Abendessen. Sie sei müde, sagte Werner, als er allein an unseren Tisch trat. Während des Essens war er noch immer schweigsam, aber der Ernst der vergangenen Tage war verschwunden, und manchmal ließ er sein Besteck sinken und lächelte still vor sich hin.

»Haben wir uns verliebt?«, fragte Graham spöttisch.

»Nein«, sagte Werner kurz, aber nicht unfreundlich. Dann aß er ruhig weiter. Beim Kaffee meinte er, er wolle morgen die Kreideklippen im Süden der Insel sehen.

»Die müssen in der Nähe der Palatine-Gräber sein«, sagte ich. »Noch mal den ganzen Weg da raus …«

Auch Graham hatte keine Lust, ein zweites Mal über die Insel zu fahren.

»Nur wegen ein paar Kreidefelsen. In Europa hast du überall Kreidefelsen. In England, in der Bretagne, in Irland, überall.«

Aber Werner ließ sich nicht beirren und meinte nur: »Ihr müsst ja nicht mitkommen.«

Um Mitternacht ging Werner zu Bett. Graham und ich blieben noch lange sitzen. Wir hatten ziemlich viel getrunken. Graham erzählte, seine Frau sei ausgezogen. Sie wohne jetzt bei ihrem Englischlehrer.

»Sie hat keine Arbeitsbewilligung bekommen«, sagte er. »Nachher wollte sie ein Kind, aber das hat nicht geklappt. Sie hat sich gelangweilt.«

Graham tat mir leid. Da merkte ich plötzlich, wie wenig ich ihn mochte. Ich sagte, ich sei müde und wolle ins Bett. Er bestellte noch zwei Bier, aber ich stand auf und ging.

Lotta schien tief zu schlafen, als ich ins Zimmer trat. Sie atmete laut und unregelmäßig. Ich zog mich aus, öffnete das Fenster einen Spaltbreit und legte mich neben sie. Ich horchte auf ihren Atem und auf das Rauschen des Meeres, doch schlief ich bald ein und erwachte erst, als jemand heftig an die Tür klopfte. Sofort sah ich, dass Lotta nicht da war, aber ich dachte mir nichts dabei. Es war schon später Vormittag. Draußen stand Graham.

»Werner ist weg«, sagte er.

»Lotta auch«, sagte ich. »Vielleicht sind sie beim Frühstück.«

»Nein«, sagte Graham, »ich war schon unten.«

Wir frühstückten in der Pension.

»Vielleicht sind sie ans Meer gegangen«, sagte ich, »oder zu den Klippen.«

»Die Fahrräder haben sie jedenfalls nicht genommen«, sagte Graham, »und zu Fuß sind es mindestens zwei Stunden zu den Klippen.«

Wir waren beide verärgert. Als Werner und Lotta gegen Mittag noch immer nicht da waren, nahmen wir die Räder und fuhren in Richtung Süden. Aber es gab zwei Straßen, und wenn Lotta und Werner zu Fuß unterwegs waren, kamen sie überall durch. Zwei Stunden später waren wir wieder in der Pension.

»Die können etwas erleben, wenn sie zurückkommen«, sagte Graham.

Die Frau am Empfang winkte uns zu sich. Sie sagte, wir müssten unsere Zimmer räumen. Unsere Freunde seien abgereist, während wir weg gewesen seien. Sie hätten eine Nachricht hinterlassen. Sie reichte mir ein Blatt Papier, auf das Lotta geschrieben hatte, wir sollten uns keine Sorgen machen und allein nach Hause fahren. Sie und Werner nähmen einen anderen Weg.

»Dass deine Finnin nicht wählerisch ist, wundert mich nicht«, sagte Graham, »aber dass sie mit Werner geht …«

»Ich kann mir nicht vorstellen, weshalb sie gegangen sind«, sagte ich. »Wir hatten doch schöne Tage zusammen.«

»Werner hat gewonnen«, sagte Graham. »So einfach ist das.«

Er grinste, aber er konnte seine Wut nicht verbergen.

»Sie ist ein freier Mensch«, sagte ich. »Sie kann gehen, mit wem sie will.«

Die Zeit reichte gerade noch, um zu packen, bevor die nächste Fähre zum Festland ging.

Die Überfahrt war kalt und windig. Als wir zum Auto kamen, war schon der ganze Himmel bewölkt, und kurz nachdem wir losgefahren waren, begann es zu regnen. Wir sprachen nicht viel. Graham war wütend und fuhr viel zu schnell. Er gehe bald zurück in die Schweiz, sagte er, er habe endgültig genug von Amerika. Seine Frau werde dann wohl oder übel auch mitkommen müssen. Sie lebe immer noch von seinem Geld.

In der Nähe von Bridgeport hielten wir an einer Tankstelle, und ich versuchte, Werner und dann Lotta anzurufen. Aber Werner war nicht da, und Lottas Maschine spielte nur ihre Musik, als sei nichts geschehen. Nach dem Pfeifton rief ich: »Lotta, bist du da? Lotta!«

Ich stellte mir vor, wie meine Stimme durch die leere Wohnung hallte, und kam mir lächerlich vor. Ich hängte ein.

Wir fuhren durch die Bronx direkt nach Queens, wo Graham wohnte. Ich ging mit ihm hinauf. Die Wohnung war unaufgeräumt, in der Küche stand schmutziges Geschirr. Während Graham den Anrufbeantworter abhörte, kochte ich Kaffee. Auf dem Band war eine aufgeregte Stimme zu hören, aber ich verstand nichts bei dem Sirren des kochenden Wassers.

Als ich ins Wohnzimmer kam, saß Graham zusammengesunken auf dem Sofa und hielt den Telefonhörer ans Ohr gepresst. Ich goss Kaffee ein. Graham sagte ein paarmal ja, dann bedankte er sich und legte auf.

»Werner hat sich umgebracht« sagte er. »Er hat einen Abschiedsbrief geschrieben, bevor wir am Freitag losgefahren sind. Das war seine Vermieterin. Sie hat einen Schlüssel zur Wohnung und hat gestern da herumgeschnüffelt. Als es regnete, hat sie gesagt, wollte sie nachsehen, ob alle Fenster geschlossen seien.«

Er erzählte mir die ganze, völlig nebensächliche Geschichte, als fürchte er sich vor der Stille.

»Der Brief lag auf dem Esstisch. Die Frau spricht etwas Deutsch, sie stammt aus Ungarn und hat das Wichtigste verstanden. Aber sie wusste nicht, wo wir waren. Meine Nummer hat sie neben dem Telefon gefunden. Sie hat noch ein paar andere Leute angerufen.«

»Aber Lotta« sagte ich, »sie hat sich doch bestimmt nicht ... Sie hat doch geschrieben, wir sollten uns keine Sorgen machen. Sie nähmen einen anderen Weg ...«

Graham zuckte mit den Achseln.

»Meinst du, er wollte sich ... er hat sich von den Klippen gestürzt?« fragte ich. »Das traue ich ihm nicht zu. Er ist kein Romantiker.«

»Eine Pistole hat er bestimmt nicht« sagte Graham.

»Was sollen wir machen?« fragte ich.

»Ich weiß es nicht« sagte er. »Für eine Vermisstenmeldung ist es zu früh.«

Er wollte mich in die Stadt bringen, aber ich sagte, er solle beim Telefon bleiben. Ich hatte keine Lust zu reden, ich wollte allein sein. Auf dem Tisch standen unberührt die beiden Tassen mit Kaffee.

Die Subway-Station war fast leer. Ich musste eine Viertelstunde warten, bis endlich ein Zug kam. Als wir uns Manhattan näherten, füllte sich der Wagen langsam. Ich stieg eine Station früher aus als sonst und ging das letzte Stück zu Fuß. Es regnete nicht mehr, aber die Straßen waren noch immer nass. Im Supermarkt in meinem Viertel kaufte ich Bier und ein Sandwich.

Als ich die Wohnungstür öffnete, hörte ich Lottas Stimme. Der Anrufbeantworter lief und nahm sie auf. Ich wollte den Hörer abheben, um mit ihr zu sprechen, aber dann ließ ich es bleiben und hörte nur zu.

»Die Möbel gehören Joseph. Und Romeo … Robert, schau bitte nach Romeo. Er ist noch so klein. Versprich mir, dass ihm nichts geschieht. Du kannst auch in der Wohnung bleiben. Das musst du mit Joseph ausmachen. Sag ihm, dass du die Agentur bezahlt hast.«

Es war einen Moment still.

»Ich glaube, das ist alles. Macht's gut, und seid uns nicht böse. Bye Graham, bye Robert.«

Sie flüsterte: »Möchtest du noch etwas sagen?«

Ich hörte, wie Werner kurz und deutlich nein sagte. Dann knackte es, und die Verbindung war unterbrochen. Ich stellte mir vor, wie Lotta sich zu Werner umwandte, irgendwo an einer Bushaltestelle oder in einem Restaurant, wie er sie anlächelte und wie sie gemeinsam weggingen und verschwanden. Ich dachte, dass ich die letzte Gelegenheit verpasst hatte, sie zu sprechen, mich wenigstens von ihnen zu verabschieden.

Ich spulte das Band ganz zurück und hörte es ab.

»Sie haben zwei Nachrichten«, sagte eine künstliche Stimme. Dann kam meine Stimme: »Lotta, bist du da? Lotta!« Ich klang nervös und ärgerlich, ängstlich. Es knackte zweimal, dann sprach Lotta: »Hallo? Ist jemand da? Hallo, Robert, hallo!« Sie seufzte, dann sagte sie: »Na gut, dann seid ihr also noch unterwegs. Auch gut. Ich rufe von einem Restaurant aus an. Wir sind in … wo sind wir?« Ich hörte sie flüstern.

»Wir sind in der Nähe von Philadelphia. Ich bin mit Werner zusammen. Wir gehen weg. Werner wollte … er hat einen Brief in der Wohnung zurückgelassen. Aber was er schreibt, gilt nicht mehr. Wir gehen weg. Er hat alles geregelt. Ihr werdet es verstehen, wenn ihr den Brief findet. Bei mir gibt es nicht viel zu erledigen. Robert? Wenn du das hörst, ruf doch bitte Joseph an. Er weiß über alles Bescheid. Seine Nummer findest du im Verzeichnis neben dem Telefon. Ich war noch schnell in der Wohnung, um ein paar Sachen zu holen. Den Rest brauche ich nicht mehr. Die Möbel gehören Joseph …«

Ich stellte das Band ab und rief Graham an. Wir

sprachen nur kurz. Als ich mir ein Bier holte, kam Romeo in die Küche. Im Kühlschrank fand ich Milch. *»Do you know where your children are?«* stand auf der Verpackung, darunter waren das Bild und der kurze Steckbrief eines vermissten Kindes gedruckt.

Die Milch war sauer, und ich goss sie weg. In einem der Schränke fand ich eine Büchse Katzenfutter. Ich schaltete den Fernseher ein, legte mich aufs Sofa und trank mein Bier.

Einige Tage später rief ich Joseph an und bat ihn um ein Treffen. Ich sagte, ich sei ein Freund von Lotta. Er räusperte sich und sagte, ich könne ihn in seinem Restaurant an der Ecke Vandam und Hudson Street treffen.

Am nächsten Vormittag ging ich hin. Das Lokal war dunkel und leer. Nur an einem der hinteren Tische saß ein kleiner, untersetzter Mann und las Zeitung. Er hatte eine Stirnglatze und war vielleicht fünfzig Jahre alt. Er erhob sich, als ich an seinen Tisch trat, und reichte mir die Hand.

»Sie müssen Robert sein. Freut mich. Ich bin Joseph. Was bringen Sie mir von Lotta?«

Er bat mich, Platz zu nehmen, und ging hinter die Theke, um mir einen Kaffee zu holen.

»Ich bin Lottas Untermieter«, sagte ich.

»Also ist sie zurück aus Finnland. Ich habe es eigentlich vermutet.«

»Sie ist verschwunden«, sagte ich.

Er lachte. »Milch und Zucker? Das ist nicht ungewöhnlich bei ihr.«

»Schwarz«, sagte ich. »Sie ist mit einem Freund von mir auf und davon. Niemand weiß wohin.«

Joseph setzte sich mir gegenüber. »Das Haus gehört mir«, sagte er. »Lotta hat keine Miete bezahlt. Schauen Sie mich nicht so an. Ich bin nicht verheiratet.«

»Es war nichts zwischen uns«, sagte ich. »Wir haben nur zusammen gewohnt.«

»Das wundert mich nicht«, sagte Joseph. »Lotta ist eine von diesen vagabundierenden Schmarotzerinnen. In New York wimmelt es von der Sorte. Sie nehmen, was sie kriegen können, aber sie geben nie etwas zurück.«

»Ich wollte immer leben wie sie«, sagte ich. »Ich mag sie. Sie ist nett.«

»Natürlich. Was glauben Sie, warum habe ich sie gratis wohnen lassen?«

Ich lächelte, und er lächelte auch.

»Wie lange wollten Sie in der Wohnung bleiben?«

»Noch drei Wochen. Ich habe die Miete bezahlt. Ich habe eine Quittung …«

»Keine Angst. Bleiben Sie, solange Sie wollen.«

»Was ist mit Lottas Sachen?«, fragte ich. »Sie hat gesagt, sie braucht sie nicht mehr.«

»Lassen Sie nur alles, wie es ist«, sagte er. »Irgendwann kommt sie ja doch zurück.«

Claudia Rusch

Mein Rügen

Von Hühnergöttern, Bernsteinaugen und
dem Geräusch des Meeres.
Wittows Nordküste

Ich besitze drei Fotoalben aus meiner Kindheit.
Ein hellblaues, ein dunkelblaues und ein blassgelbes.
Meine Mutter hat sich viel Mühe damit gegeben. Sie
hat Blumengirlanden hineingemalt und mit einem
weißen Fettstift kleine Anmerkungen auf die schwarze
Pappe geschrieben. Neben die Fotos hat sie die Glück-
wunschtelegramme zu meiner Geburt geklebt, ihren
Mutterschaftsausweis, Briefe meines Vaters, das rosa
Bändchen aus dem Krankenhaus. Später Eintrittskar-
ten vom Zoo, den ich sehr liebte und in dem ich dem
Sibirischen Wolf zur Freude aller Anwesenden vor
dem Gehege, kaum dass ich sprechen konnte, klipp
und klar erklärte: »Meine Oma frisst du nicht, DU! Die
ist nicht doof!«

In dem gelben Fotoalbum, dessen durchsichtige

Trennseiten eine Struktur aus feinen Radnetzen besitzen, auf denen vereinzelt Spinnen krabbeln und ab und zu sogar eine Fliege zittert, hat meine Mutter unsere Zeit auf Rügen festgehalten. Unter, neben, über den Bildern stehen Sätze wie: »Du bist ein richtiges Ostseekind«, »Mit Fischer Heiner auf der Wiese« oder »Immer wieder geht's zum Strand«. Am Anfang einer großen Doppelseite aus dem Jahr 1974 heißt es: »Am großen Ostseemeer auf Rügen – mit viel Freuden für Dich«.

Wer jetzt Badespaß oder Sandburgen erwartet, wird enttäuscht. Stattdessen sieht man ein kleines Mädchen in Gummistiefeln und Ringelstrickanzug mit Kapuze entschlossen auf dem hohen Steilufer über einem Steinstrand marschieren, den langen Pony ins Gesicht geweht.

Es war kühl und windig an diesem Tag, das kann man auf den kleinen Schwarzweißfotos sofort erkennen. Und man sieht auch, dass ich dabei schon mit drei Jahren ganz in meinem Element war.

Jemand sagte mir mal, im Spätsommer, wenn Kornblumen, Mohn und Kamille verblüht sind, finde er Rügen landschaftlich etwas trist. Das hat mich verstört. Auf eine Insel fährt man doch der Küste wegen. Wer üppige Fruchtfolgen will, hat im Münsterland sowieso viel mehr Spaß.

Ich fand Rügen noch nie trist. Nicht mal im grausten

Winternebel. Gerade da nicht. Ich liebe das Meer im Winter, wenn es wild weht vom Wasser her und der Strand menschenleer ist. Voller Glück kann ich meine Zeit so am Ufer verbringen. In der Rauheit des Seeklimas fühle ich mich unverwundbar wie nirgends sonst. Die rot gefrorenen Wangen windfrisch, der Himmel tief und mächtig, die Gischt schnaubend in ihrer Unruhe. Die See an einem sonnig klaren Wintertag ist das Schönste, was es gibt. Wenn ich an Strandromantik denke, dann sehe ich keinen Sonnenuntergang im Juli vor mir, sondern ein Paar, verliebt und eng umschlungen, an einem einsamen Meeresufer. Beide in dicken Rollkragenpullovern und Pudelmützen.

Während der Bug von Dranske aus gesehen links liegt, führt der Strand rechts bis zu einer Spitze, hinter der die lange, abwechslungsreiche Küste beginnt: das Norduferwittows. Jenes Kliff, das ansteigend und abfallend, abfallend und ansteigend, sandig, lehmig, aktiv, inaktiv über Kreptitz, Bakenberg, Nonnevitz bis Gellort führt und erst dort, am Kap Arkona, endet.

Dort, vor und hinter dieser kleinen Spitze am Anfang, die keinen Namen hat, verbrachte meine Mutter mit mir die meiste Zeit, und dorthin fahre ich bis heute jedes Mal, wenn ich auf Rügen bin. Nicht immer nehme ich dabei den Weg über Dranske, oft fahre ich auf den neu entstandenen Fahrradwegen auch einfach an den Platten vorbei.

Inzwischen sind in der Nähe einige nur ein paar Häuser umfassende Siedlungen entstanden. Manche auf brachem Acker wie Rehbergort, manche in der Nachbarschaft alter Gehöfte, die dort schon immer standen, wie Goos oder Dranske Hof. Die meisten haben ein Reetdach und sind weiß gekalkt.

Auch wenn sie die Einsamkeit, die dort bis vor ein paar Jahren herrschte, langsam aufheben, passen sie optisch wenigstens in die Landschaft. In der übersichtlichen Menge, in der bisher gebaut wurde, stören sie den Gesamteindruck des Gebietes nicht.

Noch nicht. Denn es ist offen, wie lange das so bleiben wird. Die Gegend ist begehrtes Bauland. Wie auch nicht? Mitten in der schönsten Natur, am Meeresstrand, mit freiem Blick auf Hiddensee und Dänemark. Könnte ich es mir leisten, würde auch ich über ein Häuschen an diesem Ort nachdenken.

Als meine Mutter mit mir vor über dreißig Jahren dort täglich spazieren ging, war da nichts außer einer kleinen sowjetischen, wie ein Hochsicherheitstrakt abgesperrten Radarstation am Steilufer, von der man nicht so genau wusste, was hinter dem Zaun geschah. Die wachhabenden Soldaten winkten, wenn sie mich mit Mama an der Hand über die Felder in Richtung Küste stolpern sahen. Ich winkte begeistert zurück, obwohl ich heute nicht mehr so sicher bin, ob der Gruß der freundlichen Russen wirklich mir oder doch meiner schönen, jungen Mutter galt.

Auf den Wiesen gab es einen kleinen Weiher mit Reihern, Kormoranen und Fröschen, die so laut quakten, als ginge es um ihr Leben. Möglicherweise tat es das sogar, denn ab und zu stakten Störche durchs Gras. Im Frühjahr und im Herbst zogen Kraniche über den Himmel.

Diesen Weiher gibt es immer noch. Und wie früher stürzen sich auch heute am Ufer dahinter manchmal Enten wild in die Unendlichkeit über der See und preschen los in Richtung Horizont, als seien sie Möwen.

Die richtigen Möwen lassen sich von diesen schnatternden Angebern nicht beeindrucken, genauso wenig wie die zierlichen Uferschwalben, die an der Steilküste brüten. Sie bauen Höhlengänge in den lehmigen Sand des Hochufers und haben ihn an manchen Stellen ganz durchlöchert. Hektisch wie Kolibris schwirren sie in Scharen vor diesen Labyrinthen herum und verschwinden mühelos in den schmalen Eingängen. Ein Gewusel wie vor einem Einkaufszentrum.

Auf einem der vielen sonnenwarmen Findlinge am Ufer kann man stundenlang sitzen und ihnen zusehen. Der Wind vertreibt jeden Unmut, und das Meer schäumt dazu geräuschvoll am Strand, der keiner für Touristen ist – dafür ist er viel zu steinig und deshalb, zu meiner nie endenden Freude, oft leer.

Oben wachsen Sanddorn, Heckenrosen, Brombeeren, Holunder, Wildpflaumen, Felsenbirnen, Weißdorn. Birken, Kiefern, Eschen, Ahorn und Silberpappeln haben sich malerisch dem ewigen Sturm gebeugt. Die meisten Bäume hier an der Küste sind Windflüchter.

Nur flachere Büsche müssen sich nicht so stark fügen. Sie bilden ein dichtes Gestrüpp, das mir als Kind hoch und dunkel vorkam, wenn wir auf dem Trampelpfad, der hindurchführte, nach Hause marschierten. Ich erinnere mich gut an die Kühle dieses Weges, von dem ausgetretene, nicht befestigte Strandzugänge über die noch niedrige Steilküste nach unten wiesen und alle paar Meter Licht in den schummrigen Gang warfen.

Wenn ich die Augen schließe, um mich zu entspannen, dann sehe ich immer dieses Ufer vor mir. Mein Ufer. Den Strand meiner Kindheit, an dem die Steilküste Rügens beginnt. Sie ist hier erst zwei, drei, vier Meter hoch, nicht fünfundvierzig Meter wie bei Kap Arkona, das einige Kilometer weiter östlich liegt.

Je weniger Menschen am Strand sind, desto besser kann man der See zuhören. Ihr sanftes Aufschlagen am Ufer, das immer ein kleiner Neuanfang ist. Eine winzige, flüchtige Hoffnung, die jedes Mal im Sand versiegt und doch nicht aufgibt.

Beschreiben kann man nicht, wie dieses Strömen klingt. Ich kann es nicht. Denn ich müsste auf Wörter wie »schmatzen«, »glucksen« oder »rauschen« zurückgreifen. Aber die See ist ja kein feuchter Kuss, kein kichernder Teenager und schon gar kein Störsender.

Sie rauscht nicht, sie schmatzt nicht, und sie gluckst nicht. Die See ist die See. Kein Geräusch der Welt ist schöner als das ihrer anbrandenden Wellen. Nur Katzenschnurren kann, was Eleganz, Beruhigung und Glücksgefühl angeht, mit dem Meer konkurrieren – aber sonst nichts. Nicht in meinen Ohren.

Zu DDR-Zeiten war die gesamte Ostseeküste Grenzgebiet. Davon war selbstverständlich auch Rügen mit seiner langen Seeseite betroffen.

Die Wassergrenze der DDR war anders bewacht als die grüne. Weniger offensichtlich, aber deswegen nicht weniger unerbittlich. Niemand durfte sich abends am Strand aufhalten. Liebespaare, Nachtbader, Zeltplatzlose oder Betrunkene, die den Weg nach Hause verpasst hatten, wurden umgehend von den Patrouillen aufgegriffen und entfernt.

Einige Jahre vor der Wende war mein Nachbar Igor eines Sommerabends mit einem Freund in der Dämmerung am Strand von Bakenberg entlanggelaufen. Sie hatten nicht vor, dort zu nächtigen, noch weniger, über das Wasser in den Westen zu fliehen, es war einfach der bequemste Weg zurück zu ihrem Zelt in Nonnevitz. Prompt kamen ihnen im Dunkeln zwei junge Grenzsoldaten entgegen, knapp zwanzig Jahre alt wie sie selbst, und kontrollierten ihre Papiere. Weil Igor nur den verdächtigen vorübergehenden Personalausweis, einen sogenannten PM12, dabeihatte, mit dem man besonderer Meldepflicht unterlag, mussten sie die Grenzer ein Stück abseits begleiten und waren völlig perplex, als einer der beiden plötzlich in einen unauffälligen Busch griff und ein Telefon herausholte, über das er die Daten des PM12 mit seiner Dienststelle abglich. Als dort nichts zu beanstanden war, wurden sie verwarnt und mussten das Strandgebiet verlassen, durften aber ansonsten ungehindert weitergehen.

So glimpflich kam man nicht immer davon. Erst recht nicht, wenn tatsächlich ein Fluchtversuch nachgewiesen werden konnte. Fast 5000 Menschen sind zwischen 1961 und 1989 wegen missglückter oder aufgedeckter Republikflucht über die Ostsee verhaftet worden. Die meisten davon wurden rechtskräftig verurteilt.

Über die Wassergrenze der DDR zu entkommen erforderte umfängliche, meist mehrere Jahre währende Vorbereitungen. Fluchten über die Ostsee wurden überproportional häufig von Menschen aus dem Süden der DDR begangen, die mit den Gefahren des Meeres nicht vertraut waren und sich von der scheinbar kurzen Distanz zu Westdeutschland oder Skandinavien täuschen ließen. Fünfzig Kilometer Land sind nicht im Mindesten vergleichbar mit dem Aufwand und dem Risiko, die fünfzig Kilometer auf hoher See bedeuten.

Doch neben dem enormen Problem, es später über das Meer zu schaffen, bestand das größte Hindernis zunächst darin, überhaupt unbemerkt bis an den Strand zu gelangen. Die entschiedene Mehrheit dieser Versuche scheiterte schon an Land. Regelmäßig holten Marine, Volkspolizei und ihre zahlreichen freiwilligen Helfer Fluchtbereite direkt aus den Zügen der Deutschen Reichsbahn in Richtung Norden oder nahmen sie auf Zeltplätzen fest. Schon wer ein auffälliges Ruder oder ein kleines Steckrigg dabeihatte, machte sich verdächtig.

Trotzdem flohen immer wieder Menschen, oft mit einfachsten Mitteln und kleinsten Gefährten, über die Ostsee und brachten sich damit in höchste Lebensgefahr. Die Geschichten, die die Überlebenden heute davon erzählen, sind hochdramatisch.

Ganze Familien quetschten sich in sprichwörtliche Nussschalen von Freizeitpaddelbooten und forderten die unberechenbare Kraft des Meeres heraus. Meist bei Nebel und starkem Seegang, damit sie für die Küstenwachschiffe schwerer zu orten waren. Monatelang übten sie, sich wie Seefahrer früherer Zeiten in der endlosen Weite des nachtschwarzen Wassers an den Sternen zu orientieren. Wie viele dabei den Tod fanden, weiß heute niemand. Die See schweigt.

Wer zeltete, konnte leichter Fluchtutensilien in Strandnähe bringen. Ein Campingplatz mit Bungalows und Stellplätzen für Zelte und kleine Wohnmobile wie der von Bakenberg unterlag dementsprechend besonderer Aufsicht. Die Behörden bemühten sich jedoch um Diskretion. Man sortierte eher im Vorfeld über die Urlaubsplatzverteilung aus.

Bei Bakenberg wird der Sand langsam weniger steinig, das Hochufer wieder flacher, und ein traumhafter Badestrand beginnt, der vor Nonnevitz dem perfekten Ufer am nächsten kommt. Wunderschön gelegen, mit heller, hoher Sanddüne. Unten nur die offene See, ganz entfernt rechts die Kreidefelsen und sonst nichts. Die reinste Ostseeidylle. Von der Wasserseite aus betrachtet, glaubt kein Mensch, dass sich in den Schatten des uferschützenden Kieferngürtels ein riesiger Zeltplatz duckt.

Im Sommer meide ich diesen Teil der Küste, aber im Mai, wenn der Raps blüht und Rügen ein einziges leuchtendes Gelb ist, das nach Schulferien und Kindheit duftet, ist dieser Strand mein Strand und so menschenleer, dass meine Spuren manchmal die einzigen im Sand sind. Begleitet mich meine furchtlose Tante Heidi aus Wiek, muss ich selbst bei neun Grad mit ins Wasser hüpfen, wenn ich nicht ausgelacht werden will, aber allein sitze ich oft nur barfuß und nachdenklich auf einem der großen Steine und schaue hinüber nach Schweden, das man nicht sehen kann, das aber da ist und auf mich wartet. Dann spüre ich jedes Mal erleichtert, wie Leben durch meine Adern fließt und dass es immer einen Ausweg gibt.

Da ich mehr zu den leidenschaftlichen Uferkuckern gehöre als zu den passionierten Schwimmern, waren Steine am Strand für mich nie ein Problem. Im Gegenteil.

Auf einem Bild aus meinem gelben Fotoalbum stehe ich freudestrahlend im Feuersteingeröll am Strand von Kreptitz und halte mit der einen Hand einen kleinen Stein in die Kamera. Einen Brocken von der Größe meines Stiefelchens fest an mich gepresst in der anderen. »Steine sind Deine Welt«, hat meine Mutter danebengeschrieben.

Steine sind meine Welt. Noch heute kann ich ohne Probleme ganze Tage gebückt, kniend oder bäuchlings an den Steinstränden von Wittow verbringen. Einfach so. Ich suche nichts Bestimmtes, und ich suche auch nicht sehr gründlich. Ich schaue eher, was im Angebot ist. Das hat für mich etwas Kontemplatives, wie Pilzesammeln oder Stricken. Nur noch schöner, weil die ganze Zeit das Meer dabei ist.

Die echten Profis kommen sehr früh am Morgen, bringen einen kleinen Hammer mit und können die Hinterlassenschaften des Eiszeitalters ohne Weiteres von denen der Erdmittelzeit unterscheiden. Für mich dagegen ist Kreide ein Schreibmaterial aus der Schule und Jura die Rechtswissenschaft oder allenfalls noch eine schottische Whiskybrennerei. Wäre ich Geologin geworden, wüsste ich es besser.

Aber die Frage, woher die Steine am Strand in

den vergangenen Jahrmilliarden gekommen sind oder wohin sie gehen, hat mich nie sonderlich interessiert. Meine Faszination war immer schon sinnlicher Natur.

Es gefällt mir, Steine zu sehen, sie anzufassen, mit den Händen in ihnen herumzuwühlen. Und ich mag die Töne, die Steine machen. Das befreite Platschen, wenn sie ins Wasser fallen, oder ihr stoisches Knirschen beim Darüberlaufen. Warum sie das tun und welcher Art ihre genaue Zusammensetzung ist, ist mir nicht wichtig. Feuerstein, Sandstein, Kalkstein, Gneis, Granit (Feldspat, Quarz und Glimmer, die vergess' ich nimmer) oder das fröhlich bunte vulkane Porphyr – kaum, dass ich ihre Namen kenne. Was Steine betrifft, bin ich eine Amateurin im wahrsten Sinne des Wortes: Ich liebe sie. In aller Unschuld und ohne einen blassen Schimmer.

Aber an Meeresstränden liegt ja nicht nur Stein, ob nun zermahlen und quarzdurchsetzt als feinster Sand, in Form von handlichen Stücken oder riesigen Findlingen, sondern auch anderes außerordentlich interessantes Brandungsgeröll. Vor allem Versteinerungen vielfältigster Art wie Seelilien, Schwämme, Dickmuscheln, Donnerkeile, Korallen, Armfüßer und so weiter. Dazu Unmengen angeschwemmtes Strandgut: Muscheln, Hölzer, Seesterne, abgewaschene Knochenstückchen, Krabbenreste, Möwenköpfe, Haifischzähne, Gräten.

Und natürlich das klassische Ostseedreigespann aus

Hühnergöttern, Seeigeln und Bernstein. Dazwischen Äste und glatt gespülte Wurzeln, die wie Geistergerippe herumliegen und nach den Röcken kleiner Mädchen greifen, die im Schatzfieber fossile Kostbarkeiten suchen. Davon habe ich in den fast vier Jahrzehnten meines Lebens, die ich nun schon leidenschaftlich über Rügens Steinstrände krauche, auch einige gefunden. Besonders unsicher vor mir sind Donnerkeile, die wissenschaftlich korrekt Belemniten heißen und die auffälligen, fingerförmigen Überreste eines prähistorischen Kopffüßers sind, sowie versteinerte Korallen, Brachiopoden und Abdrücke, die kleine Muschelschalen oder Tiere vor Jahrtausenden im Stein hinterlassen haben. Sie alle fallen mir auf zwei Meter sofort in den Blick. Ich suche nicht mal gezielt nach ihnen. Ich entdecke sie einfach, egal, wie winzig sie sind oder wie gut sie sich verstecken. Mir ist sogar mal ein Stück Donnerkeil direkt an der Ernst-Moritz-Arndt-Sicht untergekommen. Nicht am Fuß des Kreidefelsens – sondern obendrauf. Tief im Waldweg festgetreten.

Seeigel oder andere ungewöhnliche Fossilien zu finden ist schon eher die Ausnahme, aber auch von denen hat sich mit der Zeit einiges in den Vasen und Goldfischgläsern angehäuft, die samt ihrem maritimen Inhalt in meiner Berliner Wohnung vor sich hin stauben.

Leider fehlt in meinen Schätzen bis heute der von

mir so sehr begehrte Klapperstein. Diese in einer blank polierten Feuersteinkugel eingeschlossenen und darin geräuschvoll beweglichen Kieselschwämme sind echte Raritäten. Im Vergleich zu Klappersteinen erscheinen sogar die ebenfalls dünn gesäten Seeigelkerne als Standardfund. Es ist also höchstens schade, aber keineswegs verwunderlich, dass mir noch nie einer untergekommen ist.

Äußerst bemerkenswert dagegen ist, dass ich noch nie in meinem Leben auch nur einen einzigen Bernstein gefunden habe. Ich schwöre es: noch nie! Dabei ist das »Gold der Ostsee« nicht mal besonders selten. Das berühmte fossile Harz liegt sogar in relativ großen Mengen am Strand herum. Trotzdem übersehe ich es notorisch. Ich scheine einfach keine Bernsteinaugen zu haben.

Pilzsucher kennen das. Man hat nicht einfach Pilzaugen, man hat Augen für bestimmte Pilze. Es ist so eine Art optisches Sondiertalent. Wer Morcheln gut erspäht, muss noch lange kein Glück mit Maronen haben oder umgekehrt. Auf das Sammeln von Fossilien angewandt, könnte man demnach sagen, dass ich zwar ausgesprochene Donnerkeil- und Korallenaugen, aber eben keine Bernsteinaugen habe. Mein Sehwerkzeug ist anatomisch nicht auf Bernstein spezialisiert. Der ist anderen vorbehalten, die dafür zum Beispiel nicht so leicht Kalkfossilien finden wie ich.

Inzwischen habe ich meine Bernsteinblindheit hingenommen und ärgere mich nur noch selten darüber. Stattdessen bewundere ich lieber meine wachsende Ausbeute an großartigen, urzeitlichen Schätzen anderer Art. Manchmal denke ich inmitten meiner Steine, dass das Ganze doch eigentlich ein schönes Gleichnis auf die Zufriedenheit der Menschen ist. Im Geröll unseres Alltags suchen wir ständig das, was wir nicht besitzen, und meistens entgeht uns darüber die Schönheit dessen, was wir längst gefunden haben.

Auf meiner kleinen Rügenkarte habe ich an die Küste vor Kreptitz »Hühnergötter« geschrieben und an die vor Kap Arkona »Donnerkeile«. In Wahrheit gibt es natürlich an beiden Stränden alles. Vor allem Hühnergötter. Diese typischen Feuersteine mit Loch sind der häufigste Urlaubsfund am Ostseestrand.

Wenn ich alle Hühnergötter, die ich jemals entdeckt habe, aufgelesen und mitgenommen hätte, dann könnten wir damit inzwischen schon eine Hausauffahrt pflastern. Aber Hühnergötter nehme ich eigentlich nur dann mit, wenn sie besonders klein sind, besonders schön oder besonders auffällige Löcher haben. Die anderen lasse ich, wo sie sind, oder lege sie auf einen größeren Stein, damit Kinder sie später entdecken können und sich freuen.

Jahrzehntelang habe ich den Namen »Hühnergott« für besagte Feuersteine mit der gleichen Selbstverständlichkeit verwendet wie alle anderen um mich herum. Ich hielt ihn für eine althergebrachte Bezeichnung – umrankt von Legenden um verzaubertes Federvieh und zürnende Götter.

Entsprechend verblüfft war ich, als ich zum ersten Mal hörte, dass es sich dabei um einen Begriff aus der DDR handeln soll. Das hätte ich unter Umständen sogar hingenommen, wenn sich daran nicht die absurde These geknüpft hätte, Thomas Reschke sei für den »Hühnergott« im Deutschen verantwortlich.

Thomas Reschke ist ein bedeutender Übersetzer russischer Literatur, der Pasternak ins Deutsche gebracht hat, Bulgakow, Soschtschenko und viele mehr. Für den verbalen Feuersteinimport machte er sich verdächtig durch eine 1966 erschienene Novelle von Jewgeni Jewtuschenko, die im Original den Titel *Куриный бог* (*Kuriny Bog*) trägt. Gemeint war ein Feuerstein mit Loch. Reschke tat das einzig Sinnvolle und übersetzte *Куриный бог* wörtlich: »Hühnergott«.

Da dieser Ausdruck vorher in der deutschen Schriftwelt nur vereinzelt in Übersetzungen ethnologischer Studien über slawische Völker oder in den Weiten wenig gelesener, mehrbändiger Romane nachzuweisen ist, schlossen nun ein paar ganz Schlaue, die Verbreitung von »Hühnergott« an den ostdeutschen Küsten gehe auf diesen Text Jewtuschenkos in der Übersetzung Thomas Reschkes zurück. Der Übersetzer selbst hat das stets bestritten. Völlig zu Recht.

Als ich Anfang der Siebziger in Dranske, keine

hundert Meter entfernt von einem endlosen Strand voller Hühnergötter, aufwuchs, war dieser schöne, sprechende Begriff, der jeden Badeurlaub eines DDR-Kindes begleitete, völlig normal. Jeder benutzte ihn.

Meine Mutter hat als Kind in den Fünfzigerjahren schon Hühnergötter gesammelt. Genau wie ihre Großeltern in den Neunzigern. Den 1890ern.

Im vergangenen Sommer habe ich in Sassnitz ein handgeschriebenes Pappschild fotografiert, das über einer Vertrauenskasse und ein paar kleinen Tüten mit Lochfeuersteinen hing. »Hühnergötter von der ›Insel Rügen‹« stand darauf. Die Interpunktion zeigt es. Der einheimische Schreiber befand es offenbar für nötig, die »Insel Rügen« durch Anführungsstriche als Eigennamen zu kennzeichnen, den Allgemeinplatz Hühnergötter dagegen nicht.

Das Widersinnigste an dieser von vornherein albernen Diskussion aber war, dass sie ernstlich davon ausging, sämtliche Bewohner des Bezirks Rostock hätten 1966 geschlossen eine Novelle von Jewgeni Jewtuschenko gelesen (!) und ihren Titel umgehend in die Alltagssprache übernommen (!!). Man kann uns Ossis ja viel nachsagen, aber jeden Unfug müssen wir uns denn doch nicht anhängen lassen.

Anstatt Generationen von Wörterbüchern zu wälzen, in denen Regionalismen sowieso meist übergangen werden, oder über den Einfluss der russischen Literatur auf DDR-Bürger zu philosophieren, hätte man sich auch einfach die Siedlungsgeschichte Vorpommerns anschauen können. Die Rügener Ortsnamen enden meist auf -itz. Poppelvitz, Parchtitz, Dumsevitz, Schmantevitz, Fernlüttkevitz, Kubitz, Vilmnitz und so weiter. Bei Glowe gibt es sogar ein Ruschvitz. Der Rest der Gemeinden heißt Gustow, Parchow, Stresow, Zubzow, Polchow … Das -w im Ausklang ist tonlos. Mindestens neunzig Prozent der Orte tragen Namen slawischen Ursprungs. Das hängt genauso wenig wie die Verwendung des Begriffs »Hühnergott« damit zusammen, dass die Insel vierzig Jahre zum Gebiet der DDR gehörte, sondern natürlich damit, dass sie gut 700 Jahre lang von Slawen besiedelt wurde.

… und die Bucht singt leise mit.
Kap Arkona und Umgebung

Die ältesten Spuren menschlichen Lebens auf Rügen stammen aus dem 8./9. Jahrtausend vor Christus. Den Rugiern, einem ostgermanischen Volk, das die Insel von circa 100 vor bis 400 nach Christus besiedelte und ihr vermutlich den Namen gab, folgten um 600 nach Christus die slawischen Ranen.

Die Ranen hatten ihren Hauptverwaltungssitz in Charenza (heute Garz), ihren Haupthandelsplatz in Ralswiek (immer noch Ralswiek) und ihr Hauptheiligtum auf Kap Arkona (ebenfalls noch Kap Arkona). Deswegen spielt Arkona in den Geschichten um die spätere Christianisierung der Insel durch die Dänen eine entscheidende Rolle.

Direkt an der Spitze des Kaps befand sich damals, an exponierter Stelle mit drei Seiten zum Meer und einem schützenden Wall landeinwärts, die Jaromarsburg, welche das wichtigste Heiligtum der Ranen beherbergte: eine mehrere Meter hohe Holzstatue des vierköpfigen Gottes Swantewit, der ein orakelndes Trinkhorn in der Hand hielt. Eine riesige, doppelwandige Halle umschloss ihn. An manchen Tagen im Jahr war es selbst dem geweihten Priester »nicht gestattet, innerhalb des Gebäudes zu atmen, damit die im Heiligtum gegenwärtige Gottheit nicht durch den menschlichen Hauch verunreinigt wurde«.

Dass wir heute so genau über diese seit fast 900 Jahren zerstörte Anlage und ihren Kult im Bilde sind, verdanken wir dem berühmten dänischen Geschichtsschreiber Saxo Grammaticus, der Mitte des 12. Jahrhunderts lebte und sehr detaillierte Aufzeichnungen über Rügen hinterlassen hat.

Am 14. Juni 1168 stürmten die Horden des dänischen Königs Waldemar des Großen unter ihrem Anführer, dem Bischof Absalon von Roskilde, späterer Erzbischof von Lund, einem Heidenhasser und engen Freund Seiner Majestät, die Jaromarsburg und schleiften sie. Danach zerhackten und verbrannten sie die

Figur des Gottes Swantewit vor den Augen der zutiefst schockierten einheimischen Bevölkerung.

Durch die Unterwerfung der Ranen fiel Rügen an Waldemar, und die frisch getauften Inselfürsten waren fürderhin Vasallen der dänischen Krone. Das christliche Zeitalter begann.

Von den wenigen Überresten der alten slawischen Tempelburg sind, nach mehreren schweren Uferabbrüchen des Kaps in den letzten 130 Jahren, inzwischen nur noch Stücke des Burgwalls erhalten. Man kann sie besichtigen, aber ehrlich gesagt, ist trotz der guten Beschilderung eigentlich nichts zu erkennen.

Die kaum als solche identifizierbaren Ruinen der Jaromarsburg sind Teil des Flächendenkmals Kap Arkona, zu dem außerdem die beiden historischen Leuchttürme, der schöne Peilturm und die alte Nebelsignalstation gehören. Mit stattlichen 800 000 Besuchern pro Jahr führt es die Liste der überlaufensten Attraktionen Rügens ganz klar an und hat deswegen mit der Zeit auch alle Allüren angenommen, die ein solcher Ort eben hat (und wohl auch wesenseigen braucht): einen riesigen Parkplatz, auf dem alle Fahrzeuge, die kein Fahrrad oder Tretroller sind, kostenpflichtig abgestellt werden müssen, beinahe unbezahlbare Toilettengebühren, Souvenirläden mit Tinnef in allen Variationen, überteuerte Würstchen- und Naschwerkbuden und einige sehr mittelmäßige Restaurationen mit Freiluftbereich. Auf Arkona verkehrt neben den ständigen Pendelbussen außerdem ein seltsamer kleiner Zug auf Rädern, der verblüffende Ähnlichkeit hat mit den in der DDR beliebten Pioniereisenbahnen, die früher in großen Parkanlagen von Schülern gesteuert wurden.

Das hört sich alles grauenvoll an und ist es auch – trotzdem kann ich einem Besuch Kap Arkonas und seiner Umgebung nur dringend zuraten. Denn erstens ist bekannt, dass, wer Alleinsein schätzt, beliebte Ausflugsziele während der Saison besser meiden sollte, und zweitens ist Arkona nicht nur eine der überfülltesten Ecken Rügens, sondern auch eine der paradiesischsten.

Ein Narr, wer sich das entgehen lässt, nur wegen ein paar Busladungen voller Rentner. »Einen schönen Mann hast du nie für dich alleine«, pflegte meine Großmutter zu sagen. Eine schöne Landschaft erst recht nicht.

Ich muss bei jedem Rügenaufenthalt mindestens ein Mal nach Arkona und liebe diesen Teil Wittows unendlich. Nicht zuletzt wegen der Einsamkeit, die sich in den Touristenmengen zwar nicht gleich vermuten lässt, die es aber dort gibt. Man muss nur wissen, wo der Menschenstrom versiegt und das Meer einem allein begegnet. Besonders versteckt sind diese Stellen eigentlich nicht. Manchmal reicht es schon, den anderen nicht hinterherzulaufen.

Mehr als ein Fahrrad und eine Uferkarte braucht

man jedenfalls nicht, um ihn zu finden, den schönsten Platz der Welt, wo die See weit und das Leben voller Hoffnung ist. Oben auf der Küste zwischen Brombeerbüschen und Sanddorn summen die Bienen, und die Bucht singt leise mit. Hier sitzen und ausruhen. Für immer. Den Wind in den Haaren und die Ostseesonne im Gesicht.

Obwohl man es häufiger liest, ist das Kap von Arkona selbst nicht der nördlichste Punkt Rügens. Das ist Gellort, knapp tausend Meter westlich der eigentlichen Landspitze mit den Trümmern der Jaromarsburg gelegen.

Am Ufer vor Gellort liegt der Siebenschneiderstein, der viertgrößte Findling der Insel. Er befindet sich zwar nicht im Wasser, aber wenn der Meeresspiegel nur etwas steigt, muss man doch ein bisschen über die anderen großen Geröllsteine tanzen, um trockenen Schuhs bei ihm anzukommen.

Der Siebenschneiderstein, oder plattdeutsch Söbenschniedersteen, gehört, wie noch knapp zwei Dutzend seiner riesigen Kollegen, zu den gesetzlich geschützten Geotopen Rügens. Die Gletscher der Eiszeit brachten sie einst von weit her auf die Insel. Findlinge haben sehr lange Reisen hinter sich. »Wanderer des Nordens« werden sie deswegen genannt.

Der Blockstrand hier gehört, genau wie der am anderen Ende der Tromper Wiek liegende, ebenso wildromantische von Lohme, zu den schwerer zugänglichen Stellen der Insel und wird daher, je weiter er sich vom Kap entfernt, immer einsamer. Dort einen Kletterspaziergang am Wasser zu machen ist wirklich großartig und fast so etwas wie ein Geheimtipp.

Vor dem verwinkelten Uferabstieg von Gellort, der Königstreppe, hat das Umweltministerium Mecklenburg-Vorpommerns ein Hinweisschild aufgestellt, auf dem steht: »Naturschutzgebiet Nordufer von Wittow mit Hohen Dielen: Im norddeutschen Raum einmaliges Mosaik aus Halbtrockenrasen, Sickerfluren und Buschbuchenwald am Ruhekliff sowie Spülsaum-, Primärdünen- und Salzrasenvegetation am landschaftlich reizvollsten Blockstrand Deutschlands«. Auch wenn ich in meinem Leben nie von Sickerfluren, Primärdünen oder Spülsaumvegetation gehört hatte, bis ich zum ersten Mal dieses Schild sah – wo die Regierung recht hat, hat sie recht: Schön ist es hier. Sogar ganz offiziell.

Die klassische Arkona-Tour, die sich in jedem Fall lohnt, zur Not auch im Hochsommer, wenn die Touristen sich dicht drängen, führt nicht bis Gellort, sondern vom südlich des Kaps gelegenen kleinen Ort Vitt am Steilufer entlang zu den Leuchttürmen. Oder umgekehrt.

Die Leuchttürme, von denen der ältere Schinkelturm genannt wird, obwohl er lediglich nach vagen Entwürfen des Rügenreisenden Karl-Friedrich Schinkel entstand, und der neuere, der vor seinem diskreten Beigeanstrich 1992 aussah wie eine lustige schwarzrote Ringelsocke, liegen beide mitten im Touristenmoloch.

Hier ist kein Ausweichen möglich. Höchstens in einen der zwei streng geheimen Militärbunker, einmal Wehrmacht und einmal Volksmarine (6. Flottille, die Dransker also), welche heute zu besichtigen sind. Wenn man das denn möchte. Das Einzige, was an den Bunkern wirklich rührend ist, sind die vielen gebogenen Lüftungsrohre, die auf einer Wiese voller Pusteblumen aus dem Erdreich ragen. Sie sehen von Weitem aus wie die langen Hälse einer Herde furchtbar neugieriger Dinosaurierkinder.

Der Schinkelturm wurde nach dem Zweiten Weltkrieg bis 1990 zur Überwachung der Seegrenze genutzt, heute befindet sich darin ein Standesamt. Vor dem Leuchtturm können die Brautpaare eine selbst gestaltete Kachel mit ihren Namen in den Boden einlassen. Eine riskante Angelegenheit, denn nach der Scheidung erinnern diese Kacheln später genau wie gemeinsame Kinder und Eigenheime in aller Öffentlichkeit stetig an den gebrochenen Schwur.

Von den Leuchttürmen geht es geradewegs zum eigentlichen Kap mit dem eingezäunten Areal der Jaromarsburg, wo der idyllische Hochuferweg nach Vitt beginnt.

Auf Arkona ist an einigen Stellen Kunst im öffentlichen Raum ausgestellt worden. In Höhe der verschwundenen Tempelanlage hat man sich unter anderem für einen bildschönen, traurigen Jaromar und natürlich eine neue Swantewit-Figur entschieden. Letztere wurde aus einem einzigen Stamm geschnitzt und ist äußerst respekteinflößend. Von »geschorenem Bart und geschnittenem Haar«, wie der Augenzeuge Saxo Grammaticus einst berichtete, kann allerdings keine Rede sein. Der Swantewit der Moderne lässt seine Haare wild im Wind wallen, und zwar an allen vier Köpfen.

Mein Lieblingsobjekt im Offenen Atelier Kap Arkona ist allerdings der grandiose »See(/h)vogel«. Er steht auf halber Strecke nach Vitt, und man sollte unbedingt eine Pause einlegen, um vom Schoß dieser vier Meter hohen, möwenartigen Holzplastik aufs Meer zu schauen. Der Vogel lässt das mit einer so würdevolllässig verschnupften Miene über sich ergehen, dass ich jedes Mal ganz hingerissen bin und ihn am liebsten mitnehmen würde in meinen Garten.

Und die Ostseeaussicht am besten gleich mit dazu.

In einer Liete, einem Ufereinschnitt der Steilküste, fast verborgen liegt das Puppendorf Vitt (nicht zu verwechseln mit Vitte auf Hiddensee), das nur aus einer Handvoll jahrhundertealter malerischer Fischerkaten besteht, die allesamt denkmalgeschützt sind. Dazu ein kleiner Hafen, Fischernetze, die auf Zäunen trocknen, und uralte Markierungen an den Häusern.

Der Ort gilt vielen als der schönste und romantischste auf ganz Rügen. Auch mir fiele wirklich kein hübscherer ein, aber die Touristenmassen, die in dem schmalen Dörfchen deutlich mehr auffallen als oben auf dem weitläufigen Kap, muss man zur Pracht Vitts schon mit dazunehmen. Der einzige Gast ist man hier leider nie – oder nur an einem sehr, sehr ungemütlichen Wintertag.

Vitt ist zu Recht berühmt für seine winzige, achtseitige Kapelle, die mit Schilfdach und schneeweiß gekalkten Wänden gut sichtbar oberhalb des Dorfes thront. Im Dachstuhl nistet ein Schwalbenpaar, und über dem Altar des schlichten Raumes hängt ein Gemälde, das Jesus zeigt, wie er über die stürmische See läuft und den Fischer Petrus aus den Fluten rettet. Das Original dieses Bildes stammt von Philipp Otto Runge, und in Auftrag gegeben hat es 1805, eigens für diese Kapelle, sein früher Lehrer Ludwig Gotthard Kosegarten, seinerzeit ein bekannter Dichter und Pastor der Pfarrkirche von Altenkirchen. »Petrus auf dem Meer« verblieb nach dem überraschenden Tod des Malers jedoch in Hamburg, wo es heute in der Kunsthalle zu sehen ist, während ein Stralsunder Künstler fast hundert Jahre später für den Altar in Vitt wenigstens eine Kopie davon anfertigte.

Bevor Kosegarten die kleine Kapelle aus Spendengeldern errichten ließ, hielt er für die Fischer von Vitt direkt auf dem Kliff über dem Dorf seine beliebten Uferpredigten, die es den Männern gestatteten, das Wort Gottes und die vorüberziehenden Heringsschwärme gleichzeitig zur Kenntnis zu nehmen.

Kosegarten war später Professor und Rektor an der Universität Greifswald, doch begraben ist er wieder hier auf Rügen. Auf dem Friedhof seiner ehemaligen Pfarrei in Altenkirchen. So schnell lässt man Wittow eben nicht hinter sich.

Von Vitt führt der denkbar schönste Weg oben an der Steilküste entlang bis runter nach Drewoldke, von dem ich als Kind natürlich glaubte, es hieße Drehwolke. Immer ganz nah am Ufer, wo einem nur ab und zu ein paar Wanderer und Fahrradfahrer entgegenkommen, vorbei an Goor und dem Riesenberg von Nobbin, einem imposanten, vierunddreißig Meter langen, elf Meter breiten Hünengrab, im Hintergrund die ganze Halbinsel. Die See glitzert im Licht der Sonne.

Vergangenes Jahr habe ich Freunden von Rügen aus eine bedenklich kolorierte Ansichtskarte geschickt und draufgeschrieben: »… ein bisschen nachgeholfen, würde ich meinen, aber die grüne Farbe des Wassers im Kontrast zum Azur des Sommerhimmels ist sehr schön zu erkennen. Meine grüne See! Vor 20 Jahren haben Eric und ich auf dem Dampfer nach Hiddensee gestritten, ob die Ostsee verseucht ist (Eric) oder ob ein Meer sowieso immer grün ist (ich). Wir hatten beide unrecht: Die Ostsee war nicht schmutzig, und das Mittelmeer ist wirklich blau – wir hatten einfach nur keine Ahnung. Große Klappe, nix dahinter. Es gibt viele gute Gründe, älter zu werden.«

Tatsächlich standen mein südfranzösischer Freund Eric und ich uns 1990, beide noch Teenager, die Hände in die Hüften gestemmt, wie Kampfhähne gegenüber und verteidigten leidenschaftlich das Meer. Jeder seins.

Eric schimpfte, die Ostsee sei ja schon ganz grün vor Dreck, und ich fauchte zurück, wovon er eigentlich spreche, welche Farbe Meerwasser denn sonst haben solle. Blau sei ja wohl allenfalls die Klospülung.

Eric sah an diesem Tag zum ersten Mal die Ostsee, und ich war bis dahin nie am Mittelmeer gewesen. Wir wussten noch nicht, dass das Meer, genau wie das Lehen, sehr viele Farben hat.

Kein Jahr später stand ich auf der Überfahrt nach Elba an Bord der Fähre und starrte fassungslos ins Wasser. Es war tatsächlich blau. Blau. Blau. Aber nicht wie Klospülung, sondern wie reine Anmut.

Yann Martel erzählt in *Schiffbruch mit Tiger* vom Handbuch eines ungenannten britischen Korvettenkapitäns, welches wichtige Ratschläge enthält, um Schiffbrüchigen das Überleben auf See zu sichern. An achter Stelle heißt es, neben praktischen Hinweisen, weder Urin noch Vogelblut zu trinken oder täglich fünf Minuten die Füße hochzulegen: »Grünes Wasser ist flacher als blaues.« Das könnte die Erklärung sein: Die

Ostsee ist an ihrer tiefsten Stelle 459 Meter tief, das Mittelmeer 5267 Meter.

Gerade am Hochuferweg zwischen Arkona und Drewoldke kann man das Grün der kleinen, wilden Baltin in allen Schattierungen sehen. Im Frühsommer liegt die Tromper Wiek in hundert Farbtönen da, und auf den Feldern blüht dazu endloser Raps.

Wer nach diesem Spaziergang an einem warmen Maitag nicht verliebt ist in die Insel und das Meer, dem kann keiner mehr helfen.

Unten am Strand ist der Weg genauso berückend. Den Raps sieht man von dort zwar nicht, aber dafür sind die Nähe zum Wasser und die sportliche Herausforderung größer. Die Strecke ist kürzer als die oben an der Steilküste entlang, dauert aber viel länger, denn es geht sieben anstrengende Kilometer über Stock und Stein, wie man das in einem wahreren Sinne des Wortes selten finden wird. Eigentlich nur bei Lohme und vor den Kreidefelsen der Stubnitz. Festes Schuhwerk ist deswegen unbedingt zu empfehlen. Knöchel und Waden melden sich zwar trotzdem am nächsten Morgen, aber wenigstens sinkt die Verletzungsgefahr durch Umknicken oder Schlimmeres. Außerdem braucht man an der See schon deshalb ein, zwei Stunden mehr als oben, weil man viel Zeit gebückt beim Suchen nach Versteinerungen aller Art verliert, liegt doch auch das Ostufer von Wittow selbstverständlich voller Schätze

… Insofern kann man davon ausgehen, dass es allein bei Muskelkater im Beinbereich nach einer solchen Wanderung nicht bleibt. Der Rücken hat meistens ebenfalls mitzuzippern. Pausen helfen. Sie schonen nicht nur den Körper, sie beruhigen auch die Seele. Das Meer, ein paar Möwen, und schon ist die Welt so, wie sie sein soll.

Vom feinen Sandstrand Juliusruhs bis zum Kap werden die Steine im Wasser immer zahlreicher und größer, und manche von ihnen sind voller Seetang. Hellbraun und giftig grün fleckt er das seichte Ufer und wiegt sich in den Wellen sanft wie die langen Locken der Meerjungfrauen.

Seit dem Umzug aufs Festland war ich nur noch in den Ferien am Meer. Entweder bei Oma in Stralsund oder bei unseren Freunden in Wiek. Später besuchte ich manchmal auch meinen Vater, der nach ein paar Jahren mit neuer Frau und neuer Tochter aus Leningrad wieder nach Dranske zurückgekehrt war.

In Grünheide hatten wir einen Teich mit Seerosen vor dem Haus, den man in zwanzig Minuten umlaufen konnte. Statt Möwen gab es Haubentaucher und Enten. Brandenburg ist wunderschön, aber richtig heimisch bin ich erst in Berlin wieder geworden, wohin wir 1982 weiterzogen. Hier wohne ich sehr gerne. Ich mag meine Stadt, weil sie temperamentvoll, chaotisch und nachdenklich zugleich ist. Voller Ironie und Schwermut. Berlin hat eine große Schnauze, ein großes Herz und, wenn keiner hinkuckt, auch eine große Träne im Knopfloch. Aber wenn niemand mehr an der Spree lebte, den ich liebe, würde ich mich ohne Bedauern umdrehen und gehen.

Manchmal werde ich nach Heimat gefragt. Ich zögere nie mit der Antwort. Der Norden, sag ich dann. Die Ostsee, Rügen. Obwohl Berlin, das mein Zuhause ist, eigentlich näherläge. Immerhin wohne ich hier seit fast dreißig Jahren. Doch Heimat ist, wonach das Herz sich sehnt.

Als ich 1993 Deutschland für ein Jahr verließ, um in der Emilia-Romagna zu studieren, kaufte ich ein Tagebuch, das ich immer bei mir führte. In den Umschlag klebte ich eine kleine, skizzenartige Karte, die ich aus einem Zeitungsartikel geschnitten hatte. Darauf sah man die Ostseeküste vom Fischland bis nach Usedom. Nur fünf Punkte waren auf der zweifarbigen, Wasser und Land trennenden Zeichnung vermerkt: »Darßer Ort, Stralsund, Saßnitz, Kap Arkona, Hiddensee«. Mehr Heimat konnte ich mir damals in Italien nicht vorstellen.

Mehr Heimat kann ich mir auch heute noch nicht vorstellen.

Florian Illies

1913. Der Sommer des Jahrhunderts

JULI

Urlaub! Egon Schiele und Franz Ferdinand, der österreichische Thronfolger, spielen mit der Modelleisenbahn. Die preußischen Offiziere baden nackt im Sacrower See. Frank Wedekind fährt nach Rom, Lovis Corinth und Käthe Kollwitz fahren nach Tirol (aber in getrennte Hotels). Alma Mahler flüchtet nach Franzensbad, weil Oskar Kokoschka das Aufgebot bestellt hat. Der tröstet sich und säuft mit Georg Trakl. Dauerregen. Alle werden halb wahnsinnig in ihren Hotelzimmern. Aber immerhin: Matisse bringt Picasso einen Blumenstrauß.

Am 10. Juli wird im Death Valley in Kalifornien die höchste bis dahin dokumentierte Temperatur gemessen: 56,7 Grad. Am 10. Juli regnet es in Deutschland. Es ist kaum 11 Grad warm.

In diesem Juli kommen sich in Bonn August Macke und Max Ernst, sein jugendlicher Bewunderer,
freundschaftlich näher. Macke nutzt sogar ein Heft
mit ein paar Vorlesungsmitschriften von Ernst als Skiz-
zenbuch, gemeinsam organisieren sie eine Ausstellung
»Rheinischer Expressionisten«, die sie mangels pas-
sender Galerie am 10. Juli in der Bonner Buchhand-
lung Cohen eröffnen. Aus dem Fenster des Ladens
im ersten Stock hängt ein riesiges Plakat, das die
teilnehmenden Künstler gemeinsam beschriftet haben.
Max Ernst sorgt auch gleich für das nötige Echo: Unter
Pseudonym schreibt er eine Rezension im Bonner
»Volksmund« und rühmt vor allem die Kunst seines
Freundes Macke, dessen Abstraktionen »Ausdruck
für ein Seelisches geben allein durch die Form«. So
kämpfen 1913 alle allerorten um das Unbewusste.

*

Das Psychologische, das Transzendentale liegt in der
Luft. Der Italiener Giorgio de Chirico malt 1913 seine
erste richtige »metaphysische Landschaft«, wie sie
Guillaume Apollinaire nennt. Sie heißt »Piazza d'Ita-
lia« und zeigt: die Leere. Wenn man weiß, dass de
Chirico lange in München studiert hat, dann spürt
man an dem Gelb der Häuser und der Weite der
Straßen, dass die ganze Metaphysik in der Kunst dieses
skurrilen, in Griechenland geborenen Italieners eine

rein münchnerische Angelegenheit ist. So kam die klassizistische Architektur Leo von Klenzes zwischen Hofgarten und Wittelsbacherplatz 1913 mitten in der Moderne an. Böcklin und Klinger waren de Chiricos künstlerische, Schopenhauer und Nietzsche seine geistigen Väter – und sie braucht de Chirico für seine Studien der Einsamkeit des einsamen Menschen nicht mehr. Denn das ist der Betrachter selbst, der unweigerlich hineingezogen wird in die Sinnlosigkeit des neuen Jahrhunderts. Oder wie es de Chirico selbst sagt: »Die Kunst wurde durch die modernen Philosophen und Dichter befreit. Nietzsche und Schopenhauer lehrten als erste die tiefe Bedeutung des Nicht Sinns des Lebens und wie dieser Nicht Sinn verwandelt werden könnte in Kunst. Die guten neuen Künstler sind Philosophen, welche die Philosophie überwunden haben.« Deshalb führt de Chirico die Perspektive, das Symbol der Orientierung, ad absurdum. Und wird genau dadurch zu einer schnell in Paris, Berlin und Mailand verehrten Orientierungsfigur auf einem zunehmend schwankenden Untergrund.

*

Ab dem 16. Juli macht Egon Schiele Urlaub bei seinem Mäzen und Förderer Arthur Roessler im Haus Gaigg in Altmünster am Traunsee. Angekündigt hat er sich in einem langen Brief – er komme entweder um 3 oder um 4 oder um 5 oder um 6. Er kommt aber nicht. Und sein Gastgeber geht die halbe Stunde vom Bahnhof zurück in sein Haus, friert, trinkt Tee mit Rum und dann Rum mit Tee. Es gießt in Strömen. Irgendwann klopft Schiele an die Terrassentür – er ist zu einer anderen Uhrzeit und aus einer anderen Richtung gekommen. Und auch nicht allein, sondern mit Wally Neuzil, die wir heute von dem großartigen Aquarell »Wally mit roter Bluse« kennen – aber damals kannte niemand sie.

Am nächsten Morgen soll das Gepäck vom Bahnhof geholt werden. Roessler fragt ihn, was es denn genau sei. Darauf Schiele: Nur das Notwendigste. Dann werden am Bahnhof abgeholt: ein bisschen Kleidung, gesprungene Tonkrüge, farbig glasierte Bauernschüsseln, dicke Folianten, Kunstbücher, primitive Holzpuppen, Baumstrünke, Mal- und Zeichengeräte, ein Kruzifix. Das alles baut Schiele zur Inspiration im Gästezimmer auf, um zu arbeiten. Er arbeitet dann aber: keine Minute. Viel lieber wandert er durch die herrliche Landschaft des Salzkammergutes. Genießt das Zusammensein mit seiner Freundin und das Versorgtwerden durch das Personal Roesslers. Sein Gastgeber hat gehofft, dass Schiele malen würde und er eines der Gemälde für das Wohnzimmer des Sommerhauses nutzen könne. Doch Schiele malt einfach nicht. Eines Morgens betritt Roessler Schieles Zimmer und sieht, wie Schiele auf dem Boden sitzt und eine durch Stahlfederkraft betriebene kleine Spielzeug-Eisenbahn ihre Kreise ziehen lässt. Schiele macht Gleiswechsel, kuppelt an und ab mit großen Lautimitationen. Perfekt kann er das Pfeifen der Eisenbahnen nachmachen, das Kuppeln, das Rangieren, das Quietschen. Er bittet Roessler, doch mitzuspielen. Jemand müsse an dem kleinen Bahnhof die Durchsagen machen.

*

Die Londoner »Times« berichtet, dass sich der österreichisch-ungarische Thronfolger Franz Ferdinand schmollend in sein böhmisches Schloss bei Konopischt zurückgezogen habe und dort auf dem Fußboden im Kinderzimmer liege. Jedem Gast, der zu Besuch kommt, befiehlt er, sich auf den Boden zu legen und ihm beim Aufbau weiterer Gleise behilflich zu sein. Angeblich hat der Kaiser längst Psychiater in Lakaiengewänder gesteckt, damit sie unauffällig Franz Ferdinand beobachten und betreuen können. Franz Ferdinand versteckt sich den ganzen Sommer über in seinem Schloss, er will weit weg sein von Wien – dem merkwürdigen alten Kaiser und vor allem von dem Chef des Generalstabes, Conrad von Hötzendorf, der die ganze Zeit versucht, einen Präventivschlag gegen Serbien durchzuführen.

Franz Ferdinand kann auch nicht länger die Schmähungen des Hofes ertragen. Dort waren alle gegen seine Verbindung mit Sophie Gräfin Chotek gewesen, weil sie unter seiner Würde und natürlich seinem

Stand war. Der Hof willigte erst ein, nachdem Frau und Kinder auf alle ihre Ansprüche verzichtet hatten. So war Sophie verurteilt zu einer Schattenexistenz, sie bekam zwar drei Kinder von Franz Ferdinand, aber in Wien wurde sie gemieden, es war ihr sogar verwehrt, in der Kaiserloge des Burgtheaters oder der Hofoper neben ihrem Mann zu sitzen. Nicht verwehrt wurden ihr die gemeinsamen Spaziergänge rund um Schloss Konopischt. Ihren gemeinsamen Lieblingsweg hatte ihr Mann darum früh in »Oberer Kreuzweg« umbenannt. Mit seiner Frau Sophie und den drei Kindern aber ist Franz Ferdinand offenbar das, was man glücklich nennt. Weil er in Wien eigentlich nicht gebraucht wird, ist der Erzherzog, der in der Hauptstadt als jähzorniger, unkontrollierbarer Machtpolitiker gilt, ein liebevoller Ehemann und Vater. Er spielt stundenlang mit seinen Kindern in den Gärten des böhmischen Schlosses, und es ist seine schönste Freude, wenn sie alle Namen der Blumen wissen, die in Sommerüppigkeit über die Buchsbaumumrandungen wachsen. Nebenan, im Schloss von Janowitz, trauert Sidonie Nádherný.

*

Picasso war schwer krank. Aber am 22. Juli schreibt Eva Gouel an Gertrude Stein: »Pablo ist wieder fast ganz gesund. Er steht jeden Tag am Nachmittag auf. Henri Matisse kommt immer wieder vorbei, um nach ihm zu fragen. Heute kam er, um Pablo Blumen zu bringen, und war den ganzen Nachmittag bei uns.« Was für eine wunderschöne und tröstliche Vorstellung, dass einer der beiden wichtigsten Künstler seiner Zeit dem anderen wichtigsten Künstler seiner Zeit einen Krankenbesuch macht und einen Strauß Blumen mitbringt. Kein Wunder, dass Picasso ein paar Tage später wieder vollständig genesen ist.

*

Robert Musil ist nicht schwer krank, wird aber krankgeschrieben, damit er nicht seinen Bibliotheksdienst in der Technischen Hochschule in Wien erfüllen muss, sondern Zeit hat zu schreiben. Am 28. Juli also schreibt Dr. Pötzl ein neues Gutachten für Musil, der mit »schwerer Neurasthenie« seit einem halben Jahr in seiner Behandlung ist (wir erinnern uns). Pötzl also schreibt: »Der hohe Grad der immer noch bestehenden nervösen Erschöpfung erfordert eine weit längere, als die ursprünglich angenommene Erholungsfrist, es muss vom nervenärztlichen Standpunkt aus heute unbedingt eine noch mindestens sechs Monate dauernde Sistierung der Berufsthätigkeit für den Patienten verlangt werden.« Und so schreibt Musil unter Verweis auf das Gutachten, er bitte »um einen Urlaub in der Dauer von sechs Monaten«. Die Universität schickt ihn zum Amtsarzt, und ein Dr. Blanka stellt fest: »Er leidet an allgemeiner Neurasthenie schweren Grades

unter Mitbeteiligung des Herzens (Herzneurose).«
Neurasthenie unter Mitbeteiligung des Herzens –
schöner lässt sich das Leiden an der Moderne nicht
zusammenfassen.

*

Harry Graf Kessler war Ende Juni aus Paris nach Berlin
gereist, um in Potsdam mit seinem alten Regiment
eine große Wehrübung zu machen. Das ließ sich der
große Ästhet ohne Murren gefallen. Er liebte das
Leben im Kasino und im adligen Offizierkorps in
Potsdam, er liebte die Soireen und Soupers, die die
Manöver begleiteten. So ist er im Juli bei der Prinzessin
Stolberg in Potsdam, die ihm aber gesteht, »auf einer waldumgebenen Burg aufgewachsen«, leider noch
immer nicht in der Lage zu sein, die verschiedenen
preußischen Uniformen zu unterscheiden. »Ich sagte:
Na, einen Husaren und einen Garde du Corps könne
sie doch gewiss auseinanderhalten. Ja, meinte sie, es sei
aber so schrecklich schwer, einen General von einem
Unteroffizier zu unterscheiden.« Kessler lässt das so
stehen, damit wir begreifen, wie ungeheuerlich es ist,
dass es in Preußen anno 1913 also tatsächlich noch
eine Prinzessin gab, die einen General nicht von einem
Unteroffizier unterscheiden kann.

Einige jener, denen sehr bewusst ist, wo ihre Unterschiede liegen, geistig, moralisch und in der Uniform,
fuhren mit Kessler am 25. Juli, als es endlich einmal

nicht regnete, raus an den Sacrower See. Genauer: die Herren Major Friedrich Graf von Klinkowström, seit 1905 im 3. Garde-Ulanen-Regiment, geboren 1884, Leutnant Thilo von Trotha, geboren 1882, ebenfalls im 3. Garde-Ulanen-Regiment, und der Rittmeister Eberhard Freiherr von Esebeck. »Als wir an die Badestelle, eine einsame, von Wald umsäumte Wiese kamen, wo wir baden wollten, stieg plötzlich vor uns aus dem See und Schilf splitternackt Krosigk empor.« Der Graf Friedel von Krosigk machte nachher mit den Herren von Trotha und von Esebeck nackt ein Wettrennen auf der Wiese. »Schräg hinüber, am anderen Ufer eine weiße Gestalt, die auch badete.« Die weiße Gestalt. Wer das wohl war? Die Prinzessin Stolberg, die die Unterschiede zwischen Generälen und Unteroffizieren überprüfen wollte? Asta Nielsen während einer Drehpause in Babelsberg?

*

Männerphantasien, Teil II: Zwei Traumgebilde nach einer Zugreise: Oswald Spengler, der alte Chauvi, macht keinen Urlaub, er denkt über den »Untergang des Abendlandes« nach und über alle diese Frauen überall. »Ich vertrage den geistigen Umgang mit Frauen nur in kleinen Dosen. Selbst wenn ein Mädchen so beschränkt wie eine Frauenrechtlerin und so geschmacklos wie ein Kunstweib ist.« Er sitzt wieder zu Hause in München in seiner Wohnung und findet sie hässlich, die Möbel vor allem: »Jedes Möbel muss es ertragen können, dass man es so streng abwägt wie einen Manet oder einen Renaissancebau. Alte Möbel vertragen das. Neue wirken dann in ihrem Entwurf wie erste Fingerübungen.« Dann erinnert er sich doch noch einmal an seine Zugfahrt und fügt an: »Gut ist nur, woran diese verblödeten Stilhuber ihr ›Können‹ nicht ausgelassen haben: Lokomotiven etc.« Auch Gottfried Benn fährt in diesem Sommer mit der Eisenbahn. Auch er wird durch die Frauen in den Abteilen zu einem Testosteronschub herausgefordert. Er schreibt in sein kleines Notizbuch über seine Erlebnisse im D-Zug zwischen Berlin und der Ostsee diese großen Verse: »Fleisch, das nackt ging. / Bis in den Mund gebräunt vom Meer.« Dann weiter: »Männerbraun stürzt sich auf Frauenbraun: / Eine Frau ist etwas für eine Nacht. / Und wenn es schön war, noch für die nächste! / Oh! Und dann wieder dies Bei-sich-selbst-Sein!« Auch Benn also verträgt wie Spengler den Umgang mit Frauen nur in kleinen Dosen. Dann steigt auch er wieder glücklich hinab in die Keller seiner Einsamkeit.

*

Kaiser Franz Joseph sucht die Zweisamkeit. Untergehakt mit Frau Katharina Schratt geht er durch die weitläufigen Parkanlagen von Bad Ischl, seinem Urlaubsort seit eh und je. Und auch Frau Schratt ist seine Begleiterin seit eh und je, sie kennen sich aus den

Tagen, als Sissi noch am Leben war. Und doch soll sie, so ist es der kaiserliche Wille, nie seine Geliebte werden, sondern nur seine Begleiterin. So verbringen die beiden, die dreißig Jahre Altersunterschied trennen, gemeinsam die Tage. Nachts aber möchte der Kaiser gerne allein sein. Doch schon am frühen Morgen gegen sieben verlässt er die kaiserliche Villa und geht hinüber zu Frau Schratt in ihre Villa »Felicitas«, wo sie gemeinsam eine Tasse Kaffee trinken. Dann mischt er sich unter die Kurgäste. Meist wird er gar nicht erkannt, da er seine Orden im Urlaub nicht trägt, auf seine Leibwache verzichtet und so aussieht wie irgendein alter, knorriger pensionierter Offizier. Er will sehr gerne sehr gewöhnlich sein. Aber er ist nun mal leider Kaiser. Also fügt er sich dem. Doch er schreibt an Frau Schratt Briefe von schönster Alltäglichkeit. Ach, so klagt er einmal, wie mir die Hühneraugen schmerzten, als ich beim Bankett aufstehen musste, um einen Toast auf den König von Bulgarien auszubringen.

*

Der bulgarische König selbst hat gerade ganz andere Sorgen: Am 3. Juli eskaliert der Streit zwischen Serbien und Bulgarien über Gebiete in Mazedonien. Serbien erklärt den Krieg – und die Türken, Griechen und Rumänen stellen sich ebenfalls gegen Bulgarien. Der zweite Balkankrieg ist da. Ständig erreichen neue Depeschen den Kaiser in Bad Ischl. Doch er will nicht gestört werden von diesen Heißblütern im Balkan. Er geht hinüber zu Frau Schratt und trinkt einen Tee.

*

Am 13. Juli reist Freud mit seiner geliebten Tochter Anna nach Marienbad, um sich zu erholen und innerlich zu stärken für den großen Kampf. Den »IV. Internationalen Psychoanalytischen Kongreß« in München Anfang September, wo er erstmals wieder auf C. G. Jung und die abtrünnigen Zürcher Analytiker treffen wird. Marienbad hilft Freud natürlich überhaupt nicht. Weder gegen seinen Rheumatismus in seinem rechten Arm noch gegen seine Depression. Er schreibt: »Ich kann kaum schreiben, wir hatten hier eine schlechte Zeit, das Wetter war kalt und nass.«

*

Ende Juli geht Rilke kurz nach Berlin und sieht dort im Museum den neugefundenen Amenophis-Kopf: »Ein Wunder, ich erzähle Dir«, berichtet er aufgeregt an Lou Andreas-Salomé. Es sind die Ausgrabungen von Tell el-Amarna aus der von James Simon finanzierten Expedition. Die ganze Stadt gerät in ein Ägypten-Fieber angesichts der Schönheit der Skulpturen. Das »Berliner Tageblatt« schreibt aufgeregt über Amenophis: »Ein Moderner, im verwegensten Sinn des Wortes.« Der Avantgarde wird empfohlen: »Futuristen, senkt Euer Haupt!« Else Lasker-Schüler kommt ins Museum, sinkt auf die Knie vor Begeisterung, ihre Bilder des Prinzen Jussuf tragen bald die Züge von Amenophis IV., auch Echnaton genannt. Und das größte Wunder, der Kopf der Nofretete, seiner Gemahlin, ruht sogar noch im Keller des Museums. Die Grabungsexpedition hat zunächst darauf verzichtet, ihr schönstes Stück auszustellen. Die Ausstellungsmacher ahnen, dass Ägypten sofort Besitzansprüche geltend machen würde, wenn alles zu sehen wäre, was da im Januar 1913 außer Landes geführt wurde. So ruhte Nofretete im Depot.

Wer tausend Jahre unter der ägyptischen Erde lag, der kann auch noch ein paar Jahre warten, bis ihm die Welt zu Füßen liegt.

*

Es ist also Juli, alle erholen sich, Rilke hat das Ägypten-Fieber, ein bisschen Geld und nichts zu tun. Man könnte es folglich »naheliegend« nennen, dass er im August ein paar Tage Urlaub an der See machen will. Aber »Urlaub« klingt für jemanden, der sich tagtäglich vor allen, seinen Mäzenatinnen und seinen Über-Ichs, für seinen gepflegten Müßiggang rechtfertigen muss, wie ein böses Wort. So ist zu begreifen, dass es also Rilke »leichtsinnig« (!) erscheint, im August an die Küste zu fahren. Er verlässt Lou in Göttingen und schreibt ihr dann sofort aus Leipzig: »Ich habe die leichtsinnige Idee, von hier Ende der Woche erst für acht Tage an die See zu gehen (Heiligendamm, wo Nostitzens sind). Schöne Buchenwälder sollen dort sein, und mir ist auf einmal das Meer vor der Seele. Vielleicht tue ich also dies.«

*

Frank Wedekind ist in Rom, er schließt dort am 8. Juli seinen »Simson« ab, den er am 26. Januar angefangen hatte. Er ist nach Rom gereist, um allein zu sein und sich zu erholen von den Wirren um das Verbot seines Theaterstücks »Lulu«. Eine Nymphomanin, die die Männerwelt zerstört, das durfte nicht sein. Doch Wedekind ahnt, dass er mit seiner »Lulu« eine neue Heldin für das 20. Jahrhundert geschaffen hat. Er tröstet sich mit den Helden der Vergangenheit über die Schmach der Gegenwart – und liest in Rom Goethes »Italienische Reise«, Burckhardts »Kultur der Renaissance in Italien«, besichtigt die Sixtinische Kapelle. Die Zensurbehörde in München hätte sich verwundert die Augen gerieben über die großbürgerlichen Ambitionen dieses Unruhestifters. So schreibt er an seine Frau Tilly Wedekind: »Das Schönste, was ich hier bis jetzt erlebt, war der Spaziergang auf den Ruinen des Monte Palatino.« Aber dann warnte er sie: Rom sei vollkommen eingeschlafen, kein Theater, kein Varieté. »Für meine Zwecke kann ich mir Rom gar nicht besser wünschen. Wenn wir uns zusammen ein Vergnügen machen wollen, dann tun wir wohl besser daran, nach Paris zu fahren.« Denn das müsse man, gerade aus Rom, ein für alle Mal klarstellen: »Paris ist die schönste Stadt der Welt, dann kommt Rom, dann sehr bald München.«

*

Lovis Corinth sitzt in der »Villa Mondschein« in Tirol, mit Kindern, Frau und Mutter. Noch immer ist er nicht ganz genesen von seinem Schlaganfall, aber hier in Sankt Ulrich im Grödnertal geht es ihm langsam besser. Es regnet so stark, dass Corinth kaum draußen malen kann. Darum muss die Familie Porträt stehen. Erst malt er sich selbst, in landesüblicher Tracht, der grünkarierten Leinenjoppe und dem federgeschmückten Hut (er sieht schon wieder fröhlich brummig aus). Dann seine Frau Charlotte, ebenfalls als Tirolerin. Er packt die Farbe dick auf die Leinwand, als wolle er demonstrieren, dass er wieder am Leben ist. Und wenn draußen die Welt im Nebel und Regen versinkt, dann holt er das Grün und Rot und Leuchten eben mit den Farben der Trachten in seine Kunst. Sohn Thomas will nicht gemalt werden, er friert und liegt bald mit einer Grippe im Pensionsbett.

Die allmorgendliche Post aus Berlin empfängt Corinth »wie das Manna in der Wüste«. Meist geht es in all den Briefen um den großen Streit in der Berliner Secession, der tobt, seit Paul Cassirer, der Händler, zum Vorsitzenden gewählt worden ist. Für die nächste Ausstellung hat der alle dreizehn Künstler ausgeladen, die ihn nicht gewählt hatten, woraufhin es zu einem großen Zerwürfnis kam. Nun gehört den übrig gebliebenen Secessionisten um Corinth zwar der Verein, die »GmbH« aber, die Eigentümerin des Ausstellungshauses am Kurfürstendamm 208/09 ist, wird von Cassirer und Liebermann kontrolliert. So muss also der Verein um Corinth ein neues Gebäude bauen, um sich wieder Raum und Ruhm zu verschaffen. Als Corinth in Tirol von der Idee erfährt, dass dies Peter Behrens bauen soll, der Architekt und Designer, der für die AEG Häuser, Lampen und Tische entwirft, gesteht er, dass er diesen zwar nicht mag, aber er erkennt den möglichen Imagegewinn, denn Behrens sei »modern«. Doch eigentlich sind ihm hier in Tirol bei Dauerregen die ganzen Querelen in der fernen Heimat zu viel. Er denkt »mit Grauen an Berlin« und liest tagelang in Bernhard Kellermanns Buch »Der Tunnel«, jenem Science-Fiction-Bestseller des Jahres, der die unterirdische Verbindung zwischen Europa und dem amerikanischen Kontinent beschreibt. Corinth schreibt dazu die kürzeste und prägnanteste Rezension des Jahres: »Gutes Buch, ich möchte auch mal nach America.« Aber es hilft nichts: Im August muss Corinth zurück nach Berlin.

*

Käthe Kollwitz ist mit ihrem Mann Karl ebenfalls in Tirol, es gibt fortwährende Streitigkeiten, es regnet in Strömen, sie können nicht raus in die befreiende

Natur, sie sitzen dumpf auf ihren Pensionsstühlen und sind tief unglücklich miteinander. Nach den Sommerferien fällt sie in eine »große Depression«. Sie hat Selbstmordgedanken, verzweifelt über ihr Leben und ihr künstlerisches Werk, ist unzufrieden mit ihren ersten plastischen Versuchen. Und dann fragt sie ihr Tagebuch: »Ich und Karl?« Antwort: »So eine dolle Liebe, die hab ich überhaupt nicht kennengelernt.«

Karl interessiert sie nicht mehr. »Immer derselbe, bei dem man jede Nuance schon kennt, das kann die schlappere Sinnlichkeit nicht mehr reizen. Man müsste ganz andere Kost haben, um wieder starken Appetit zu bekommen.« So das Sehnsuchtsbekenntnis und die Freiheitserklärung der Käthe Kollwitz im Sommer 1913. Sie sucht Trost bei Strindberg, liest immerfort seine Dramen: wilder Geschlechterhass, dumpfes Beisammensein, das hilft ihr, sie fühlt sich nicht allein. Sie erzählt ihrem Sohn davon, sagt, der Inhalt von Strindberg sei, wie sich Paare »zerfleischen, hassen«. Dumpf sitzt Kollwitz am Fenster, blickt in den Regen und schreibt in ihr Tagebuch: »Der Sommer geht hin, ohne dass ich ihn fühle.«

*

In Wien hat Oskar Kokoschka das Aufgebot für seine Heirat mit Alma Mahler bestellt. Am 19. Juli soll es sein, im Rathaus von Döbling, dem Bezirk, in dem die Eltern der Braut leben. Er ist zu Carl Moll auf die Hohe

Warte gegangen, um um die Hand Almas zu bitten. Der hat nichts dagegen. Aber als Alma am 4. Juli von Oskars Plänen erfährt, gerät sie in Panik, packt ihre Koffer und flieht, will nach Franzensbad. Kokoschka stellt ihr nach, erwischt sie am Bahnhof, schreit, bebt, sie muss das Fenster noch einmal öffnen, da schiebt Kokoschka ihr ein Selbstporträt zu, befiehlt ihr, es in ihr Hotelzimmer zu hängen, um all die anderen Männer abzuwehren. Und kaum ist sie weg, schickt er ihr schon den ersten Brief hinterher: »Bitte, mein Almili, schau niemanden an, die Männer dort werden Dich immer anstieren.« Und dann: »Warum hast Du denn gelacht, wie ich gesagt habe: werde gesund! Ich hätte Dich so gern noch gefragt, aber da bist Du schon weggefahren.« Ja, warum hat sie wohl gelacht? Alma spürte wohl in den wenigen hellen Momenten ihrer Beziehung (die die dunkelsten waren), dass sie nicht zusammen gesund werden konnten, weil sie krank vor Liebe waren. Oder wie es Kokoschka zwei Tage später in seinem nächsten Brieflein ausdrückt: »Mir ist es z. B. unbehaglich, dass Dich so ein Halunke von Arzt betastet, dass Dich eine Kellnerin in unvollständiger Toilette oder gar noch im Betterl sieht und so weiter.« Sie erträgt diese ganzen Briefe, genießt sie vielleicht sogar, schreibt ihm aber aus Franzensbad, sie komme erst wieder, wenn er endlich sein Meisterwerk fertig habe. Sie nennt ihn einen »Schlappschwanz«, und »verjudet«, das sei er auch. Kokoschka ist erzürnt und reist kurzerhand nach Franzensbad – als er im Hotel ankommt, ist Alma nicht da. Und über ihrem Bett hängt nicht sein Selbstporträt, wie er es ihr befohlen hat. Als sie von ihrem Spaziergang zurückkommt, bricht ein Sturm aus ihm los. Er wütet gegen Alma, trommelt mit den Fäusten auf ihr Bett und springt in den nächsten Zug nach Wien. Der Hochzeitstermin verstreicht. Und dann, noch hängt der Schweißgeruch von Kokoschka in ihrem Hotelzimmer, schreibt Alma, diese Taktikerin, einen Brief nach Berlin. Sie möchte wissen, welche Chancen sie noch hat bei Walter Gropius, dem ernsten, strengen Geliebten von einst, der sich enttäuscht zurückgezogen hat, seit er in der Ausstellung der »Secession« das Doppelbildnis von Alma und Kokoschka sah. Ihm also schreibt Alma am 26. Juli: »Ich werde vielleicht heiraten – Oskar Kokoschka, ein unseren Seelen vertrauter, mit Dir aber bleibe ich durch alle Ewigkeiten verbunden. Schreib mir, ob Du lebst und ob dieses Leben des Lebens wert ist.«

Kokoschka ahnt noch nicht, dass Alma längst die Angel neu ausgeworfen hat. Er malt in Wien noch um sein Leben. Fragt sich aber auch, ob dieses Leben des Lebens wert ist. Er sitzt am gemeinsamen Porträt vor der riesigen Leinwand. Er sitzt an seinem Meisterwerk. Vielleicht hält ihn von seiner Verzweiflung nur sein Besucher in diesem Wiener Juli ab. Denn gemessen an Georg Trakl geht es der Seele von Kokoschka noch verhältnismäßig gut. Trakl wohnt vorübergehend in Wien,

in der Stiftsgasse 27, er hat, zwischen seinen Alkohol-
und Drogenräuschen, eine unbesoldete Stelle in Wien
angenommen, ausgerechnet als Verrechnungsbeamter
im Kriegsministerium. Man kann sich keinen absur-
deren Beruf für Georg Trakl ausmalen. Er hält es auch
nur ein paar Tage aus. In dieser Zeit aber stiehlt er
sich, kaum ist Feierabend, in das Atelier Kokoschkas.
Der steht vor der Leinwand, unruhig wippend, in wilden inneren Träumen über Almas Untreue versunken,
die Zigarette im Mund und die Farbe im Handteller,
malend mit Pinsel und rechtem Zeigefinger. Hinter
ihm sitzt Trakl auf einem Bierfass und rollt darauf
stundenlang vor und zurück, vor und zurück. Jeden
anderen würde das wahnsinnig machen. Kokoschka,
dieser Wahnsinnige, findet das beruhigend. Dann und
wann ist ein dumpfes Brummen aus Trakls Ecke zu
hören, er beginnt seine Gedichte zu rezitieren, spricht
von Krähen, Verhängnis, Fäulnis und Untergang, verzweifelt schreit er nach seiner Schwester, dann versinkt
er wieder in ein ewiges Schweigen und rollt stumm
vor und zurück, vor und zurück. Trakl ist täglich da,
als Kokoschka das Doppelbildnis malt. Und Trakl ist
es auch, der dem Bild den Namen gibt: »Die Windsbraut.« In einem Gedicht Trakls, das in diesen wirren
Wiener Tagen entsteht, »Die Nacht«, heißt es: »Golden
lodern die Feuer / Der Völker rings. / Über schwärzliche Klippen / Stürzt todestrunken / Die erglühende
Windsbraut.« So erglüht die Windsbraut Alma im

Atelier und auf der Staffelei, doch im wahren Leben beginnt sie abzukühlen. Oder vielleicht ist es sogar andersherum: Gerade weil Kokoschka mit seinem überspannten Nervenkostüm spürte, dass ihm Alma zu entgleiten droht, auf Abstand geht, gerade weil ihre symbiotische Liebe eine Trübung erfahren hat, ist er überhaupt in der Lage, ein Bildnis von ihnen beiden zu malen, das Kunst wird und kein Liebesbeweis. Erst als Alma den Titel »Windsbraut« trug, erst als er der Braut das Fliehende, das Flüchtige des Windes eingeschrieben hat, kann er sich überhaupt ein Bildnis von ihr machen. Eine »Windsbraut« kann man nicht heiraten. Nur malen.

*

Max Liebermann malt ein Porträt von Peter Behrens. Das große gestalterische Genie seiner Zeit sieht darauf aus wie ein wohlbeleibter, gemütlicher Advokat.

AUGUST

Ist das der Sommer des Jahrhunderts? Es ist auf jeden Fall der Monat, in dem Sigmund Freud einen Ohnmachtsanfall erleidet und Ernst Ludwig Kirchner glücklich ist. Kaiser Franz Joseph geht auf die Jagd, und Ernst Jünger sitzt stundenlang mit Win-

termantel im heißen Gewächshaus. Musils »Mann
ohne Eigenschaften« beginnt mit einer Falschinfor-
mation. Georg Trakl versucht, Urlaub in Venedig
zu machen. Schnitzler auch. Rainer Maria Rilke ist
in Heiligendamm und hat Damenbesuch. Picasso
und Matisse gehen zusammen reiten. Franz Marc
bekommt ein zahmes Reh geschenkt. Niemand
arbeitet.

In Heiligendamm auf der Hotelterrasse streift in diesen Tagen Rainer Maria Rilke langsam die dunkel-
grauen Handschuhe ab und ergreift schlaff die Hand
von Helene von Nostitz, die neben ihm einen Mokka
trinkt. Sie schaut in seine Augen, seine milden, tief-
blauen Augen, deren Tiefe die Damen immer den
Rest seines Gesichtes vergessen ließen. Rilke war in
Göttingen bei Lou Andreas-Salomé gewesen, als ihn
ein Brief von Helene erreichte, die ihn zu kommen
bat. Zur Überraschung aller Beteiligten, die durch ein
enges, unüberschaubares Geflecht von Zuneigung und
Eifersucht verbunden waren, sagte Rilke zu. Er habe, so
schreibt er aus Göttingen, als sich Lou einmal hingelegt
hat, erschöpft vom gemeinsamen Schweigen, Reden,
Streiten, Schmachten, Lesen, Schweigen, »heftiges Be-
dürfnis nach Seewind«. Doch als Rilke ankommt in
Heiligendamm, gerät er in das bunte Treiben der
Pferderennen, die Rennbahn auf dem kleinen Hügel
zwischen Heiligendamm und Bad Doberan lädt zum

großen, traditionellen Galoppderby. Das Hotel in Heiligendamm ist überfüllt mit mondänem städtischen Publikum und dicken Gestütsbesitzern, denen beim Aufstehen der Bauch fast das Wams sprengt. Überall Pferdewagen, Frauen mit riesigen Hüten, geschäftiges Treiben, Gespräche über Wetteinsätze, Beppo sei heute der große Favorit, so hört er. Rilke bittet verstört an der Rezeption um Briefpapier.

Er gedenke, so schreibt er hastig an Helene von Nostitz, in spätestens einer halben Stunde wieder abzureisen. Als ihr der Boy im Zimmer den Brief überreicht, streitet sie gerade mit ihrem Mann darüber, warum sie diesen Dichter eingeladen habe. Sie liest Rilkes Lamento, kleidet sich schnell an und eilt zu ihm, findet ihn im Kurhaus in seinem weißen Sommeranzug, aber vor allem: »grau und ausgelöscht«. Draußen toben die Wolken und türmen sich auf zu gewaltigen schwarzen Gebirgen. Ein mächtiger Wind kommt auf und bläst herüber vom Meer, die Damen halten ihre Hüte fest, aus den hohen Buchen fegt es die ersten welken Blätter in die Luft.

Helene von Nostitz hakt sich bei Rilke unter und führt ihn mit energischem Schritt hinaus aus dem Kurhaus, den kleinen Pfad an den neu gebauten Cottages vorbei, sie grüßt rechts und grüßt links, alle gehen etwas gebeugt gegen den stürmischen Wind, dann haben Helene und Rainer den Buchenwald erreicht. Sie gehen weiter, es wird immer stiller, der Wind legt sich. Hinten über Brunshaupten schiebt sich die Sonne unter den Wolken hervor und taucht die Küste in ein gleißendes Licht. Mächtig erheben sich hier die Buchen in den Ostseehimmel, der salzige Wind hat ihre Stämme ganz glatt gerieben und ihre Kronen in die Höhe geschraubt. Sie sehen, obwohl viele Jahrzehnte alt, noch immer so unschuldig aus. Wie machen sie das bloß? Es ist Rilke, als wandele er zwischen riesigen Stelzen umher. Bäume, die den Blick in die Höhe reißen, weg von den irdischen Vermoosungen und Baumstrünken. Er lehnt sich an einen Stamm, atmet durch. Helene von Nostitz schaut ihn aufmunternd an, doch er sieht nur das blaue Meer, das zwischen den Buchenstämmen leuchtet, dann und wann eine winzige Schaumkrone, sonst nur blau, blau, blau.

Später, als er wieder nüchtern ist, setzt er sich hin und schreibt an Lou Andreas-Salomé: »Dieses hier ist das älteste Seebad Deutschlands, sympathisch durch seinen Wald am Meer, durch seine fast ganz auf den Landadel der Umgebung eingeschränkte Klientel.« Der Brief ist überraschend kühl angesichts der neu aufgeflammten Beziehung zwischen Rilke und Lou, die gerade in Göttingen im Garten die Hände ineinandergelegt haben, wie zur Erneuerung ihres alten Bundes. Dann trennten sie sich – Lou beschloss, in Göttingen eine psychoanalytische Praxis zu eröffnen. Rilke beschloss, zu versuchen, Urlaub zu machen. Aber wie immer scheint er sich unter dem großen Druck zu fühlen, ein wenig leidend zu sein, als dürfe Lou nie das Gefühl haben, dass er glücklich sein könne, wenn er nicht bei ihr ist. Das ist das Fundament all seiner abertausend Briefe an seine fernen Gönnerinnen und Verehrerinnen. So also schreibt er im Stile eines Baedeker noch ein paar Zeilen über Heiligendamm anno 1913: »Der Großherzog hat hier seine Villa, außerdem nur ein Kurhaus mit schöner Säulenhalle, ein Hotel und etwa ein Dutzend Villen, alles noch ziemlich unverdorben im guten Geschmack des beginnenden neunzehnten Jahrhunderts. Die Leute von ihren Gütern kommen mit den vorzüglichsten Gespannen herübergefahren, das gibt wundervolle, bewegte Reliefs vor dem Meer. Dabei in den Wäldern und sogar am Strand viel Stille, alles in allem ein« – nun denkt der Leser, dass Rilke am Ende doch noch ein begeistertes oder wenigstens positives Adjektiv durchrutscht, aber es gelingt ihm, diesem Risikovorstand des Glücks, gerade noch die Kurve zu kriegen, und er schreibt also: »alles in allem ein brauchbarer kleiner Ort«.

Wie schade, dass er sich auch hier nicht gehenlassen kann. Für Rilke, diesen das zarte Unglück so leidenschaftlich Liebenden, diesen Hohepriester der Unaussprechlichkeit, wäre wahrscheinlich auch das Paradies nur ein »brauchbarer Ort«. Aber er kann nicht leugnen, dass es ihm zunehmend gefällt in Heiligendamm, was auch daran liegt, dass hier das Wetter besser ist als im Rest des Landes, immer wieder vertreibt der Seewind die Wolken, und vor Rilkes Augen am Strand spielen sich schönste Schauspiele flatternder Gewänder und impressionistische Gruppenbilder ab. Im Strandstuhl sitzend, die Beine übereinandergeschlagen, Gedichte von Goethe lesend oder von Werfel, diesem jungen Heißsporn, dem er gerade völlig erlegen ist, das behagt Rilke.

Es gefällt ihm also zunehmend, was aber weniger an Helene von Nostitz liegt, die ihm, wie alle seine Frauen, aus der Ferne sehr verlockend erschien, aus der Nähe aber fordernd und an den Nerven zerrend. Er weiß jedoch, wie er ihr entfliehen kann, ohne von ihrer Eifersucht eingeschnürt zu werden, und erklärt: »Mich drängt's zur Unbekannten.« Herrn von Nostitz, dem das Geplänkel seiner Frau mit dem skurrilen Dichter ein Dorn im Auge war, wird's gefreut haben. Und so geht Rilke also auf sein Zimmer und versucht – ganz im Ernst – übersinnlichen Kontakt zu seiner »Unbekannten« aufzunehmen.

Er hatte die Dame bei den Séancen mit Marie von Thurn und Taxis in Duino näher kennengelernt, und damals hatte ihm diese Unbekannte den Auftrag gegeben, in Toledo einen Schlüssel oder Ring von der Brücke in den Fluss zu werfen. Und da er ohnehin endlich einmal nach Spanien wollte, nahm er diesen Auftrag sehr ernst und ließ sich die Reise Erster Klasse von der Fürstin bezahlen. Rilkes unruhiger und aufwändiger Lebensstil fußte auf permanenten

Zuwendungen eines Kreises potenter Damen – um sie bei Laune zu halten, baute er zu jeder von ihnen einen intensiven Briefverkehr auf, täglich versandte er mehrere seiner taubenblauen Briefe in die Schlösser und Hotels Mitteleuropas. Er wirbt um Geld, um Verständnis, um Zuneigung, um eine Ehefrau. Aber natürlich schreckt er auch davor zurück – nicht vor dem Geld, nicht vor dem Verständnis oder der Zuneigung, das nahm er alles gerne. Nur vor der Frau. Es war ihm lieber, er hielt sie brieflich auf zärtliche Distanz. Darin wurde er deutscher Meister. So auch jetzt in Heiligendamm. Am 1. August schreibt er einen seiner großen Briefe an Sidonie Nádherný, deren Bruder sich erschossen hat und die in der Trauer darüber fast erstickt. Mit dem Füller trocknet er die Tränen ihrer Seele wie mit einem edlen Taschentuch und rät zur praktischen Trauerarbeit: Sie solle auf dem Klavier Beethoven spielen, das würde helfen, und zwar »noch heute Abend«.

Dann wendet er sich wieder seiner übersinnlichen Beziehung zu. Wir wissen leider nicht, was die »Unbekannte« Rilke in Heiligendamm befahl. Auf jeden Fall bleibt er dort auch, als Helene von Nostitz schon wieder abgereist ist. Aber es sind wohl eher sinnliche als übersinnliche Gründe: Denn er hatte Ellen Delp getroffen, eine von Lou Andreas-Salomés Wahltöchtern, eine junge Schauspielerin von Max Reinhardt, die sich im nahen Kühlungsborn erholt. Kaum ist Helene mit dem Zug nach Bad Doberan gereist, schreibt er am Nachmittag des 14. August: »Liebe Lou's Tochter, ich bin gekommen, Ihnen die Hand zu reichen.« Und das tut er dann auch, fern der Bekannten und der Konventionen, scheint es hier in Heiligendamm für Rilke mit Ellen Delp für eine halbwegs unkomplizierte Affäre zu reichen. Nach dem ersten Spaziergang unter den hohen Buchen dichtet er:

Hinter den schuldlosen Bäumen

Hinter den schuldlosen Bäumen
langsam bildet die alte Verhängnis
ihr stummes Gesicht aus.
Falten ziehen dorthin …
Was ein Vogel hier aufkreischt,
springt dort als Weh-Zug
ab an dem harten Wahrsagermund.

O und die bald Liebenden
lächeln sich an, noch abschiedslos,
unter und auf über ihnen geht
sternbildhaft ihr Schicksal,
nächtig begeistert.
Noch zu erleben nicht reicht es sich ihnen,
nach wohnt es
schwebend im himmlischen Gang,
eine leichte Figur.

Die »bald Liebenden«! Das ist der Zustand, den Rilke am zweitmeisten genießt. Am meisten schätzt er den Zustand der »einmal geliebt Habenden«. Weil er sich dann nicht mehr anstrengen muss und nur noch Briefe schreiben darf. Den Zustand dazwischen, den man gemeinhin Gegenwart nennt, Liebe, Ungewissheit, den schätzt er nicht, der überfordert ihn. Aber hier in Heiligendamm, unter den schuldlosen Bäumen, scheint auch er sich freier zu fühlen als sonst.

Meist liest er seiner »morgendlichen Ellen« Gedichte vor, Franz Werfel vor allem, sie gehen an den Strand, Rilke lässt den feinen Ostseesand durch seine langen, schlanken Finger gleiten. Und dann gehen sie wohl tatsächlich auf sein Zimmer. Ellen schickt dem Dichter am Tag darauf Rosen aufs Zimmer. Und er dankt, mit Tinte auf taubenblauem Papier: »Die Rosen sind schön, schön, reich und rühmen einem, wie sie so dastehen, das eigene Herz, unermesslich. Rainer.«

*

Um die Truppenstärke zu erhöhen, beginnt in ganz Österreich-Ungarn die Suche nach Wehrdienstflüchtlingen. So stellt die Polizei am 22. August eine Vermisstenanzeige: »Hietler (!), Adolf, zuletzt wohnhaft Männerheim, Meldemannstraße, Wien, gegenwärtiger Aufenthalt noch unbekannt, Nachforschungen werden fortgesetzt.«

*

Es ist ein schöner Augusttag des Jahres 1913. Beziehungsweise: »Über dem Atlantik befand sich ein barometrisches Minimum; es wanderte ostwärts, einem über Rußland lagernden Maximum zu, und verriet noch nicht die Neigung, diesem nördlich auszuweichen. Die Isothermen und Isotheren taten ihre Schuldigkeit. Die Lufttemperatur stand in einem ordnungsgemäßen Verhältnis zur mittleren Jahrestemperatur, zur Temperatur des kältesten wie des wärmsten Monats und zur aperiodischen monatlichen Temperaturschwankung. Der Auf- und Untergang der Sonne, des Mondes, der Lichtwechsel des Mondes, der Venus, des Saturnringes und viele andere bedeutsame Erscheinungen entsprachen ihrer Voraussage in den astronomischen Jahrbüchern. Der Wasserdampf in der Luft hatte seine höchste Spannkraft, und die Feuchtigkeit der Luft war gering. Mit einem Wort, das das Tatsächliche recht gut bezeichnet, wenn es auch etwas altmodisch ist: Es war ein schöner Augusttag des Jahres 1913.« Mit diesen Worten lässt Robert Musil seinen »Mann ohne Eigenschaften« beginnen. Neben Prousts »Recherche« und James Joyces »Ulysses« der dritte Klassiker der Moderne, in dem die Sprengkraft des Jahres 1913 aufgesogen ist.

Aber wie war das Wetter denn wirklich in diesen Augusttagen des Jahres 1913 in Wien? In der »Neuen Freien Presse« erscheint am 15. August ein ausführlicher Artikel mit der schönen Überschrift »Ausdauernd schlechtes Wetter«. Darin weiß Dr. O. Freiherr von Myrbach, seines Zeichens Assistent der Zentralanstalt für Meteorologie, wenig Tröstliches zu berichten: »Wie zu befürchten war, hat das heurige Sommerwetter im Wesentlichen den Charakter treulich beibehalten, den es von Anfang an trug. Seine Härten haben freilich etwas nachgelassen. Das will aber noch nicht viel sagen, denn der Beginn des Sommers war so außergewöhnlich schlecht, dass auch die spätere Zeit trotz der Besserung noch als schlecht bezeichnet werden muss.« Das heißt: Es gab keinen schönen Augusttag des Jahres 1913. Nein, in Wien herrschte eine Durchschnittstemperatur von 16 Grad. Es war der kälteste August des gesamten 20. Jahrhunderts. Gut, dass das die Menschen 1913 noch nicht wussten.

*

Franz Marc ist mit seiner Frau auf die Güter des Schwagers in Gendrin in Ostpreußen gereist. Nach Dutzenden von Pferdebildern und Pferdezeichnungen steigt Marc nun selbst in den Sattel. Es gibt ein schönes Foto aus diesem August, das zeigt Marc beim Ausritt mit seinem Schwager Wilhelm. Wie das Pferd Haltung annimmt, ein Schimmel, weil er, der Pferdeflüsterer, auf ihm sitzt. Und wie er sich kaum traut, es zu berühren mit seinen Schenkeln vor lauter Hochachtung vor der Eleganz des Tieres. Am Abreisetag schenkt

Wilhelm Franz Marc ein zahmes Reh. Das Reh wird mit dem Zug bis nach Sindelsdorf verschickt, übersteht die Reise und lebt fortan im Garten, getauft auf den Namen Hanni (nicht zu verwechseln mit der gleichnamigen Sindelsdorfer Katze). Damit es nicht so einsam über die Wiese vor dem Marc'schen Atelierhaus streifen muss, bekommt Hanni bald eine Gefährtin, ein Reh namens Ruth. Immer wieder zeichnet Marc, hingerissen von ihrer braunen, scheuen Schönheit, die beiden Tiere als Symbole des Paradieses.

*

Am 16. August wird in den Ford-Automobilwerken in Detroit erstmals ein Fließband eingesetzt. Im Geschäftsjahr 1913 produziert Ford 264 972 Autos.

*

Als Alma Mahler in Franzensbad saß und den Hochzeitstermin verstreichen ließ, da malte Kokoschka erst weiter an der »Windsbraut« und nahm dann in Verzweiflung die schwarze Farbe, um sein ganzes Atelier in einen Sarg zu verwandeln. Dann aber kommt Alma zurück, und sie verfallen einander erneut. Den 31. August, ihren Geburtstag, feiern sie im Hotel »Tre Croci« in den Dolomiten, unweit von Cortina d'Ampezzo. Am nächsten Morgen gehen sie in aller Frühe in den dichten Wald und finden in einer Lichtung junge Pferde im Spiel. Kokoschka schickt Alma trotz seiner

110

panischen Angst vor Einsamkeit weg, packt seine Stifte aus und zeichnet die Pferde wie im Rausch. Die jungen Pferde kommen zu ihm, fressen ihm aus der Hand und reiben ihre schönen Köpfe an seinen Armen.

*

Und was macht Golo Mann? Seine Mutter Katia schreibt in ihr Notizbuch über »Eine Jugend in Deutschland«: »Sommer 1913: Golo quatscht jetzt mehr als Aissi. Oft redet er tagelang kaum ein vernünftiges Wort, sondern spricht lauter gesteigerten Unsinn, von seinen verschiedenen Freunden, von Hofmannsthal und von Wedekind, vom Balkankrieg, aufgeschnapptes und ausgedachtes vereinend, so dass man es ihm ernsthaft verweisen muss … Ein Lieblingsspiel der Kinder ist, infolge der zahlreichen Militärkonzerte diesen Sommer, dirigieren. Golo macht es unbeschreiblich komisch, mit hässlich verzückten Mienen, weichlich von unten heraufgeholten Pianos, da er noch nie einen richtigen Kapellmeister gesehen hat, ist es mir unbegreiflich.« Golo, Thomas Manns Sohn, ist da vier. Woher er das alles nur hat?

*

Wie der Vater so der Sohn: In Deutschland wird 1913 das ius sanguinis, die Abstammung, zur Grundlage für das neue Staatsbürgerschaftsrecht.

*

Ernst Jünger langweilt sich in den Sommerferien in Rehburg beim Steinhuder Meer in der heimischen Villa in der Brunnenstraße, hoch rauschen die alten Eichen daneben, weit geht der Blick. Doch Jünger fühlt sich eingesperrt in dem Haus mit all den kleinen Türmchen und Erkern. Dunkle Holzvertäfelungen der Gründerzeit bestimmen das ganze Anwesen, die Fenster lassen kaum Licht durch die Buntglasscheiben. Auf den Türzargen thronen prächtige Schnitzereien. Im Jagdzimmer ist es immer dämmrig, die Fenster sind vollständig mit einem röhrenden Hirsch und einem lauernden Fuchs bemalt, hier sitzt der Vater mit seinen Freunden und raucht dicke Zigarren und hofft, die Welt aussperren zu können. Ernst Jünger hat das Gefühl, in diesem Zimmer zu ersticken, er liegt auf seinem Bett oben unterm Dach und liest wieder in Expeditionsgeschichten aus Afrika. Es regnet. Doch kaum kommt die Sonne einmal zum Vorschein, dann heizt sie mit ihrer ganzen sommerlichen Kraft in Minutenschnelle die Luft draußen auf. Jünger öffnet das Fenster, seine Eltern machen einen Ausflug. Von den harten Blättern der riesigen Rhododendronbüsche im Garten rollt das Wasser in schweren Tropfen noch minutenlang zu Boden. Er kann es hören. Popp, Popp, Popp. Ansonsten ist es totenstill an diesem Mittag im August. Da geht der 18-jährige Ernst die weitge-schwungene dunkelbraune Treppe hinunter bis in die Garderobe und sucht ganz hinten nach seinem dicksten Wintermantel, dem, der mit feinem Fell ausgeschlagen ist. Er nimmt noch die Fellmütze aus dem Hutregal und dann schleicht er sich aus dem Haus. Draußen herrschen schwüle 31 Grad. Jünger geht zwischen den Rhododendronbüschen hindurch über den schmalen Weg, der zu den Gewächshäusern führt. Hier züchtet sein Vater tropische Gewächse und sein Gemüse. Jünger öffnet die Tür zum Gurkenhaus, ihm schlägt dumpfe, gestaute Hitze entgegen. Schnell schließt er die Tür, zieht Fellmütze und Winterjacke an und setzt sich auf den Holzschemel neben die Blumentöpfe. Wild schlängeln sich die Triebe der Gurken wie züngelnde grüne Zungen in die Luft. Es ist vierzehn Uhr. Das Thermometer im Innern des Gewächshauses zeigt 42 Grad. Jünger lächelt. Auch in Afrika, so denkt er, kann es viel heißer nicht sein.

*

Am 3. August erstickt in der Berliner Jungfernheide ein Artist in einem Sandhaufen. Seine Kunst bestand darin, bis zu fünf Minuten lebendig begraben sein zu können.

Heute jedoch hatte ihn der Direktor der Künstlergruppe vergessen, weil er in ein Gespräch vertieft war und deshalb leider erst nach zehn Minuten wieder mit dem Ausgraben begann.

Sigmund Freud reist am 11. August mit Frau, Schwägerin und Tochter Anna von Marienbad weiter nach San Martino di Castrozza. In diesem kleinen Bergdorf in den Dolomiten befindet sich eine Außenstelle des legendären Sanatoriums Dr. von Hartungens aus Riva. Hier oben will Freud noch einmal vier Wochen Kraft schöpfen, bevor er Anfang September nach München muss zum vermaledeiten Kongress der Psychoanalytischen Vereinigung. Freud bestellte seinen Freund Sándor Ferenczi in sein Hotel, der gerne kommt, gemeinsam arbeiten sie an einer Strategie für München. Und nachmittags zieht er seine Runde mit Anna, untergehakt gehen sie durch den kühlen Wald. Ein Bild aus diesen Tagen zeigt Anna in Tracht, keck schaut sie in die Kamera, selbstbewusst, daneben der Vater, stolz zwar, aber doch auch missmutig, ja ängstlich. Er lässt im Sanatorium in den Bergen seine Migräne behandeln und seine chronische Erkältung. Christl von Hartungen verordnet Freud eine strikte Abstinenz von Tabak und Alkohol und viel frische Luft. Doch Freud kommt kaum zu neuen Kräften. Je näher München rückt, umso verstörter wird er. Und dann, einen Tag vor der Abreise, mitten in der Nacht, lässt Dr. Freud Dr. von Hartungen kommen, er hat einen Ohnmachtsanfall erlitten und bittet auf einer Visitenkarte hastig um medizinische Hilfe.

*

Anfang August reist Picasso, wieder genesen von dem Schock des Todes seines Vaters und seines Hundes Frika, nach Céret. Doch er ist inzwischen so berühmt, dass am 9. August die Lokalzeitung »Indépendant« meldet: »Die kleine Stadt Céret jubelt. Der kubistische Meister ist angekommen, um sich ein wenig wohlverdiente Ruhe zu gönnen. Zur Zeit haben sich die Maler Herbin, Braque, Kisling, Ascher, Pichot, Gris und der Bildhauer Davidson in Céret um ihn versammelt.« Picasso leidet unter diesem Trubel. Vor allem ist ihm Juan Gris nicht geheuer, denn der beherrscht inzwischen die kubistische Technik fast genauso gut wie er selbst und weiß virtuos aus Bruchstücken, Tapeten und Zeitungsfetzen eine neue Welt zusammenzusetzen. Und dann kommt noch sein alter Freund Ramon Pichot nach Céret, um Picasso zu überreden, seiner letzten Geliebten Fernande Geld zum Überleben zu geben. Picasso hasst es, solchermaßen bedrängt zu werden. Es kommt zu einem wilden Gemenge. Picasso und Eva, die ihn damals Fernande ausgespannt hatte, reisten panikartig ab. Sie kehren ins pulsierende Paris zurück, »um Ruhe zu finden«, wie Picasso völlig wahrheitsgemäß seinem Kunsthändler Kahnweiler nach Rom schreibt. Eva und Picasso ziehen in ihr neues Appartement mit Atelier in der Rue Victor Schoelcher 5 in Montparnasse.

Von dort sind es mit der neuen Zugstrecke nur

zehn Minuten bis nach Issy-les-Moulineaux, wo Henri Matisse jetzt lebt. Kaum aus Céret zurück, fahren Picasso und Eva raus und reiten mit Matisse durch den Sommer. Das ist dann doch ein so außergewöhnliches Ereignis, dass es gleich zweimal an das Hauptquartier der Moderne, Gertrude Stein, gemeldet wird. Erst von Picasso: »Wir reiten mit Matisse durch den Wald von Clamart« am 29. August. Und dann am selben Tag von Matisse: »Picasso ist ein Reiter. Wir reiten zusammmen aus, was alle überrascht.« Die Nachricht der Versöhnung der beiden Heroen war schnell das wichtigste Thema in Montparnasse und Montmartre, also der ganzen Welt.

»Wir sind leidenschaftlich interessiert an den technischen Problemen des anderen. Wir profitierten zweifellos voneinander, es war wie eine künstlerische Brüderschaft«, schreibt Matisse über seinen einstigen größten Rivalen. Und zu Max Jacob sagt Matisse: »Wenn ich nicht das machen würde, was ich mache, würde ich gerne so malen wie Picasso.« Und da antwortet ihm Max Jacob, »es ist sehr verrückt, genauso dasselbe hat mir gerade Picasso über Dich gesagt«.

*

Georg Trakl ist rasend vor Wut. Er will seine Schwester Gretl sehen, doch er findet sie nicht. Seine Anstellung als Verrechnungsbeamter im Wiener Kriegsministerium war natürlich ein Witz. Er geht nicht mehr hin, trinkt schon bis mittags die ersten fünf Viertel Roten. Nimmt Drogen. Seine Freunde Adolf Loos und dessen englische Frau Bessie verordnen ihm mit sofortiger Wirkung: Urlaub, Urlaub vom Ich. Die Reise geht nach Venedig. Er schreibt am 14. August an seinen Freund Buschbeck: »Samstag soll ich mit Loos nach Venedig fahren, was mir einigermaßen eine unerklärliche Angst macht.« Am nächsten Tag ein zweiter Brief, darin ein seltener Anflug von Euphorie, entflammt von der Aussicht auf den ersten Urlaub seines Lebens: »Lieber! Die Welt ist rund. Am Samstag falle ich nach Venedig hinunter. Immer weiter – zu den Sternen.« Natürlich scheitert das Unterfangen. Es wird eine Missvergnügungsreise. Der nach den Sternen griff, hat nur Quallen in der Hand. Selbst der verehrte Karl Kraus, der mit an den Lido gefahren ist, selbst Adolf Loos und Ludwig von Ficker, die ihn samt ihren Ehefrauen umsorgen, erhellen Trakl nicht das Gemüt, das zudem durch Peter Altenberg verdüstert wird, der ebenfalls teilnimmt an diesem Betriebsausflug der österreichischen Intelligenz. Es ist Mitte August, und Georg Trakl läuft ziellos über den Lido von Venedig. Die Sonne scheint, das Wasser ist warm, und der Dichter ist der unglücklichste Mensch auf der ganzen Welt. Eine Aufnahme aus den Augusttagen des Jahres 1913 zeigt ihn beim unsicheren Tappen über den Sand, die Haare bürstig und brüchlig, die Haut blass wie die eines Molches, der in einer Höhle tief unter der

Erde lebt. Die linke Hand geformt zur Knospe, die Lippen gespitzt. Er kehrt dem Meer den Rücken, fühlt sich offenkundig jämmerlich in seinem Badekostüm, verloren, heimwehkrank und scheint Verse vor sich hin zu murmeln. Nachts im Hotel schreibt er sie dann auf: »Schwärzlicher Fliegenschwarm / Verdunkelt den steinernen Raum / Und es starrt von der Qual / Des goldenen Tags das Haupt / Des Heimatlosen.«

*

Venedig, diese untergehende Stadt, übt im Sommer 1913 einen unwiderstehlichen Reiz aus auf die dem Morbiden besonders zugetane Wiener Intelligenz. So kommen neben Trakl, Peter Altenberg, Adolf Loos und dessen Frau und dem Ehepaar von Ficker am 23. August auch Arthur Schnitzler und seine Frau Olga in Venedig an. Sie sind aus Brioni angereist und logieren im Grand Hotel. Am Strand treffen sie den nächsten alten Bekannten: Hermann Bahr, den großen bärtigen Hünen, und seine Frau. Schon am nächsten Tag, nach einer Gondelfahrt mit Olga, verabredet sich Schnitzler mit seinem Verleger Samuel Fischer, mit dem er Fragen der nächsten Veröffentlichungen bespricht. Die Fischers feiern in Venedig mit ihren besten Freunden den 19. Geburtstag ihres Sohnes Gerhart. Richard Beer-Hofmann ist da, der Schauspieler Alexander Moissi, auch Hermann Bahr und Altenberg stoßen dazu. Von Trakl ist nicht die Rede. Leider sind alle angeschlagen, Gerhart, das Geburtstagskind, ist abgemagert und fiebrig, und auch Samuel Fischer hat eine Mittelohrentzündung. Man feiert trotzdem und stößt an auf das junge, aussichtsreiche Leben. Ende August dann reisen die Schnitzlers zurück, ganz behaglich und langsam, über St. Moritz und über Sils Maria, wo die beiden am 28. August Goethes Geburtstag im »Waldhaus« feiern und ein wenig auch ihren zehnten Hochzeitstag.

*

Wir dürfen Kafka nicht vergessen und seine Braut! Wie hat wohl Felice Bauer reagiert auf den absonderlichsten Heiratsantrag aller Zeiten? Verstört. Aber selbst sie hatte, obwohl inzwischen hartgesotten, wohl nicht damit gerechnet, dass auch Kafka in der Lage war, seine als Heiratsantrag getarnte desaströse Selbstbezichtigung zu übertreffen. Doch dann schreibt Kafka seinen »Brief an den Vater«. Er ist nicht so berühmt geworden wie der, den er seinem eigenen Vater schrieb. Aber er hätte es verdient. Er ist unglaublich. Am 28. August also, Goethes Geburtstag, fragt Kafka Felices Vater, ob er ihm seine Tochter anvertrauen würde. Beziehungsweise: Er warnt ihn händeringend davor, ihm seine Tochter anzuvertrauen: »Ich bin schweigsam, ungesellig, verdrossen, eigennützig, hypochondrisch und tatsächlich kränklich. Ich lebe in meiner Familie, unter den besten, liebevollsten Menschen, fremder als ein Fremder. Mit meiner Mutter habe ich in den letzten Jahren durchschnittlich nicht zwanzig Worte täglich gesprochen, mit meinem Vater kaum jemals mehr als Grußworte gewechselt. Mit meinen verheirateten Schwestern und den Schwägern spreche ich gar nicht, ohne etwa mit ihnen böse zu sein. Für die Familie fehlt mir jeder mitlebende Sinn. Neben einem solchen Menschen soll Ihre Tochter leben können, deren Natur, als die eines gesunden Mädchens, sie zu einem wirklichen Eheglück vorherbestimmt hat? Sie soll es ertragen, ein klösterliches Leben neben einem Mann zu führen, der sie zwar lieb hat, wie er niemals einen andern lieb haben kann, der aber kraft seiner unabänderlichen Bestimmung die meiste Zeit in seinem Zimmer steckt oder gar allein herumwandert?«

*

Die Ehe als Schicksalsschlag. Passend zum Thema meldet die »Gartenlaube« in ihrer Nr. 21: »In manchen Gegenden unsres Vaterlandes herrscht noch ein schöner, sonst vielfach schon vergessener Brauch. Dort wird der Braut, wenn sie die Schwelle des elterlichen Hauses zum letztenmal als Mädchen überschreitet, um zur Trauung zu gehen, von der Mutter ein Taschentuch aus neuer Leinwand übergeben. Dieses Tuch hält die Braut während der feierlichen Handlung in der Hand, um sich die bräutlichen Tränen damit zu trocknen. Am Hochzeitsabend wird das Tüchlein dann von der jungen Frau im Leinenschrank verwahrt, und dort ruht es – ungebraucht und ungewaschen – bis es einst das im Tod erstarrte Antlitz seiner Besitzerin deckt und ihr ins Grab folgt. Dieses Tüchlein heißt das Tränentüchlein.«

So die Sätze aus der »Gartenlaube«. Sie lesen sich wie eine Kurzgeschichte von Franz Kafka.

*

Marcel Duchamp fährt mit seiner 18-jährigen Schwester Yvonne nach England, in Herne Bay an der Nordküste von Kent lernt sie Englisch in einer Sprachschule. Duchamp macht nur Urlaub und schreibt: »Herrliches Wetter. So viel Tennis wie möglich. Ein paar Franzosen, so dass ich gar kein Englisch zu lernen brauche.« Auf Kunst hat er immer noch keine Lust.

*

Max Liebermann ist wie jedes Jahr auch diesmal Anfang August an die holländische Nordseeküste gereist, diesmal ist er im mondänen Strandhotel Huis ter Duin in Noordwijk abgestiegen. Aber er weiß nicht, warum er sich ausruhen soll. Er hat nur Lust zum Malen. In den Dünen des Seebades zeichnet er wieder die Jäger, die Reiter im Wasser, die Damen beim Tennisspiel. Der Himmel ist immer grau auf diesen Bildern vom Sommer 1913, doch Liebermann stört das am wenigsten, es ist ein schöner Kontrast zum Weiß der Kleider und zum sandigen Beige. Am 18. August schreibt er an seinen Freund und Förderer Alfred Lichtwark in Hamburg: »Ich bin seit einer Woche wieder hier, wo ich jeden Menschen, jedes Haus, fast jeden Baum kenne, ja beinahe Alles gemalt habe. Es ist wie eine Badekur an den inneren Menschen, wo ich hier einige Wochen einsam lebe.« Tag für Tag nimmt er seine Farben und seine Staffelei und zieht hinaus, heute will er gemeinsam mit Paul Cassirer, seinem Freund, Händler und damaligen Vorsitzenden der Berliner Secession, einen Tabakmagnaten in seinem Sommerhaus in Noordwijk besuchen. Beziehungsweise: dessen Hundezwinger. Ein angestellter Jäger öffnet die Hütte, worauf acht ziemlich kleine, zottelige Spaniels zum Vorschein kommen, welche grau oder weiß sind und wild durcheinander kläffen, bis ihre Hängeohren aufgeregt hin und her wackeln. Liebermann lernt vom Besitzer, dass man mit Spaniels hervorragend Kaninchen jagen kann. Sie ziehen gemeinsam los in die Dünen. Liebermann nimmt seine Staffelei mit, um den Jäger mit seinen Hunden im Gefolge zu malen, da kracht schon der erste Schuss durch die Luft. Das erschreckt Liebermann jedes Mal und es ärgert ihn, dass seine Modelle so viel Lärm machen müssen. Er will jetzt ganz rasch die Hunde malen, deren Silhouetten sich auf dem Dünenkamm vor der untergehenden rosigen Sonne abzeichnen. Dann skizziert Liebermann, wie der Jäger das Gewehr über die Schulter legt und die Hunde zusammengekoppelt werden, doch da versinkt schon die Sonne im Meer und Liebermann muss mitten im Zeichnen abbrechen. Er verabredet sich für den nächsten Morgen – und der Jäger verspricht, dann nicht zu schießen, sondern nur Modell zu stehen. So entsteht »Jäger mit Hunden in den Dünen«.

*

Am 28. August nimmt Kaiser Franz Joseph an der letzten Treibjagd der Hochleiten-Jagd auf dem Steinkogl bei Bad Ischl teil und schießt einen Bock.

*

Hugo von Hofmannsthal flippt aus in einem Brief an Leopold von Andrian vom 24. August 1913: »Dieses Jahr hat mich Österreich sehen gelehrt, wie 30 vorhergehende Jahre es mich nicht sehen gelehrt hatten. Ich habe das Vertrauen vor dem obersten Stand, dem hohen Adel, den ich hatte, das Zutrauen, er habe, gerade in Österreich, etwas zu geben und zu bedeuten, völlig verloren. Wien ist einer Pöbelherrschaft ausgeliefert, der schlimmsten die es gibt, der des boshaften, stupiden, niederträchtigen Kleinbürgertums.«

*

Ein neuer Mann betritt die Bühne des Jahres 1913: Heinrich Kühn. Ein Dresdner Bildungsbürger, geboren im Haus »Zu den neun Musen«. Dank Zuwendungen des Vaters lebt er als Privatier in Innsbruck und gibt sich völlig dem Fotografieren hin. Kühn ist ein bedächtiger Exzentriker, der Tiroler Tracht trägt oder englische Anzüge, darüber, wenn er fotografiert, einen weitschweifigen, zerknitterten Mantel – den sieht man auch auf seinem Exlibris, wo man nicht erkennen kann, wer mehr Falten hat, der Übermantel oder die Faltkamera. Ihn umwehte ein Hauch des Altmodischen und des Naiven. Und doch gelingen gerade ihm Fotografien von größter Modernität. Voller Frische, Unschuld, Anmut, Kraft schauen uns seine Bilder aus dem Jahre 1913 an. Da ist zum einen die Komposition mit den extremen Untersichten. Und da ist zum anderen die Technik, denn er perfektionierte in gemeinsamen Experimenten mit dem großen amerikanischen Fotografen Alfred Stieglitz die Autochromie, wodurch er schon in diesen Jahren immer wieder exzellente Farbfotografien von den Almen und Matten Tirols machen konnte. Nach dem Tod seiner Frau, die seiner seltsamen Leidenschaft mit großer Skepsis begegnete, hatte er immer nur dieselben fünf Modelle: Seine vier Kinder und deren Kindermädchen, Mary Warner, die auch zu seiner Partnerin wurde. Die Villa in Innsbruck wurde zum »Haus der fünf Musen«.

Im Jahre 1913 ging der Familie langsam das Geld aus, die Apanagen aus Dresden waren aufgebraucht, der Schwager hatte das Familienvermögen verspielt, und Heinrich Kühn suchte händeringend nach einem Broterwerb. Er versucht in Innsbruck einen staatlichen

Lehrstuhl für künstlerische Fotografie einzurichten – es sieht sehr gut dafür aus. Doch im August erfährt Kühn nach zweijährigen Verhandlungen, das zuständige Ministerium habe kein Geld mehr, verweigere die Unterschrift, alles Geld werde für Militärausgaben gebraucht, der Balkankrieg, Sie wissen schon.

Doch Kühn lässt sich davon nicht entmutigen, fotografiert immer wieder seine heimische Schauspielgruppe – also die Kinder Walter, Edeltrude, Hans und Lotte. Und Mary. Auf dem Titelbild des Buches, das Sie, lieber Leser, gerade in Händen halten, sehen wir Mary und seine älteste Tochter über einen Bergrücken huschen, oben drücken die schweren Wolken des August. Weiß ist die eine Möglichkeit als Kleidung, blau, rot und grün die andere – der Vater kauft den Kindern extra »Fotokleidung«, die an die reinen Farbtöne der drei Schichten der Autochromplatte angepasst sind.

Es gibt den stets melancholisch wirkenden Walter, die Nickelbrille des Frühreifen auf der Nase, der früh zu malen begann, dann Edeltrude, introvertiert, die aussieht, als leide sie sehr an der Welt im Allgemeinen und ihrem Vornamen im Besonderen, schließlich Lotte, die Lebendigste, Strahlendste, und dann Hans, den jüngsten, geduldigen Bub. Heinrich Kühn ist ein liebevoller Vater, aber ein radikaler Künstler. Wenn am Ende ein Kind zu viel auf dem Bild ist, wenn eines den Bildaufbau stört, dann retuschiert er es rigoros weg, auch wenn er Stunden gebraucht hat, um alle Kinder in Position zu bringen. Was Kühn in seinen Bildern zeigen will, ist nichts weniger als das Paradies. Spielende Kinder, ruhende Kinder, Frauen in wallenden Kleidern, die unschuldige Natur. »Der Sündenfall«, so schreibt er in einem Brief, »hat zweierlei Gestalt: Die Sozialdemokratie. Und den Kubismus.«

*

Kaiser Franz Joseph ernennt den Thronfolger, Erzherzog Franz Ferdinand, zum »Generalinspektor der gesamten bewaffneten Macht« und erweitert damit dessen Befugnisse. Den vom Chef des Generalstabs, Franz Graf Conrad von Hötzendorf, seinem größten Feind, geforderten Präventivkrieg gegen Serbien und Montenegro lehnt der Thronfolger ab.

*

In Den Haag wird im August der Friedenspalast eingeweiht, gebaut mit Spenden aus aller Welt, davon etwa 1,25 Millionen Dollar des amerikanischen Multimillionärs Andrew Carnegie. Man beginnt mit den Vorbereitungen für eine neue Haager Friedenskonferenz, die 1915 alle offenen Fragen zwischen den Völkern klären soll.

*

Ernst Ludwig Kirchner bricht nach dem Zusammenbruch der »Brücke« aus Berlin auf, um auf die Ostseeinsel Fehmarn zu reisen. So sehr will er die Stadt, ihren Lärm, ihre Motive hinter sich lassen, dass er bis zum letzten südöstlichsten Zipfel der Insel weiterreist, dem einsamen Haus des Leuchtturmwärters Lüthmann – und dort nach ganz oben ins »Giebelzimmer«, wo er auch im vorigen Jahr schon war. Der Leuchtturm, der einsame Strand, die acht Kinder des Leuchtturmwärters, das werden seine Motive für den Sommer. Man sieht das schlechte Wetter auf den Bildern, immer wieder ziehen dunkle Wolken auf am Horizont. Unten am Strand hängen die Bäume ins Wasser, dass man fast an die Südsee denkt, und oben blüht der Goldregenbaum, den Kirchner tagelang malte, in seiner gelbschreienden Pracht. Kirchner war diesmal nicht nur mit Erna gereist, die hier »Frau Kirchner« heißt, obwohl sie fast immer nackt umherläuft, sondern auch Otto Mueller und seine Frau Maschka kommen dazu, sie malen sich gegenseitig beim Baden, sie genießen die Freiheit, den langsam beginnenden Ruhm. Die Kinder der Lüthmanns und der Leuchtturmwärter selbst nehmen die Kirchners in ihren Familienkreis auf, voll Wärme und Zutraulichkeit. Vielleicht sind die Sommerwochen auf Fehmarn die glücklichsten Tage, die Kirchner je erlebt. »Oh, Staberhuk, wie bist du herrlich, ein Glück im Winkel friedlich schön!«, so schreit er dem Wind entgegen, immer wieder und wieder. Auch Kirchners Stil erhebt sich zu neuen Höhen, nicht mehr breit hingelagert sind die Frauen, sondern himmelwärtsstrebend, der Strich ist nervöser, schlanke, überlängte Figuren, Erna und Maschka nackt am Strand dominieren seine Zeichnungen und Gemälde, er sei so abhängig von der Körperform, klagt er im Scherz, völlig abhängig davon. Wenn er einmal mit einem Bild unzufrieden ist, dann wirft er es wütend ins Meer – aber nur, um ihm dann nachzutauchen, es aus den Fluten zu holen und wieder auf die Staffelei zu stellen und es neu zu malen, besser. Immer wieder werden die wunderbarsten Bohlen an den Strand gespült, denn ein Jahr zuvor, zeitgleich mit der »Titanic«, war auch vor Fehmarn ein Schiff gekentert. Der Schoner »Marie«. Sein Holz ist Teil der Kunstgeschichte geworden, denn Kirchner schwamm immer wieder bis zu der Sandbank, wo das Wrack lag, um sich besonders schöne Holzstücke zu holen, die sich zum Schnitzen eigneten. Am 12. August schreibt er an seinen Hamburger Sammler und Förderer Gustav Schiefler: »Der Kopf, den ich Ihnen sandte, ist Holzschnitzerei (Eiche), ich habe hier einige Figuren dieser Art gemacht.« Und in einem Brief an seinen Schüler Hans Gewecke schreibt er dann im September: »Leider müssen wir bald zurück. Sie glauben nicht, wie schwer es uns fällt. Ich weiß nicht, ob das Meer im Sommer oder im Herbst am schönsten ist. Ich male so viel wie möglich, um wenigstens etwas von den tausend Dingen, die ich malen möchte, mitzuschleppen. Dazu wird das Eichenholz von dem gestrandeten

Schiff immer verlockender für Plastiken. Ich muss ein paar Stück unbehauen mitnehmen, denn die Zeit drängt, und die Tage werden immer kürzer.« Sosehr dieses Wrack Kirchner faszinierte, sosehr er es ausschlachtete für seine Arbeit – es taucht in keiner einzigen seiner Zeichnungen, Grafiken oder Gemälde aus Fehmarn auf, obwohl allein 1913 Hunderte Werke hier entstanden. Das an der Ostsee gestrandete Schiff – er hatte das klassische Motiv der Romantik leibhaftig vor Augen, die ultimative Caspar-David-Friedrich-Situation. Doch Ernst Ludwig Kirchner verweigert dem Wrack geradezu patzig die Aufnahme in sein Œuvre. Es gibt kaum ein eindeutigeres Zeichen dafür, dass 1913 die deutsche Romantik endgültig vorbei ist.

*

Die Mona Lisa ist noch immer spurlos verschwunden. Im Louvre hat man einen Corot an den verwaisten Nagel gehängt.

*

Felice Bauer fährt, schockiert von den Briefen Kafkas, im August nach Sylt. Es gehen unzählige Briefe zwischen ihr und Prag hin und her, ob Kafka nun kommt oder nicht, ob ihm das Reizklima nun guttut oder nicht. Am Ende kommt er natürlich nicht. Ach, es wären so schöne Tagebuchnotizen geworden, Kafka in Kampen. Doch es sollte nicht sein.

Zsuzsa Bánk

Heißester Sommer

Lisa und ich und die anderen, wir haben die Autobahn
verlassen, länger schon, sind über Landstraßen gefahren, irgendwo hinter Udine, unweit von gleich zwei
Ländergrenzen, haben immer wieder nach dem Weg
gefragt, mit den wenigen Worten Italienisch, die wir
kennen, und alle haben die Köpfe geschüttelt, mit den
Schultern gezuckt, sich umgedreht, nach jemandem
gerufen, und dann standen zwei, drei zusammen, strit-
ten miteinander und erklärten uns schließlich, wie
wir zu fahren haben. Nun glauben wir endlich, richtig
zu sein. Das kleine Schild an der Abzweigung trägt
den Namen, nach dem wir gesucht haben, seit heute
vormittag, vielleicht seit gestern schon, Lisa hat sicher
seit Wochen schon danach gesucht, in Gedanken wenigstens, und in den letzten Tagen immer wieder auf
ihren Zettel geschaut, der abgerissen worden sein muß,
von einem Bogen Papier, ein Zettel mit einer Anschrift,
mit Bleistift geschrieben, in Buchstaben, als habe sich
ein Kind an seinen ersten Sätzen versucht.

Wir fahren über Schotterpiste, über einen schmalen

Weg. Meine Mutter jammert, was, wenn uns jemand entgegenkommt. Aber da ist niemand, nicht in einem Auto, nicht auf einem Mofa, nicht einmal zu Fuß. Wir fahren hoch und höher, vorbei an Holzkreuzen, an Bergziegen, an Bäumen, die jetzt weniger dicht stehen, kleiner sind und nicht mehr sattgrün, unter einem Himmel, der plötzlich ins Weiße kippt. Da ist schon lange keine Ebene mehr, auf die wir hinabblicken könnten. Der Laubwald hat sie verschluckt, kurz nachdem wir abgebogen sind, die Ebene mit ihren Häusern und Mauern, ihrem Gelb und Rot. Mein Bruder wischt sich den Schweiß von der Stirn, er bremst und hupt vor jeder kleinen, steilen Kurve, die Räder geben nach, der Wagen rutscht, wirbelt Staub auf, wir kurbeln die Fenster hoch, trotz der Hitze, und Lisa und ich, auf den Rücksitzen, wir drehen uns um, nach jeder Kurve, die uns höher führt, blicken durchs Fenster, auf dem feiner hellgelber Staub liegt, und ich schaue zu Lisa, wünschte mir einen Blick von ihr, aber sie sieht mich nicht mehr an. Seit wir abgebogen sind, unten im Tal, hat sie mich nicht mehr angesehen. Sie hält den Zettel mit der Anschrift in den Händen, als müsse sie sich daran festhalten, als könnten wir uns jetzt noch verfahren, als könnte sich der Weg jetzt noch einmal teilen und uns wegführen, in eine andere, in eine falsche Richtung.

Die Piste endet zwischen zwei kleinen Häusern, auf einem Hof, der still und schattenlos in der Mittagssonne liegt. Hühner, Hasen, zwei Ziegen, ein Hund, der aufspringt und zum Wagen läuft, ohne zu bellen. Jemand tritt aus der Tür, in blauen Hosen, kariertem Hemd, mit einer Mütze, die er beim ersten Schritt schon abnimmt und unter die Achsel klemmt, kommt auf uns zu, reicht jedem von uns die Hand und lächelt ein Lächeln, das sich seit der Kindheit wenig verändert haben kann, mit einem schiefen Mund, der kleine Zähne zeigt. Luca, der sich nicht hätte vorstellen müssen, weil wir wissen, er ist der einzige, der noch auf diesem Hof lebt, Lisas Vetter oder Onkel, wir wissen es nicht, wir fragen auch nicht danach, es bleibt unwichtig, jetzt, in diesem Augenblick. Wir werden es später herausfinden, später, wenn wir zurückgekehrt sind an unsere Orte, an die Orte, an denen wir leben, ohne Schotterpiste, ohne Steinhaus, ohne Ziegen. Wir versuchen ein paar Worte, ein paar Sätze, es gelingt uns. Der Hund schmiegt sich an Lisas nackte Beine, die von der Sommersonne dunkelbraun sind. Er leckt über ihre Füße, die in hellblauen Sandalen stecken.

Luca führt uns ins Haus, in das kleinere von beiden, dessen Dach schief liegt, vielleicht, weil es zu viele Winter, und zu viele Sommer, hier, in den Bergen, hat durchstehen müssen. Er nimmt Gläser von einem Tablett, stellt sie auf den Holztisch, der so aussieht, daß man ihn bei uns, an unseren Orten, sofort verkaufen könnte, für einen Preis, über den Luca sicher staunen und lachen müßte, gießt roten Wein ein, und Wasser. Lisa schaut sich um, wie jemand, der das Recht hat, sich so umzusehen, der sogar das Recht hat, Schubladen zu öffnen, Schranktüren, Schachteln mit Zetteln, mit Briefen. Alles schaut sie sich lange an, die schwere Tür, die von der Küche ins Zimmer führt, die dunklen Schränke mit dem wenigen Geschirr, dem kleinen Stapel weißer Wäsche, den Korb vor dem Ofen, mit Holzscheiten darin, altem Papier, und die Balken über uns, hinter denen ein kleines spitzes Dach die Sonne abwehrt und nur durch zwei, drei Spalte gerade so viel Licht zuläßt, daß wir ahnen, mit welcher Kraft sie draußen die Dinge versengt.

Ringsum scheint das Holz zu reden. Ein Knistern, ein Knarren kommt von den Böden und Balken. Wir stehen und halten uns an unseren Gläsern fest, an dem bißchen Wein darin. Wir kennen Luca nicht, haben ihn nie gesehen, nie hat er für uns, unser Leben eine Rolle gespielt, er tauchte nicht einmal in den Geschichten auf, die Lisas Mutter hätte erzählen können, fern dieses Dorfes, das nicht einmal ein Dorf ist, nur ein Ort in den Bergen, mit einem Hof, auf dem zwei kleine Häuser stehen, die Lisas Mutter verlassen hat, vor so vielen Jahren, daß sie gar nicht mehr weiß, vor wie vielen.

Wir dürfen uns umsehen. Luca erlaubt es uns, indem er die Hände hebt, uns die Handflächen zeigt und einen

Schritt zurückgeht, als wolle er Platz machen. Hier hat Lisas Großmutter gelebt, der Lisa nie begegnet ist, die sie kaum von Bildern kennt, weil es kaum Bilder gibt, aus dieser Zeit, in der Lisas Mutter hier aufwuchs, durch die nahen Wälder streifte, mit den Hühnern über den Hof lief, die Hasen beweinte, denen sie das Fell abzogen, und manchmal Steine in eine Baumkrone warf, weil sie das Geräusch mochte, das dann von den Blättern kam, dieses schnelle, kurze Rascheln. Bis vor wenigen Wochen noch lebte Lisas Großmutter hier, jetzt liegt sie auf dem Dorffriedhof, zwei Täler weiter, unter einem Holzkreuz und wenigen Blumen, die Luca gebracht hat, Luca, der alle drei, vier Tage mit dem roten Lieferwagen hinabfährt, dabei vor jeder Kurve hupt, den Staub der Straße aufwirbelt, und der uns sagt, nächstes Jahr wird dort ein Stein stehen, darauf ein Foto von ihr, ein Schwarzweißfoto.

Lisa nimmt einen Schluck Wasser. Ihr Blick hat sich verändert, etwas hat sich vor das Blau ihrer Augen gelegt, wie eine Scheibe aus Milchglas. Sie wendet sich ab, legt eine Hand auf die Anrichte, als müßte sie sich abstützen, wenigstens für einen Augenblick, als wollte sie nicht, daß wir ihr Gesicht so sehen, und diesen Filter, der sich davorgelegt hat. Luca öffnet die Zimmertür, ohne daß sie danach gefragt hätte, und ein Geruch schlägt uns entgegen, eine Mischung aus Staub in alten Stoffen, dazwischen etwas Scharfes, fast Beißendes. Lisa zieht die Vorhänge beiseite, wie jemand, der das darf, wie jemand, der sich auskennt, weil er hier jeden Morgen die Vorhänge zur Seite zieht, um zu sehen, wie die Sonne steht, wie der Himmel leuchtet. Es gibt wenig, an dem sich ihr Blick festhalten könnte, ein Bett mit einer weißen, gehäkelten Tagesdecke, die an zwei, drei Stellen schon ausgebessert wurde und an den Seiten zwischen Bett und Matratze geklemmt ist, zwei Zierkissen darauf, in dunklem Rot, ein Kleiderschrank, den Lisa jetzt öffnet. Sie fährt mit den Fingern über Wäsche, befühlt Stoffe, hebt dann eine Hand. Es sieht aus, als wolle sie uns ein Zeichen geben, als wolle sie uns sagen, laßt mich, geht. Sie beugt sich vor, um ihr Gesicht zwischen dunklen Mänteln zu vergraben. Wir sehen nur noch ihr Haar, ihr langes, hellbraunes Haar, das zu beiden Seiten, zwischen den Schranktüren, auf dunklen Stoffen liegt.

Mein Bruder versucht zu reden, mit dem bißchen Italienisch, das er kann, das er gelernt hat, abends, an einer Schule, oder in einem Heft, auf dem steht, Italienisch für Anfänger. Er versucht zu reden mit Luca, vielleicht, um Lisa die Zeit zu lassen, die sie braucht, um in einem Stoff, in einem Geruch zu versinken, vielleicht auch nur, um die Stille aufzulösen, diese seltsame Stille, die sich auf uns gelegt hat und selbst die Worte schluckt, die jetzt noch gesprochen werden, eine Stille, die entstanden ist, da wir alle auf Lisas Haar geschaut haben, auf nichts anderes mehr als auf ihr Haar.

Lisa ist die wenigen Schritte zur Kommode gegangen, ein bißchen, als würde sie taumeln, sie hält ein Foto in den Händen, ein Schwarzweißbild in einem Holzrahmen, das beim Fotografen aufgenommen wurde und ihre Großmutter zeigt, vielleicht so, wie sie war, vor zehn, zwanzig Jahren, mit kurzem schwarzen Haar, das an der Seite gescheitelt und in Wellen gelegt ist, mit kleinen Ohrringen, die an den Läppchen ziehen, einer passenden Kette und dem Kragen einer Bluse, mit einem Muster aus winzigen Blättern und Zweigen, eine Bluse, die im Schrank hängt und die Lisa befühlt hat, bevor sie, etwas taumelnd, zur Kommode gegangen ist.

Sie steht da, und irgend etwas an ihr sieht in diesem Augenblick kleiner, jünger aus. Ich bin sicher, die anderen sehen es auch. Mein Bruder, meine Mutter haben aufgehört zu reden, Lisa hält das Bild fest, mit beiden Händen, sie fragt, ob sie das Foto mitnehmen dürfe, wir müssen nicht übersetzen. Luca nickt und sagt, natürlich, in seiner Sprache, und dann fängt Lisa an zu weinen, Lisa, die man nie weinen sieht, lautlos, mit zuckenden Schultern, so, als könnte sie vor uns verbergen, daß sie weinen muß, um eine Großmutter, die sie sich immer nur zusammengefügt hat, nur in Gedanken, nur in ihrer Vorstellung, aus den wenigen

Worten, die Lisas Mutter über sie verloren hat, die Lisa nie gesehen hat, weil sie anderswo, weit weg, auf einem anderen Kontinent lebte, hier, mit Ziegen und Hühnern und Hasen, mit einem Bett, das sie mit niemandem geteilt hat, und einem Ofen, in den man Holz legen muß, damit er wärmt, mit einer Sprache, in der Lisa nicht mehr als Guten Tag und Danke sagen kann, und das auch nur, weil wir ihr gesagt haben, wie.

Lisas Mutter hat diesen Ort verlassen, als sie alt genug war, und sie hat ihn schnell verlassen, ohne zu zögern, ohne sich umzudrehen, so schnell, daß es den anderen schien, als habe sie nur auf diesen Tag gewartet, sich immer schon ausgemalt, wie sie an diesem Tag, mitten im heißesten Sommer, ihren Koffer nehmen, ihr Tuch umbinden, ihre Schuhe anziehen, und dann, nach einem letzten Blick in den Spiegel, was sie sagen würde, zu ihrer Mutter, und den anderen, auch zu Luca, der damals jünger war als Lisa und ich es jetzt sind, und daß er nur noch habe kommen müssen, dieser Tag, damit sie endlich all das tun und sagen konnte, was sie sich gewünscht hatte, auf ihren Wegen durch die Wälder, wenn sie versucht hatte, sich von dem zu entfernen, was sie umgab. Gelaufen war sie damals, ins Tal, trotz des Staubs, der ihre Schuhe bedeckte, bis zur größeren Straße, an der sie den Bus in die Stadt nahm, um von dort weiterzufahren, quer durchs Land, zur anderen Seite, dorthin, wo die großen Schiffe ablegten, in ein stechend blaues Meer, das sie noch nie gesehen hatte, und sie wußte, welches Schiff es sein und wo es sie hinbringen würde, auch das hatte sie sich genau ausgemalt.

Lisas Mutter hat uns nie davon erzählt, aber Lisa sagt, sie habe den erstbesten Mann genommen, der sie auf diesem Schiff ansprach, mit Blick auf das dann tiefgrüne Wasser, auf den weißen Schaum der Wellen, und einen Himmel, der für Lisas Mutter zum ersten Mal weit und endlos gewesen sein muß, nicht mehr zerschnitten und versteckt von Wäldern. Dieser Mann ist Lisas Vater geworden, und Lisa hat es immer so gesagt, als habe ihre Mutter froh sein müssen, überhaupt von jemandem bemerkt, überhaupt von jemandem angesprochen zu werden, Lisas Mutter, die in den Sommern, die wir zusammen verbrachten, in den Eisdielen auf Italienisch bestellte, mit leiser, kaum hörbarer Stimme, weil sie Angst hatte, jemand könne hören, daß sie nicht wirklich Italienisch sprach, sondern etwas anderes, etwas, das man hier oben, nur hier oben, in diesen Bergen spricht und das sie sofort verraten hätte. Lisas Mutter, die sich später die Haare blondierte, die Wimpern färbte, nur noch Kleider kaufte, die sie naß aufhängen und nicht bügeln mußte, in einem Haus lebte mit großen Fenstern, ohne Treppen, in dem das einzige Tier eine schneeweiße Katze war, die sie nicht hinausließ. Lisas Mutter, die einen zu großen, zu grünen Wagen fuhr, den sie nicht einparken konnte, und nur noch zwei Mal, für wenige Tage, in ihr Dorf, zu ihrem Hof zurückkehrte, wo die anderen sich wunderten, über ihr Haar und ihre Wimpern, vielleicht auch darüber, daß sie wirklich gegangen war und dann in ihrem alten Bett schlief wie eine Fremde.

Lisa schaut aus dem Fenster, einem winzigen Fenster, eingerahmt von dunklem Holz. Sie sieht auf den Boden draußen, auf den Hühner und Ziegen ihre Spuren gesetzt haben, auf Kästen mit Kaninchen, sie hält das Foto in den Händen, wie etwas, das sie lange gesucht und endlich gefunden hat, dreht sich zu uns und schaut mich an, als wollte sie sagen, gut, ich bin fertig, wir können gehen. Luca nimmt aus dem Schrank ein weißes Tuch, in das Lisa das Bild einwickelt, wie ein Geschenk, mit dem sie vorsichtig sein will. Er bleibt stehen vor den geöffneten Türen, als hoffe er, Lisa würde noch etwas haben wollen, von dieser Wäsche, von diesen Kleidern. Lisa bleibt im Türrahmen stehen, in diesem kleinen Türrahmen, den sie fast ausfüllt. Sie legt die Hände rechts und links auf den Rahmen, als könne sie so noch etwas mitnehmen, und wenn es nur ein Gefühl an den Händen wäre. Wir verabschieden uns zögernd und ungeschickt. Genauso ungeschickt, wie wir uns umgeschaut haben, im Haus und auf dem Hof, obwohl Luca uns alles erlaubt hat, in diesen wenigen Stunden, in denen wir seinen Wein getrunken und versucht haben, ein bißchen zu reden, ein bißchen vorzugeben, uns verbinde mehr, viel mehr als nur ein Nachmittag. Wir wissen, wir werden Luca nicht mehr sehen, und ich glaube, er weiß es auch, er hat die gleichen Gedanken, jetzt, da wir am Wagen stehen, Lisa noch nicht bereit ist einzusteigen, auf ihre hellblauen Sandalen starrt, den rechten Fuß vor- und zurückzieht und eine Furche in den Boden gräbt.

Sie redet nicht, als wir ins Tal hinabfahren. Sie sitzt auf dem Rücksitz, hat die Knie angezogen, die Arme davor verschränkt. Wir hören auf das Knistern unter den Reifen, das Knacken der Steinchen, die wegspringen und ab und an gegen die Windschutzscheibe schlagen. Mein Bruder läßt das Bremsen und Hupen, vor jeder Kurve. Wir haben keine Angst mehr, daß uns jemand entgegenkommt.

Robert Gernhardt

Toscana mia

Frühjahr / Sommer 1990

Nie zeigte sich Montaio tröstlicher und lebendiger als jetzt. Die Oliven kommen allüberall wieder, der Kahlschlag am Badia-See ist rundum wucherndes Grün, der See ist voll wie in seinen besten Zeiten, das Wasser ist das erfrischendste, das sich denken läßt. Auf dem Weg zum Haus begegne ich Maremmi, der anhält, aussteigt und mich zwickt und knufft.

Es muß vor kurzem geregnet haben, alles ist grün, der Chianti Richtung Gaiolo eine grüne Hölle.

Wieder in Cavriglia, und wieder die Erfahrung, daß ein bis zwei Jahre nicht mehr viel sind, daß Veränderungen sich in Grenzen halten, bzw. daß die Wahrnehmung sich auf das Bleibende (Gebliebene) richtet.

Eine Abgeklärtheit, die sich auch dann bemerkbar macht, wenn ich mit milder Traurigkeit auf die beiden großen, sterbenden Zypressen schaue. Nun sterben sie also wirklich, es wird sich lange hinziehen, bis sie nur noch Skelette sind, aber ich werde es, wenn nichts dazwischen kommt, noch erleben.

Was mir abhanden gekommen ist: der Drang, der Wahn nach Vollkommenheit, jedenfalls in meiner direkten Umgebung.

*

Das lärmende Italien und was dagegen zu tun ist

Eine dieser Minikomödien: Am Lago di San Cipriano angelangt, höre ich laute Musik und vermute, der Wirt habe im Restaurantbereich eine Musikbox aufgestellt.

Unmöglich, der Musik zu entgehen, nicht einmal schwimmend, und so entwickle ich vorbeugende Rachepläne: Wie ich das Gerät außer Gefecht setzen kann. Mit Kaugummi? Mit Salzsäure? In einer Kanüle?

Als ich mir die Situation nach dem Bade genauer anschaue, steht da ein roter offener Wagen, dessen Radio angestellt ist. Weit und breit niemand zu sehen, eine Handbewegung hätte den Spuk beendet.

*

Was hier rund um Montaio geschieht, ist so unerhört wie lehrreich.

Da gibt es seit Anbeginn – also länger als 17 Jahre – diesen Steinbruch, jahrelang – aber wie lange? – gab der zu keinen Klagen Anlass. Während rings um den Hügel Scheußliches geschaffen wurde oder sich ereignete – die Putenfarm, der Waldbrand –, blieb unser Segment bewahrt und verschont, bis es einem bösen Gott einfiel: Jetzt sind die dran. Wir haben doch diesen Steinbruch, wir haben doch diese Straße, die sich von Grimoli aus zur Chiantigiana hochwindet, wir haben also Kurven, Steigungen und vor allem dieses Tal als wunderbaren Hallraum – worauf warten wir eigentlich noch?

Danach muß der böse Gott dafür gesorgt haben, daß einiges zusammenkam: Einer der drei Steinbrüche der Region fallierte, einer kam unter Exklusivvertrag mit einem Zementwerk und fiel für andere Kunden aus, zugleich wurde tief drunten im Arnotal die Direttissima, die Schnellbahn Rom – Milano, just in die Höhe Montevarchi – San Giovanni Valdarno getrieben. Auf einmal war da, auch wegen der sonst ebenfalls rundum boomenden Bauwirtschaft, ein fast unersättlicher Bedarf an – ja, woran eigentlich? Kies? Sand? Steinchen? – ich weiß es nicht, doch ich sehe und – vor allem – höre diesen Bedarf: Die schmale, verrottete, gewundene Straße passieren nun nicht mehr maximal 10 Wagen die Stunde, sondern minimal – sind es 100? Oder mehr? Mir jedenfalls kommen sie wie tausend vor, schnaufende, grell abbremsende, stoßende, schlagende Krachmacher, wenn sie hinunterfahren, hupende auch und ächzende, greinende, brummende, tosende, wenn sie zurückkehren zu ihren nach – ja, wonach eigentlich? – wimmernden Auftraggebern.

Das geht nun schon Jahre, doch ich war eineinhalb Jahre nicht hier und kann's wieder nicht fassen, daß das möglich ist. Eine Art Autobahn, die durch einen Garten führt, durch meinen Garten.

Diese Unablässigkeit des Kommens und Gehens, vor allem des Kommens!

Diese Schamlosigkeit, mit der häufig drei, vier und mehr von der Chiantigiana her in das Sträßchen einbiegen, indes von Grimoli aus bereits die ersten Beladenen auf dem Rückweg sind, was viel Gehupe, Geächze, Bremsengekreische zur Folge hat. Eigentlich – ein Schild schreibt dies vor – sollen die Laster 20 fahren, doch keiner tut's, und so rumpelt und rackelt und schnauft es durcheinander und füllt das Tal bis in den letzten Winkel mit allgegenwärtigem und durchgehendem Lärm aus.

Und der verändert alles. Nun beglückwünsche ich mich dafür, daß ich in den siebziger Jahren die Zeit, die Umstände und die Stille genutzt habe, um hier zu malen: schweigende Gegenstände in einem Licht, das alle Bewegung ins Stilleben überführte.

Es gibt sie immer noch, das Licht, die Gegenstände, nur die Stille ist auf der Strecke geblieben, und damit auch das Stilleben sowie eine Möglichkeit, wahrzunehmen.

Anfangs malte ich hier bei laufendem Radio, von einem mir nicht mehr bewußten Zeitpunkt an brauchte, nein: wollte ich kein Radio mehr während des Malens hören.

Nun male ich schon lange nicht mehr, doch auch den Schreibenden und schlicht hier Lebenden läßt der ständige Lärm verzweifeln. Dabei hält der sich noch in Grenzen. Die Straße führt ja nicht direkt am Haus vorbei, sondern in Sichtweite – zwei-, dreihundert Meter Luftlinie mögen dazwischen liegen. Schließt man Fenster und Türen, ist im Haus nur wenig zu hören, allerdings einiges zu spüren von der steten Anstrengung, die da draußen den Maschinen abverlangt wird – das teilt sich mit und macht das Mitanhören anstrengend.

Das Gejammer der Laster ist geradezu körperlich nachvollziehbar, das »Ach schon wieder geht's runter nicht so schnell oh wie mir mein Anhänger in den Schlaglöchern durchhaut« und das »Da muß ich rauf mit dem ganzen Kies ich schaff's nie das schaff ich niemals«. Und er schafft's natürlich und schafft auch den Zuhörenden.

Nun ist es auf dem Land nie still. Irgendein Tier, irgendein Mensch, irgendein Motor macht außerhalb der Nachtstunden stets irgendwo und irgendwann Krach. Daran gewöhnt sich der Städter, das bißchen

Geräusch läßt ihn die Ruhe nur noch mehr genießen. Die Lasterparade hat damit Schluß gemacht, und ich mache deshalb Tag für Tag Schluß mit ihr: Das geht so nicht! Das darf doch nicht wahr sein! Dazwischen freilich immer wieder jene raren Momente, in denen die Reihe der Laster plötzlich ein Loch aufweist und die Ruhe samt der Stille schöner noch als zuvor, ja triumphierend zurückkehrt. Dann bade ich geradezu in dieser Lasterlosigkeit und bin sofort bereit, alles zu vergeben und halb so schlimm zu finden.

Bis ein entferntes Stöhnen ankündigt, daß es mal wieder losgeht. Nein: Diesmal ist es ein Kreischen, vor dem es nirgendwo ein Versteck gibt, auch nicht in den talabgewandten Zimmern des Hauses. Der da macht sich überall bemerkbar, bergab wie bergauf, er schreit etwas zusammen, dass Gott erbarm und ich mir eine Panzerfaust samt Ausbildung wünsche. Er nun wieder! Rote Fahrerkabine, grüner Anhänger, unverwechselbar er.

Und nun würden sie beide sterben, hätte ich eine Panzerfaust, beide rätselnd und beide zutiefst schuldig geworden an jemandem, der nicht etwa wehmütig, nein: grimmig zurückdenkt ans verlorene Paradies. Daß ihm das passieren mußte! Vorsichtig, wie er ist!

(Man redet von einer neuen Straße, die vor allem das unmittelbar betroffene Grimoli entlasten soll. Der Verkehr werde nachlassen, sobald die Direttissima gebaut sei. Ich bin skeptisch und richte mich darauf ein, die talabgewandten Zimmer in den Griff zu kriegen: Dann kann man tagsüber eben nicht im Garten Eden sitzen. Dann wartet man darauf eben bis 17, 18 Uhr! Welch sträfliches Nachgeben und Einlenken! Als machte es nicht gerade den Garten Eden essentiell aus, daß man dauernd darin sitzen kann und nie genug bekommt.)

*

Die beiden Katzen, wohl Mutter und Tochter, die Tochter selbst Mutter von zur Zeit sechs Jungen, geben wenig Rätsel auf, außer dem, wie sie zugleich derart gierig und so wenig fressneidisch und eifersüchtig sein können. Sie sind so scheu wie nötig und so erfolgreich wie möglich, wenn es darum geht, an die Bouletten zu kommen. Sie wissen, wo es stattfindet, in der Küche, und finden sich dort fast immer ein, wenn etwas klappert und klirrt, der Herr des Eisschranks also selber an das geht, woran sie stets denken, das Essen.

Während sie auf der Terrasse eine gewisse Fluchtdistanz wahren – je weiter weg vom Haus, desto mehr – rücken sie in der Küche fast auf die Pelle und bedienen sich unschuldigster Weise der altehrwürdigsten Bettlertricks: großer, flehender Blick von unten nach oben, klagend-schmeichelnde Laute, Schnurren der Vorfreude – eine schwer zu enttäuschende Äußerung – und demütig-bittend erhobene Pfote.

So kommt man zu was – derjenige, der da über den

ganzen herrlichen Kühlschrankinhalt verfügt, müßte schon ein Herz aus Stein haben, teilte er nicht, und besänftigte er nicht auch auf diese Weise den Neid der Götter.

Die beiden Katzen machen es ihm aber auch leicht, sie essen, solange sie hungrig sind, so gut wie alles. Sie wissen freilich, was gut ist, und nie dröhnt ihr antizipierendes Schnurren stereophoner und brummender als dann, wenn gutes Hackfleisch, Hühnerfleisch oder andere erkennbar teure Kost zu erwarten ist.

Einen unerwartet ekstatischen Ausbruch von kollektiver Begeisterung löste eine Kitekat-Dose aus – da war jeder Gedanke an Flucht vergessen, als der Doseninhalt in die Freßschale gefüllt wurde. Die Katzen, die, jede gleich wachsam, stets davongesprungen waren, auch unter Zurücklassung des Happens, wenn der Fütternde versucht hatte, auch als Streichelnder anerkannt zu werden – diese Rührmichnichtans also dachten nicht daran, sich der kraulenden Hand zu entziehen, als es darum ging, den Napf zu leeren. Möglichst schnell zu leeren, da ja die andere ebenfalls keinen anderen Gedanken hatte als: Hau weg.

Danach hielt die Begeisterung noch lange an, kamen die beiden noch schnurrend in die Nähe des nun ebenfalls futternden Fütterers, wendeten sich noch mehrmals dem Napf zu, in der irren Hoffnung, einen Brocken übersehen zu haben. Beide nähren sich auch von Wühlmäusen und – leider – Ramarros, hin und wieder tragen sie eine Beute im steil erhobenen Fang vorbei, sehr geschäftsmäßig und ohne die geringste Anstalt zu machen, etwas abzugeben.

Da sie zudem ja auch keinerlei Tendenz zur Zärtlichkeit außerhalb der Mahlzeiten bzw. Fressplätze haben, kann man sie nicht anders als grundehrlich nennen. Zärtlich aber sind sie im Umgang miteinander; geradezu neiderregend nutzen sie die Gelegenheiten, die Köpfe gegeneinander zu stoßen oder die Schwänze ineinanderzuringeln.

Beim Fressen konkurrieren sie dann wieder miteinander, wobei die Mutter fast immer der Tochter den Happen wegjagt, doch Aggression kommt nicht auf: Man hechtet über die andere, um schneller am Fleischball zu sein, und stupst der Unterlegenen im nächsten Moment das verfressene Mäulchen gegen die Lefzen. Und die Gestupste schnurrt.

*

Das allerliebste Ballett, das Falter und Vogel in der Luft aufführen; ein pas bzw. vol de deux von schönster Gleichzeitigkeit und exaktesten Parallelbewegungen, dann wieder scheinen sie in der Luft zu stehen; bis einer entkommt oder der andere seine Beute zur Strecke bringt.

*

Es ist ziemlich gemein, daß die Judith Donatellos im Palazzo Vecchio regelrecht auf dem Holofernes steht, auf seinen Lenden mit dem rechten Fuß und auf seiner Hand mit dem linken. Aber sie braucht einen festen Stand, um den offensichtlich so gut wie Ohnmächtigen hochzuziehen, was ebenfalls gemein, widerlich körpernah und ziemlich unmöglich ist: den schweren Oberkörper eines athletischen, bereits leicht fetten Mannes.

Eigentlich ein böser Traum, das Ganze, jedenfalls nichts, das der Wirklichkeit entspräche. Wer träumt den?

*

Bei Licht betrachtet ist der Großteil derjenigen Italienerinnen, die gefallen könnten, häßlich; dennoch bleibt nach einem Tag unter Italienern und Italienerinnen ein gutes Gefühl, sogar ein sehr gutes Gefühl und ein Wunsch, mal wieder zur Sache zu kommen. Wo mögen das und der nun wieder herrühren?

*

Im Circolo Recreativo Cavriglia während der Fernsehübertragung des Spiels Italien – Österreich: Die Bar ist voller Jungens und Männer, die Mädchen schauen rein, grüßen, bleiben kurz, gehen, kommen wieder.

Daß dem deutschen Blut ein Schuß Sekt guttäte, meinte bereits Bismarck, heute würden wir Champagner oder Prosecco sagen und damit ebenfalls einer weit verbreiteten Meinung Ausdruck geben: Von denen können wir was lernen. Wenn nicht bereits aus den Schülern Lehrer geworden sind. Ich beispielsweise habe schon Mitte der siebziger Jahre italienische Maurer gelehrt, das rustikale Mauerwerk meines toscanischen Bauernhauses, welches auseinanderzufallen drohte, so zu verputzen, daß die ebenso inspirierte wie naive Improvisation ihrer Vorfahren nicht von grauem Zement verkleistert wurde – und das wäre die unausweichliche Folge gewesen, hätte man die Einheimischen machen lassen. Heute ist die Firma Franchi Spezialist für die Ausfugung von rustikalem Mauerwerk, manchmal übertreiben die jetzigen Maurer die Konservierung noch des zufälligsten Wandpartikels geradezu. Aber, wie wir Italiener zu sagen pflegen: Meno male. Und ebenso verbürgt ist, daß einzig das Insistieren interessierter deutscher Kreise dafür gesorgt hat, daß, zumindest in bestimmten Chianti-Regionen, sich Beilagen wie Sedano-Bällchen gehalten haben.

Aber Schluß mit dem Aufrechnen! Wenn wir Deutschen heute in der Toscana die Gebenden sein können, dann doch nur deshalb, weil wir die Nehmenden gewesen sind, und das nicht nur dort: Es gibt wohl keinen Zipfel der Welt, den nicht zumindest ein Arbeitskreis der BRD erkundet, emotional besetzt und zu seinem ureigensten Anliegen gemacht hat, und ich bin ganz sicher, daß von Flamenco bis Ikebana deutsche Gruppen dafür sorgen, daß diese Künste auch späteren Generationen in nichtkommerzialisierter, nichtdegenerierter, sprich in authentischer Form überliefert werden.

*

Das wohl widerwärtigste Geräusch, das der Mensch und seine Maschinen hervorzubringen imstande sind, ist der Lärm, den eine Moto-Cross-Maschine verursacht. Schrecklich dabei ist nicht nur das peinigende An- und Abschwellen, furchtbarer noch ist das Wissen, daß dieser Krach für nichts gut ist, außer dazu, einen unreifen Knaben eine Strecke Weges zurücklegen zu lassen, zu keinem anderen Zweck als dem, sogleich wieder an den Ausgangspunkt zurückzukehren und den Quatsch von Neuem zu beginnen. Lärm und Geräusch also als Selbstzweck, der freilich die Bewohner eines ganzen Tales in Mitleidenschaft zieht.

*

Die große Nichtsnutzigkeit der Katzen

Die große Nichtsnutzigkeit der Katzen, welche bei einer naturgemäß noch gar nicht auffällt, bei zweien, ja auch bei dreien noch kein Problem darstellt, wird dann evident, wenn man, wie ich, stets sechs vor Augen hat, die, eine wie die andere, nichts weiter im Kopf haben als Spielen, Ruhen, Fressen. Wobei das alles freilich zur Reproduktion des Lebens gehört, jedoch in einer Art und Weise betrieben wird, die fast auftrumpfend auf jede Selbstverantwortlichkeit verzichtet. Den ganzen lieben langen Tag halten sich die sechs auf einer Terrasse auf, die ihnen nicht gehört, und warten auf Mahlzeiten, die sie nicht verdient haben. Kein Gedanke daran, etwas zur Versorgung beizutragen! Stattdessen wälzt und fläzt man sich, legt sich zusammen, leckt sich ab, balgt sich, putzt sich. Behält dabei den selbsterwählten Ernährer immer dann im Auge, wenn er etwas zur Ernährung beitragen könnte, und flieht ihn wie einen Mörder, sobald er zwar mit leeren Händen, aber doch mit vollem Herzen sich nähert, mit beschwörenden Gesten und der Intention, eines dieser weichen Wesen, die er nun seit einer Woche schon morgens wie abends bedient und speist – und zwar mit kostspieliger Nahrung, nicht irgendwelchen Küchenresten – eines dieser Wesen also zu berühren, um nicht gleich streicheln zu sagen.

Das Erschrecken, das einer solchen Zumutung folgt! Dieses Auseinanderstieben, oft noch von panischem Fauchen begleitet: Katzenschänder, Katzenschänder!

Vor jedem Gericht dieser Welt würden die sechs jederzeit gegen ihren Wohltäter zeugen, sofern er sich ihnen lediglich als Katzenfreund, nicht als Katzenfütterer näherte. Täte er freilich letzteres – und er tut das ja zweimal am Tag: Wie sich da das Blatt wendet! Wie da der Schänder zum Spender wird, den man schreiend vor Begeisterung empfängt, sofern er nur irgend etwas in den Händen trägt, das einem Freßnapf ähnlich sieht. Wie man ihm da um die Beine geht, schamlos, sich berühren läßt, anstandslos, sich schließlich vollfüttern läßt, maßlos. Wie man freilich sogleich wieder umschaltet, sobald der Napf leer, der Bauch voll und – ergo – der Wohltäter erneut der Belästiger ist. Wie man da bar jeder Erinnerung erneut befremdet, ja entgeistert auf jede seiner Annäherungen reagiert, die doch oft diesen Namen nicht einmal verdienen: Sehr behutsam, in gehörigem Abstand, mit beruhigenden Lauten überquert der Mensch die Terrasse, da sich dieser Weg nun mal nicht umgehen läßt, will er zu seinem Moped – entsetzt fliehen die soeben von ihm versorgten Katzen in alle Richtungen, so als sei gerade der Böse aus dem Haus getreten.

(Aber auch das passiert: Die Großmutter kommt mit einer Maus an, läßt sie fallen und sieht zu, wie das schnellste der Enkel die Beute frißt. Mir gegenüber tut sie dann wieder so, als ob sie vor Hunger sterbe.)

*

September in der Toscana: Um diese Zeit fahren auf den Straßen des Chianti vorzugsweise Wagen mit deutschen Nummernschildern, in denen stets Ehepaare sitzen und auf denen manchmal Räder aufgebockt sind.

All das hat eine derartige Aura von Beflissenheit, Pfiffigkeit und Sportlichkeit, daß schon beim ersten Blick alles zu spät ist. (Beim zweiten dann sowieso. Beim dritten erkennt man, daß am Steuer der Doppelgänger sitzt. Doch da ist dann wirklich <u>alles</u> zu spät.)

CHRISTOPH RANSMAYR

Ein Leben auf Hooge

Porträt einer untergehenden Gesellschaft

Hooge ist ein weiches Land ohne Steine und ohne
Quellen. Gemessen an der langsamen Vergänglichkeit
eines Gebirgszuges, eines Tales oder eines einzigen
Steines, ist Hooge nur ein flüchtiges Schwemmland,
das heute in der Brandung liegt und morgen wieder
verschwunden ist. Hooge ist eine Weide, eine Wiese
im nordfriesischen Wattenmeer, von Salzwasserrinn-
salen durchzogen und einem geteerten, niedrigen
Sommerdeich gefaßt. Wie trockengefallene Archen
und weit auseinanderliegend, erheben sich aus der
baumlosen Ebene Hooges neun, von wenigen Häusern
bestandene Erdhügel – die Warften. Nur dort, im
Windschatten der Häuser, gedeihen auch Bäume und
Sträucher. Auf den Fennen, den Weiden zwischen den
Warften, grasen Rinderherden und vereinzelt auch
Pferde; darüber ziehen Seevögel, Silbermöwen und
Austernfischer, ihre Schleifen. Hooge ist ein Land aus

Torf, Schlick und Sand, von der See über den Untiefen und den Resten versunkener Marsch- und Moorlandschaften aufgeschichtet und dem Meeresspiegel doch zu nahe geblieben, um den Namen einer Insel zu erfüllen: Land von solchem Land heißt Hallig.

Achtmal, neunmal und öfter im Jahr rauscht das Meer über die Hallig Hooge hinweg, allein die Warften ragen dann umbrandet aus der Flut, und zieht sich die See zurück, liegen auf den Weiden Muschelkränze, Tang und Seesterne. Wenn dann kein Regen das Salz von den Gräsern wäscht, färbt sich dieses Land auch im Frühjahr kastanienbraun und rot. Daß Hooge im Strom der Gezeiten liegt, heißt auch: Hooge liegt zweimal im Verlauf eines Tages und einer Nacht inmitten des Meeres und zweimal in einer Schlickwüste. Klein ist Hooge; der Deich aus Granit und Basalt, der die fünfhundertfünfzig Hektar der Hallig umschließt, ist bei guten Kräften in zwei Stunden abzuschreiten, und die Bewohner dieses Landes sind rasch gezählt. Es sind einhundertvierunddreißig. Eigentlich ist Hooge nur eine Zuflucht auf 54° 34′ nördlicher Breite und 8° 33′ östlicher Länge und kaum elf nautische Meilen von der Küste Nordfrieslands entfernt; eine Zuflucht unter einem Himmel, der manchmal hoch und ungeheuer wird und sich dann wieder jäh herabsenkt und kalt und still und undurchdringlich über den Weiden liegt. Unter diesem Himmel wurde Johannes Hansen im Jahre 1896 geboren. Einige schmerzhafte Jahre auf dem

157

Festland ausgenommen, hat er sein Leben auf Hooge verbracht. Jetzt ist er der älteste unter den Bürgern der Hallig. Es ist Frühjahr 1985, Ende April.

Hansen war Hufschmied und Kirchenrechnungsführer und schnitzte in seinen Mußestunden aus dem Harz der im Meer versunkenen Wälder Seehunde; es waren filigrane, augenlose Geschöpfe, Bernsteinabbilder jener unnahbaren Tiere, die damals wie heute auf den kalkweißen Sandbänken jenseits der Brandung im Wind lagen. Der Hufschmied verwandelte den rohen, blinden Bernstein, den die Krabbenfischer aus ihren Schleppnetzen lasen oder den er selber auf seinen Gängen durch das Watt fand, niemals in etwas anderes als in Seehunde. Aber anstelle der Augen schnitt er immer nur leere Kerben in das Gold der Köpfe, weil ihm schien, daß der Blick eines lebendigen Wesens ohnedies unnachahmlich sei. Johannes Hansen achtete die Seehunde sehr. War er nach vieler Sorgfalt mit einer Schnitzerei endlich zufrieden, dann verwahrte er sie in einem Glasschrank seiner Stube neben anderen Erinnerungsstücken an das wirkliche Leben: Kaum größer als die Finger einer Mädchenhand, lagen die Bernsteinseehunde dort zwischen Delfter Kacheln, Tonscherben, Harlinger Tellern und englischen Tassen – den Überresten jener Warften, die in den Sturmfluten der Nordsee untergegangen waren und deren freigespülter Hausrat nun bei Ebbe manchmal im Schlick glänzte.

Der Glasschrank steht immer noch in Hansens Stube und klirrt sachte, wenn eine Bö an den kleinen, weiß gestrichenen Fensterläden reißt. Unversehrt schimmert die Sammlung im Halbdunkel, das Strandgut, die blinden Skulpturen, die Scherben, die Reste. Und obwohl er aus einem anderen Jahrhundert kommt, sitzt der ehemalige Hufschmied und Kirchenrechnungsführer Johannes Hansen immer noch vor diesem Glasschrank an seinem Tisch, allein, versunken, stundenlang oft, und liest in der Heiligen Schrift. Seehunde schnitzt Hansen nun keine mehr. Gewiß, die Robben liegen immer noch draußen auf den Sänden, bei klarem Wetter brauchte Hansen nur vor sein Haus zu treten, um die Rudel zu sehen, dunkle, zitternde Flecken im Fernglas, sie sind immer noch da – aber die Feilen, die Messer und den lange gesammelten Bernstein, ja, die ganze Werkstatt, die draußen vor dem Gartenzaun stand, hat eine Sturmflut schon vor Jahren fortgetragen und dorthin zurückgebracht, wohin wohl alles hier auf Hooge irgendwann zurückmuß – zum Grund des Meeres und hinaus in die freie Nordsee.

Wenn Hansen jetzt noch Abbilder schnitzen wollte, dann müßte er seinen Skulpturen wohl auch jene schwärenden Wunden in die Hälse schneiden, an denen viele von den Tieren dort draußen leiden; solche und verborgenere Zeichen ätzt das vergiftete Meer den Seehunden ins Fleisch. Aber aus Hansens Fenstern sieht man keine Wunden; aus Hansens Fenstern sieht man weder die paar ölverschmierten Mantelmöwen und Traucrenten, die am Steinfuß des Deiches verwesen, noch das von Geschwüren entstellte Fischzeug, das sich nach manchen Fängen zwischen Tausenden Garnelen in den Schleppnetzen windet und ins Meer zurückgeworfen wird. Aus Hansens Fenstern erscheint Hooge seltsam unzerstörbar und geborgen vor dem Fraß der Zeit: Da ist der sorgsam bearbeitete Garten, der Zaun mit den hölzernen Ziersäulen, dahinter die grasbewachsene Warftböschung, ein Stück Weideland, der Deich und, je nach dem Stand des Flutkalenders, das Watt oder die Brandung und es ist, als ob die letzten Jahrzehnte, in denen sich Hooge vom beschwerlichen, bäurischen Ort im Meer in eine von vielen Adressen des Fremdenverkehrs verwandelt hat, noch gar nicht angebrochen wären.

Aber die Abgeschiedenheit dieses verwandelten Ortes ist längst nur noch ein vorübergehender Mangel der kalten, stürmischen Jahreszeit. In den milderen Monaten läßt der tägliche Fährverkehr, der Hooge mit den anderen Halligen, Inseln und dem Festland vernäht, keine Weltferne mehr zu. An den Nachmittagen der Sommersaison sind die Asphaltwege von Hooge schwarz von Menschen: Vier- und fünftausend sind es manchmal an einem einzigen schönen Tag, einhundertsechzig- und einhundertsiebzigtausend sind es im Jahr, Ausflügler, Tagestouristen, die bei auflaufendem Wasser aus Amrum, Föhr oder vom Festland kommen, weiß und groß stampfen ihre Fähren dem wirren Verlauf der Priele nach und auf Hooge zu, es sind fünf, sechs, auch sieben Schiffe an einem Nachmittag, und ihre Besatzungen umkreisen, belagern, erobern die Warften, Bastion für Bastion, die dem Dock nächstgelegene *Backenswarft* immer zuerst, dann die *Kirchwarft*, die *Hanswarft* und immer voran. Erst allmählich gerät der Einfall vor den wenigen, weit verstreuten Kneipen ins Stocken und kommt schließlich zum Stillstand.

Spaziergänger und Radfahrer lösen sich vom Troß und fahnden stundenlang nach dem Idyll und der Halligeinsamkeit, einem kostbaren, fremden Stoff, bis sie von den Sirenen allesamt wieder an Bord zurückgerufen werden und mit dem ablaufenden Wasser verschwinden, so gesetzmäßig und berechenbar wie der Wechsel von Ebbe und Flut. Zurück bleiben nur die weniger auffälligen Wattwanderer, Erholungs- und Sommergäste, die in den fünfhundert *Fremdenbetten* Hooges alljährlich fünfundfünfzigtausend Nächte verbringen. So ist es in der Statistik verzeichnet, von der Johannes Hansen nichts weiß. Aus Hansens Fenstern sind auch keine schwarzen Wege zu sehen und auf dem Meer keine Fähren, sondern nur die ein- oder auslaufenden Baumkurrkutter der drei letzten Fischer von Hooge. Fährenrouten und Wege verlaufen anderswo. So leer und still wie vor diesen Fenstern wird es auf Hooge erst wieder im Herbst, der im August beginnt, stiller im Winter, wenn das Treibeis, das sich in den Gezeiten verkeilt und zu unüberwindlichen Barrieren auftürmt, jede Fährverbindung unterbricht, manchmal für Wochen; wenn sich das Leben auf Hooge wieder aus den Vorratskellern versorgt und die Post und Wichtigeres aus Flugzeugen und Helikoptern über der Eiswüste abgeworfen wird. Vieles ist dann wieder so, wie es hier lange war. Aber wer auf Hooge will dorthin zurück? Zurück in die Zeiten der großen Entlegenheit und des fauligen Zisternenwassers, das nach den Reetdächern stank, über die es zuvor geflossen war, in die Zeiten der Tranlichter und des Petroleumrußes, des Treibholzsammelns und vor allem der Armut. Dorthin, sagt Hansen, will wohl niemand zurück. Es ist gut, wie es ist, sagt Hansen, nichts soll wieder werden, wie es war.

Wann die neue Zeit begann? Ach, neue Zeiten haben so viele erste Jahre. An zwei Feste erinnert sich Hansen, schöne Feste mit Gedichten und Ansprachen und Musik. Das letzte wurde 1969 gefeiert, das *Wasserfest*, als die Hallig über eine tief in den Schlick eingespülte Doppelrohrleitung glücklich mit dem Wassernetz des Festlandes verbunden war. Fließendes, frisches Wasser! Das Ende der Hooger Wassernot, sagt Hansen, sei ihm sehr bedeutsam erschienen, denn wie oft sei es in der Vergangenheit vorgekommen, daß eine Flut das Süßwasser in den Soodbrunnen und Fethingen versalzte und das Vieh in den Ställen vor Durst brüllte und

162

auch die Menschheit litt. Noch 1962, als die erste der vier großen Sturmfluten des bisherigen Jahrhunderts Hooge heimsuchte und so sehr verwüstete, daß vieles nicht mehr zu retten, sondern nur von allem Anfang an und neu zu machen war, Höfe, Dächer, Wege, ja ganze Warften … noch damals also mußten sieben Millionen Liter Wasser mühselig vom Festland herübergeschafft werden, um das Übel zu lindern. Und so, sagt Hansen, habe er sich über das Wasserfest auch mehr gefreut als über das *Lichtfest*, das schon zehn Jahre früher gefeiert wurde.

Mit dem Lichtfest, das der Verlegung eines zwanzigtausend Volt starken Kabels gegolten hatte, das Hooge an die Kraft des Festlandes anschloß, sei das alte Halligleben zu seinem Ende gekommen; ein Leben, dessen Beschwerlichkeit sich keiner von den Heutigen vorzustellen vermöchte. Das Kabel schuf diesem Leben eine solche Erleichterung, daß Hansen sich damals fragte, ob dies überhaupt noch das Hooger Leben sei. Mit der Beschwerlichkeit vergingen aber auch viele Künste des Bauerntums, der Fischerei und des Handwerks. Noch im Jahr des Lichtfestes brachte Otto Dell-Missier von der Hanswarft, geachteter Bürgermeister ist er jetzt und Vorarbeiter bei den Deichsetzern, das erste Fernsehgerät auf die Hallig. Die Welt kam dadurch zwar nicht näher, sagt Hansen, aber man konnte sie nun wenigstens aus der Ferne betrachten.

Schön war sie nicht.

Aber vielleicht ist die neue Zeit auch sehr viel älter als die Erinnerung an diese Feste, fast so alt wie Hansen selbst, alt wie der Sommerdeich vor seinen Fenstern. Denn was wäre das neue Hooge ohne diesen Deich? Vielleicht nur noch eine heillos veraltete Kontur auf den Seekarten, die hier ihre Gültigkeit so rasch verlieren; vielleicht nur noch ein zur Wildnis geschrumpftes, verkommenes Land, von Strandastern, Halligflieder und Salzmieren überwuchert und unbewohnbar, ein Land wie Norderoog, dieser dunkle Strich dort draußen im Watt, die *Vogelinsel*. Dort hauste der Einsiedler Jens Sörensen Wand einundvierzig Jahre seines Lebens in einem Pfahlbau und schützte die brütenden Brandseeschwalben, Sandregenpfeifer oder Eiderenten mit einem Prügel vor den Angriffen der Silber- und Sturmmöwen, bis er im Mai des Jahres 1950 in die Irre ging und in einem Priel ertrank. Hansen kannte den Vogelwärter gut.

Auf Norderoog lag noch im letzten Jahrhundert ein Gehöft und lebten Menschen und Vieh; und so wie Norderoog verwildert alles flache Land und fällt ans Meer zurück, wenn es nicht in Stein gefaßt wird und keine Buhnen und Lahnungen die Gezeitenströme mildern. Nach den Verlustlisten, die Hansen vor Jahren aus den Büchern des Kirchspiels abgeschrieben hat, war Hooge noch vor zweihundert Jahren doppelt so groß wie heute und trug nicht neun, sondern sechzehn – und vor vierhundert Jahren fünfundzwanzig

Warften. Hansen war ein Kind, als sich die Obrigkeit entschloß, Hooge und die umliegenden Halligen in Stein zu fassen, um sie dem Festland als Wellenbrecher noch ein, zwei Jahrhunderte lang zu bewahren. Und Hansen war fünfzehn, als man unter der Anleitung holländischer Deichsetzer mit dem Bau jenes Bollwerks dort draußen begann, das die kleinen Springfluten des Sommers, vor allem aber die Wucht der Brandung abhalten sollte; bis dahin war die Küste von Hooge noch in jedem Jahr um die Spurbreite eines großen Pferdewagens vor dem Meer zurückgewichen.

Zur Bauzeit des Sommerdeiches sprach man in vielen Hooger Häusern noch Friesisch. In dieser Sprache war Johannes Hansen über die Erschaffung der Welt und in den Grundrechnungsarten unterrichtet worden; es war die Sprache seiner Kindheit und die der alten Halligen. Aber nun kann man auf Hooge in dieser Sprache nur noch Fragen stellen, sagt Hansen, und man wird die Fragen vielleicht noch verstehen, aber plattdeutsch antworten. Über dem Plattdeutschen habe man das Friesische vergessen. Gewiß, einige von den alten Losungen und auch den friesischen Wappenspruch, den sagen auch die Heutigen noch weiter – *Lewwer duad us Slaav.* Lieber tot als Sklave – in Zierschrift schreiben sie diese bittere Entscheidung an die Wände ihrer Stuben oder halten sie in einem Rahmen unter Glas … Aber wer unter den Heutigen betet auch das *Vaterunser* noch in der Sprache der

Kindheit? *Daan Wale schien oef dae Eerde, allikh oes oen dae Hemmel.* Dein Wille geschehe auf Erden wie im Himmel. Also ist es vielleicht auch gut, daß die alten Halligleute samt ihrer Sprache vergehen.

Noch sind einige da – die Siebzig- und die Achtzigjährigen, der ehemalige Postschiffer Hans von Holdt und seine Frau Maria, die alte Frau Petersen von der Backenswarft und die Klara Joachimsmeier vom Königspesel oder selbst der ehemalige Maschinist und Seefahrer Mextorf, Hansens Nachbar – mit ihm und den anderen könnte Johannes Hansen immer noch das Friesische reden, an den Abenden und ganz wie in den Zeiten, in denen noch nicht jeder für sich und allein in der Dunkelheit vor dem Fernsehen saß. Aber seit seine Frau nicht mehr ist, hat Johannes Hansen kein Verlangen mehr nach diesem Reden und verläßt sein Haus und die Ockenswarft nur noch selten. So bewahrt jeder die Geschichte und die Erinnerung auf seine Art. Hans von Holdt zum Beispiel, der in Ehren alt gewordene Sohn jenes weit über Hooge hinaus bekannten Seehundjägers Heinrich Wilhelm von Holdt (der in seinem Leben mehr als sechstausend Seehunde erlegte) – dieser Hans von Holdt hat nicht bloß einen schmalen, selten geöffneten Glasschrank der Erinnerung, sondern hat in seinem Haus auf der Hanswarft ein *Heimatmuseum* eingerichtet, in dem er gegen eine Mark Eintritt zeigt, was ihm an der Geschichte wertvoll erschien: Ein Nebelhorn, eine

Korkschwimmweste, einen Kreiselkompaß und einen Sextanten; in einer Koje eine Strandszene mit Sträuchern, ausgestopften Seevögeln und Sand; Knochen aus einem im Watt freigespülten Friedhof und einen ausgelaugten hölzernen Robbenschläger aus dem Eismeer und Werkzeuge und Möbel des alten Lebens, Bilder …, ach, Hans von Holdt hat bewahrt, was zu bewahren war. Auch die Erinnerung an die Baracken des Reichsarbeitsdienstes, die 1938 und noch Jahre danach auf der Westerwarft standen. Zweihundertfünfzig Arbeiter zogen damals schnurgerade Gräben durch das Weideland, rasterten Hooge in Grundstücke auf und beendeten so die *Allmendewirtschaft*, die schwierige, altgermanische Form des gemeinsamen Landbesitzes. Und dann, sozusagen mit der Einführung des privaten Grundeigentums, sagt Hansen, begann der Weltkrieg. Sechzehn Hooger mußten in diesen Krieg und zugrunde gehen, bis der Krieg schließlich selbst nach Hooge kam: Holdt ruderte damals vier Halligleute in seinem Postboot die zwei Seemeilen nach Pellworm hinüber, als plötzlich ein Flugzeug rasend und entsetzlich größer wurde, einen Herzschlag lang über ihnen und schon wieder hoch am Himmel war, noch bevor sich das Wasser über dem Einschlag der Feuergarben wieder geglättet hatte. In Pellworm trug Holdt damals zwei Tote an Land.

Anders als der Postschiffer Holdt, dem die zerschlissenen, wertlosen Dinge der Geschichte gleich lieb sind wie die kostbaren und der seine Sammlungen immer noch ergänzt und wieder und wieder ordnet, hütet seine Nachbarin Klara Joachimsmeier in ihrem Haus nur Kostbarkeiten, von denen die jüngste und zarteste dreihundert Jahre alt ist. Klara Joachimsmeier hat ihre Wohnung, ihr ganzes Haus zum Museum gemacht; und wie Hansens Haus trägt auch dieses noch das alte Reetdach, die Wände sind mit Muschelkalk verputzt und bis an die Decke mit Delfter Kacheln geschmückt, die biblische Bilder tragen. *Königspesel* – seinen Namen trägt dieses Haus nach einer einzigen Nacht, die ein König darin verbracht hat. Es war der Däne Friederich VI., der im Sommer nach der großen Frühjahrsflut des Jahres 1825 nach Hooge kam, um das Elend seiner Untertanen zu inspizieren und dann vom schweren Wasser an der raschen Weiterfahrt gehindert wurde. *In der Nacht zwischen dem 3ten und 4ten Feber war eine Fluth wie seit Menschengedenken nicht* – hatte der Hooger Pastor Anton Wilhelm Conrad Schmidt über das Unglück der Hallig ins Kirchenbuch geschrieben – *3 Warften, Klein- und Großsüderwarft und Fedder Bandixwarft, sind gänzlich mit ihren Wohnungen und Bewohnern untergegangen. Außerdem sind die 5 westlichen Warften größtenteils zertrümmert … 25 Menschen haben hier in Einer Schreckensnacht das Leben eingebüßt, davon sind 5 im Bette ertrunken, die übrigen 20 mit ihren Wohnungen vergangen … Die übrig gebliebenen Halligbewohner sitzen mehrenteils*

weinend, durchnäßt, hungernd und frierend auf den
Trümmern ihrer Hütten ...

Der Herr aus Dänemark verfügte damals die Erhöhung der Warften und eine Kollekte gegen die Not. So war es oft nach den großen Fluten und so blieb es auch: Hohe Herren kamen, im letzten Jahrhundert eben ein dänischer König und in diesem ein deutscher Bundespräsident wie noch 1962 einer namens Lübke, sie kamen alle in großer Begleitung, bedauerten die Verwüstungen und verordneten Maßnahmen und Hilfe. Und dann wurden eben wieder einmal die Warften erhöht, die Deiche verstärkt und die Häuser fester gebaut. Aber die Flut stieg allen Maßnahmen nach. Auch nun, nach einer langen Zeit der Ruhe, scheint sich der Spiegel des Meeres wieder zu heben, von Jahr zu Jahr, fast unmerklich langsam und unaufhaltsam und kalt.

Klara Joachimsmeiers Haus jedenfalls ist immer noch gerüstet für hohen Besuch. Der Kapitän Tade Hans Bandix, einer von dreißig Kapitänen und vielen Seefahrern, die Hooge hervorgebracht hat, ließ dieses Haus 1760 errichten und stattete es mit allen Kostbarkeiten aus, die er auf seinen Fahrten sammelte, bis er vor der Küste Spitzbergens mit seinem Schiff im Eismeer versank. Sechzig Jahre lang hat Klara Joachimsmeier Fremde durch dieses Haus geführt; seltene Gäste zuerst, dann Reisegruppen, schließlich die Horden von den Fähren. Sechzig Jahre lang hat

Klara Joachimsmeier am Beispiel der Erlesenheit ihres Porzellans aus Tsingtau und Meißen, der italienischen Alabasterfiguren und Rubingläser, der Standuhr des Londoner Meisters Sam Honeychurch und japanischer Teebrettmalereien von der Blütezeit des Walfanges in der Arktis erzählt, vom Reichtum des Tade Hans Bandix und aller Hooger Kapitäne des siebzehnten und achtzehnten Jahrhunderts. Und von der großen Stille hat Klara Joachimsmeier erzählt, der Stille auf Hooge nach den Abschiedstagen, in denen die *Grönlandfahrer* zum Walfang ins Eismeer oder die *Ostindienfahrer* nach dem Pazifischen Ozean aufgebrochen waren.

Aber aller Reichtum der Seefahrt ging an Hooge vorüber. Denn viele Hooger, die zu Ehren, zu Geld oder gar zu Kapitänswürden kamen, nahmen irgendwann einen fremden Namen an, nannten sich so, wie sie von den holländischen Reedern genannt wurden, und ließen sich in einer Küstenstadt des Festlandes nieder. *Rauschende, schwarze, langmähnige Wogen kommen wie rasende Rosse geflogen* – so hat Detlev von Liliencron, der Dichter und preußische Kirchspielvogt auf der Insel Pellworm, die Sturmflut beschrieben. Und wer wollte denn sein Haus und seinen im Eis oder in der Tropenglut unter Gefahren erworbenen Reichtum auf einer Hallig hinterlassen, wo ihm alles und in einer einzigen Nacht von einem solchen Wasser wieder genommen werden konnte?

Aber so bedrohlich dieses schwarze Wasser den Halligen auch stets geblieben ist und mit welcher Wucht auch immer sich die See gegen ihre Küsten warf – von den alten Hoogern spricht keiner groß von der Sturmflut, ohne danach gefragt worden zu sein. Wozu auch? Das mag den Sommergästen oder zugewanderten Festländern überlassen bleiben, die in der Flut hartnäckig mehr sehen wollen als Wasser, dem Pastor Dietrich Heyde etwa, der in seiner Kirche Lichtbildervorträge über die Sturmflut hält, dazu Psalmen hersagt und mit einem Leuchtpfeil von der Kanzel herab auf die Schaumkronen besonders großer Brecher zeigt. Auf einer Leinwand vor dem Altar führt Heyde den Fremden das Meer vor, wie sie es noch nie gesehen haben, den kleinen, überfluteten Friedhof der Kirchwarft, umgestürzte Grabsteine in der Gischt, gleißende Wogen, die über die Warften hinwegrollen und sich an Zäunen und Hausmauern brechen undsofort.

Doch, die Bilder sind wahr und manche sind schön, die Hooger haben sie nicht erst auf der Leinwand gesehen, die Hooger erinnern sich. Und der Pastor ist eben noch jung und begeistert. Dietrich Heyde ist der dreiunddreißigste Pastor, den man auf Hooge zählt, und kommt wie die meisten seiner Vorgänger vom Festland und schreibt wie die meisten seiner Vorgänger an der Chronik der Fluten weiter. Soll sein. Aber Sache der Halligleute ist es nicht, den Sommergästen Worte wie *Blanker Hans* immer wieder als den Namen der Nordsee vorzusagen oder ihnen wieder und wieder den Unterschied zwischen einem bloßen *Landunter* und der *Sturmflut* auseinanderzusetzen. Wer den Unterschied erfahren will, wird ihn erfahren. Nicht, daß man auf Hooge etwas gegen Belehrungen einzuwenden hätte – die jungen Leute vom Festland wie der Wattführer Dirk Post oder der Vogelwart Stefan Bräger, Naturschützer und Biologen, die auf der Hanswarft ihre *Schutzstation Wattenmeer* betreiben, halten doch auch Vorträge und zeigen Filme und Ausstellungen – aber warum sollten die Hooger sich nun auch noch in Lehrstunden mit dem Meer beschäftigen, mit dem sie ohnedies seit Jahrhunderten beschäftigt sind?

Aber gut. Pastor Heyde ist ein braver Mann; ganz anders zwar als sein Vorgänger, der Pastor Speck, dem man nachsagt, er hätte unter seinem Ornat stets das Ölzeug getragen, um nach dem Gottesdienst schneller wieder unter Segeln zu sein, nein, ein Mann der See ist Heyde nicht; aber ein braver Mann. Seit die Bohlsens ihrer Trunksucht wegen für sechs Wochen ans Festland mußten, er nach Schleswig und sie nach Bredstedt, sorgt sich der Pastor auch um Johannes Hansen. Hansen war ja nach dem Tod seiner Frau zu den Bohlsens in Kost gekommen. Und schließlich war Pastor Heyde auch an Bord, als der Krabbenfischer und sozialdemokratische Gemeindevertreter Paul Hermann von Holdt, Hans von Holdts Sohn, gemeinsam mit dem

Fischer Ocke Friedrichsen und einer ganzen Kutterflotte von den Halligen nach dem Festland fuhr, um dort gegen die Vergiftung der Nordsee zu protestieren. Zwar ist das Wasser um Hooge immer noch sauberer als die Küstengewässer, weil eine den Hoogern gnädige Strömung die Jauche aus der Weser- und Elbmündung weit hinaus in die Deutsche Bucht und erst dann hart nach Norden treibt – aber Paul Hermann von Holdt erfährt vom schlimmen Zustand der Nordsee immer wieder aus seinen Grundschleppnetzen, wenn er die Steertknoten öffnet und die Sortiermaschine ihm seinen Fang entschlüsselt. Holdt hat schon vor Jahren gesagt, daß selbst ein Meer sterben kann.

Viel Dreck, viel Protest und alles umsonst, pflegt Hansens Nachbar Theodor Adolf Mextorf zu sagen, wenn die Rede auf das Meer kommt – gegen die allmächtige Verbindung von Blödheit *und* Gier bliebe ja doch jeder Protest wirkungslos; denn ehe die Nordsee nicht tot sei wie ein Trog voll Salzsäure, würden die Verbrecher in der Wirtschaft und im Staat nichts, aber auch gar nichts begreifen. Zweiundvierzig Länder hat der Erste Maschinist und Schiffsingenieur Theodor Adolf Mextorf in seinem Leben gesehen; als einziger von vier Söhnen einer alten Halligfamilie ist er aus dem Krieg zurückgekehrt und hat dann Korinthen aus Afrika und Erdöl aus Lateinamerika geholt, hat Hunderte Häfen von der Seeseite fotografiert, die immer gleichen Kräne, Kaimauern und das Dickicht der Masten, hat das Nordlicht und das Kreuz des Südens gesehen und ist in einem Orkan vor der türkischen Küste gestrandet. Selbst jetzt noch, mit zweiundsiebzig Jahren, wird er für einige Sommerwochen an Bord eines dreimastigen Klippers wieder die Maschinenaufsicht führen, wird nach Nordafrika reisen und wieder nach Hooge zurückkehren und hier doch wieder sein, was er immer gewesen ist: Ich bin der Bösewicht unter den Hoogern, sagt Mextorf über sich selbst, ich bin der Querulant.

Der Maschinist hat sich die Zeichen der Zeit immer selber gedeutet und dabei den Frieden des Fortschritts manchmal gestört: Seit Jahren liegt er mit dem Fischer Ocke Friedrichsen in einem Gerichtsstreit um das Aussehen der Warft, das Friedrichsen mit seinem Hausbau gestört haben soll. Und obwohl sein eigenes Haus bequem und geräumig ist, vermietet Mextorf keine Zimmer an Sommergäste wie viele andere Hooger, wie selbst der Bürgermeister Dell-Missier, der am Feierabend, nach seiner Arbeit am Deich und den Buhnen und nach der Stallarbeit, nun auch noch an zwei neuen Ferienwohnungen für seine Hausgäste baut. Aber Mextorf will keine Fremden im Haus. Er verleiht auch keine Fahrräder wie Jürgen Diedrichsen von der Backenswarft, kutschiert keine Gäste im Pferdewagen über das Land wie Heiner Brogmus, will auch kein Lokal und keinen Verkaufsstand eröffnen und macht selbst die Vergangenheit nicht zugänglich wie Hans von Holdt oder Klara Joachimsmeier. Eine alte

Schiffskajüte in seinem Keller hat der Maschinist allein für sich und seine Erinnerungen aus Strandgut und Wrackteilen zusammengesetzt. Unter den Bullaugen dieser Kajüte sitzt er an vielen Nachmittagen, blättert in verjährten Journalen und Karten und betrachtet seine Aufnahmen von Palmenpromenaden und Klippen, während im Erdgeschoß über ihm seine Frau, die ehemalige Posthalterin und Funkerin von Hooge, Hemden bügelt.

Einmal im Monat versammeln sich im *Café Seehund* auf der Hanswarft die drei christdemokratischen und vier sozialdemokratischen Gemeindevertreter vor den Bürgern von Hooge, um dort die nächste Zukunft der Hallig öffentlich zu besprechen, Klagen zu hören oder Beschlüsse zu fassen. Theodor Adolf Mextorf war lange nicht mehr im *Seehund* und ist mit der Gemeindeversammlung dort eigentlich nur in einem wichtigen Punkt gleicher Meinung: Die Landesregierung in Kiel möge den Halligleuten und der gesamten Küste Nordfrieslands mit ihren Gesetzen und Phantasien über den rechten Naturschutz vom Halse bleiben. Denn was tut diese Regierung an der Ostseeküste, in Kiel!, wo man die großen Gezeitenströme nur vom Hörensagen kennt? Beschließt sie etwa ein Verbot der Bombardierung des Watts und all dieser idiotischen Schießübungen der Armee in der Meldorfer Bucht? Oder verbietet sie die Ölbohrung und die Tankerreinigung auf See oder auch nur die

Dünnsäureverklappung, die zwanzig Seemeilen vor Hooge das Meerwasser zur Giftbrühe macht? Einen Teufel tut diese Regierung. Nichts davon ist verboten. Alles ist erlaubt. Um aber über diese Sauereien hinwegzulügen, erklären die Kieler nun das Wattenmeer zum *Nationalpark* und beschließen eine Litanei unsinniger Vorschriften, ein Gesetz, das weite Küstenstriche in *Tabuzonen* verwandelt und den Hoogern verbietet, die Außensände, die Seehundbänke und viele Wattflächen auch nur zu betreten. Ja verflucht, wohin sollen wir denn gehen, fragt man im *Café Seehund*, wohin, wenn nicht ins Watt?

Paragraphen! Als ob das Land und die Sände durch Paragraphen zu schützen wären. Ohne unsere Deiche, ohne unsere Buhnen und Lahnungen, heißt es im *Café Seehund*, gäbe es hier schon längst nichts mehr zu schützen. Und wie soll denn überhaupt etwas tabu werden, was ohnedies von der Brandung zerschlagen und von den Gezeitenströmen in die freie See verfrachtet wird? Die Außensände verlagern sich doch in jeder Sturmflut zehn Meter und mehr von West nach Ost; der Japsand driftet auf Hooge zu und wird die Hallig noch innerhalb der nächsten fünf, sechs Jahrzehnte erreichen; der Norderoogsand driftet auf die Vogelinsel Norderoog zu, wird dort auflaufen, wird die Insel ersticken und weiterwandern und schließlich in den immer tiefer und breiter werdenden Prielen verschwinden. Noch vor zwanzig Jahren konnte Paul Hermann von Holdt nur mit einem Plattbodenfahrzeug von höchstens siebzig Zentimetern Tiefgang zum Krabbenfang; jetzt erlauben ihm die Meeresverhältnisse einen siebenunddreißig Tonnen großen Baumkurrkutter, der fast zwei Meter tief im Wasser liegt. Und die Priele um Hooge vertiefen und verästeln sich weiter, verbinden sich miteinander und werden den Wattsockel der Hallig endlich umspülen wie das Wasser eines Burggrabens die Burg. Aber die Priele werden die Hallig nicht schützen, sondern ihr Fundament abtragen, geduldig, Schicht um Schicht.

Wir sind Halligleute, sagen die Hooger, wir kennen das Meer und gehen mit ihm um, wie man mit einem Meer umgehen muß. Wir brauchen keine Tabuzonen, sondern Leitdämme und Deiche, und wir brauchen auch keine menschenleeren Vogelparadiese, sondern Abschußgenehmigungen, bevor uns die von Jahr zu Jahr größer werdenden Ringelgansschwärme mit ihrem Kot noch die letzten Weiden verbrennen.

Die Deutschen sind ein seltsames Volk, sagt der Erste Maschinist Theodor Adolf Mextorf zum Bullauge seiner Kellerkajüte hinaus, ein sehr seltsames Volk. Noch vor ein paar Jahrzehnten haben sie ganze Kulturen zugrunde gerichtet und Millionen Menschen verschleppt und erschlagen und wohin sie auch kamen, nur vernichtet und verwüstet. Und jetzt? Jetzt träumen sie von einer stillen, menschenleeren Natur und errichten um jeden verseuchten Seehund, um jeden Borstenwurm ein Gesetz.

Dem Hufschmied und Kirchenrechnungsführer Johannes Hansen ist es nun gleich, daß er die Seehundbänke in der Weite vor seinen Fenstern nicht mehr betreten wird. Er hat sich das Andenken der Tiere ja in Bernstein bewahrt. Johannes Hansen fragt sich und andere auch nicht mehr, ob die Hallig im Meer verschwinden, unter dem Getrampel der Sommergäste zugrunde gehen oder sich bis zur Unkenntlichkeit weiterentwickeln wird. Wie es ist, ist es gut.

Auf Hansens Tisch liegt neben der Heiligen Schrift ein in Ochsengallepapier geschlagenes, handgeschriebenes Buch. Das ist die Geschichte von Hooge. Hansen hat sie aus den Büchern des Kirchspiels abgeschrieben, Jahrhundert für Jahrhundert, bis ihm die Schrift undeutlich wurde und seine Frau weiterschrieb. Und doch kamen beide nicht bis in die Gegenwart. Über der Abschrift der Verlustlisten des Sturmflutjahres 1825 starb die Frau. Seit neun Jahren lebt Hansen allein. Jeden Tag um die Mittagszeit erhebt er sich von seinem Tisch und geht in das Schlafzimmer. Sein Bett steht an der Wand links vom Fenster. An der gegenüberliegenden Wand steht das Bett seiner Frau, das er mit einem wollenen Überwurf für immer zugedeckt hat. Um die Mittagszeit ist es in diesem Zimmer auch bei stürmischem Wetter sehr hell. Ohne sich zu entkleiden, liegt Johannes Hansen auf seinem Bett, jeden Tag eine Stunde lang, oft ohne zu schlafen und ohne auch nur die Augen zu schließen, ein Mann, der zeitlebens schmal geblieben und im Alter beinahe wieder zart geworden ist.

(1985)

Fernando Pessoa

O Lissabon, du meine Heimstatt

Der Dichter als Flaneur

Welch wollüstig […], übersinnliches Vergnügen, bisweilen nachts durch die Straßen der Stadt zu streifen und von meiner Seele aus die Häuserzeilen zu betrachten, die unterschiedlichen Bauwerke, die architektonischen Details, das Licht in Fenstern, die Blumentöpfe, die jeden Balkon anders erscheinen lassen – welch unmittelbare, große Freude empfinde ich, wenn beim Anblick all dessen über die Lippen meines Bewusstseins der erlösende Schrei kommt: Nichts, nichts von alledem ist wirklich!

*

Ziellos durchstreife ich die ruhigen Straßen, gehe, bis mein Körper müde ist wie meine Seele, bis mich jener äußerste, vertraute Schmerz schmerzt, der es

genießt, dass man ihn spürt, sich selbst bemitleidet,
unbestimmbar mütterlich, melodisch.

*

Ah, die ersten Minuten in den Cafés unbekannter
    Städte!
Das Ankommen frühmorgens an Kais oder Bahnhö-
    fen
Erfüllt von einer ruhigen, klaren Stille!
Die ersten Passanten in den Straßen der Ankunfts-
    städte …
Und der besondere Klang des Verrinnens der Stunden
    während der Reise …
Die Busse, die Elektrischen oder Automobile …
Der ungewohnte Anblick der Straßen unbekannter
    Orte …
Der Friede, den sie ausstrahlen für unseren Schmerz …
Das fröhliche Getümmel für unsere Traurigkeit
Die fehlende Monotonie für unser müdes Herz! …
Die Plätze klar umrissen quadratisch und groß,
Die Straßen mit ihren am Ende zusammenlaufenden
    Häuserreihen,
Die unerwartet reizvollen Seitenstraßen,
Und durch all dies hindurch, wie etwas Flutendes, das
    nie über die Ufer tritt,
Bewegung, Bewegung,

Etwas Schnelles, Menschliches, Buntes, das vorübergeht und bleibt …

Die Häfen mit ihren reglosen Schiffen,
Allzu reglosen Schiffen,
Umringt von kleinen Booten, in Warteposition …

*

Ich liebe den Tejo, weil eine große Stadt an seinem Ufer
liegt. Ich genieße den Himmel, weil ich ihn von dem
vierten Stockwerk einer Straße der Unterstadt aus sehe.
Nichts können Landleben oder Natur mir geben, das
der unebenmäßigen Erhabenheit der stillen Stadt im
Mondlicht, von Graça oder São Pedro de Alcântara aus
gesehen, gleichkäme. Und kein Blumenstrauß hat für
mich je die farbige Vielfalt Lissabons im Sonnenlicht.

*

Was ist reisen, und wozu dient es? Jeder Sonnenuntergang ist ein Sonnenuntergang, um ihn zu sehen,
muss man nicht nach Konstantinopel. Und das Gefühl
der Befreiung, das vom Reisen ausgeht? Das kann ich
ebenso haben, wenn ich von Lissabon nach Benfica, in
die Vorstadt, fahre, und zwar sehr viel intensiver als
einer, der von Lissabon nach China reist, denn ist die
Befreiung nicht in mir, erlange ich sie nirgendwo.

*

Hohe Hügel der Stadt! Große Baukunst, steile Hänge,
die sie festhalten und noch größer machen, bunte Zu-
sammenballung stufenförmig ansteigender Gebäude,
die das Licht aus Schatten und Bränden webt – ihr
seid heute, ihr seid ich, weil ich euch sehe, ihr seid
morgen, was [ich sein werde?], und ich liebe euch, an
der Reling stehend, als kreuzten einander zwei Schiffe
und hinterließen eine ungekannte Sehnsucht.

*

Habe ich viele Träume geschlafen, laufe ich offenen
Auges, doch noch immer in ihrem Bannkreis und ihrer
Sicherheit, durch die Straßen. Ich staune, wie ich au-
tomatisch einen Fuß vor den anderen setze und mich
keiner erkennt. Denn ich gehe durchs Alltagsleben fest
an der Hand meiner Astral-Amme, und meine Schritte
auf der Straße fallen und hallen zusammen mit den
unergründlichen Absichten meiner Schlafphantasie.
Und doch gehe ich sicher, strauchle nicht, reagiere
richtig, existiere.

*

He da, ihr Straßen, he da, ihr Plätze, he da ho, *la foule!*
Alles, was vorübergeht, alles, was stehen bleibt vor den
  Schaufenstern!

Kaufleute, Müßiggänger, übertrieben gut gekleidete
  Hochstapler,
Klar erkennbare Mitglieder aristokratischer Clubs,
Abgerissene zwielichtige Gestalten; Familienober-
  häupter, annähernd glücklich
Und väterlich bis zur goldenen Kette, die sich über
  ihrer Weste spannt
Von Tasche zu Tasche!
Alles, was vorübergeht, alles, was vorübergeht und nie
  vorübergeht!
Allzu auffällige Gegenwart der Kokotten,
Reizvolle Durchschnittlichkeit (wer weiß, was sich
  dahinter verbirgt?)
Der Bürgersfrauen, meist Mutter und Tochter,
Die zielstrebig durch die Straßen gehen,
Die falsche weibliche Anmut der vorüberschlendern-
  den Päderasten,
Und all die nur eleganten Leute, die promenieren und
  sich zeigen
Und alles in allem eine Seele haben im Innern!

(Ach, wie gern wär ich *souteneur* von alledem!)

*

Ach, dass ich nicht alle Menschen bin und von allem
Teil!

Wahrhaft weise ist, wer die Kraft zur Höhe in den Muskeln hat und in seiner Einsicht den Aufstieg ablehnt. Mit seinem Blick besitzt er alle Berge, mit seiner Position alle Täler. Die auf den Gipfeln goldene Sonne wird für ihn noch goldener sein als für den, der ihr in der Höhe ausgesetzt ist; und das hohe Schloss im Wald ist schöner für den, der es vom Tal aus betrachtet, als für den, der es in den Sälen, die ihm zum Gefängnis werden, vergisst.

Mit diesen Gedanken tröste ich mich, da ich mich nicht mit dem Leben trösten kann. Und das Sinnbild verschmilzt mit der Wirklichkeit, wenn ich, mit Leib und Seele Flaneur in diesen Straßen der Unterstadt zum Tejo hin, die hellen Höhen Lissabons wie fremden Ruhm erstrahlen sehe, im vielfältigen Licht einer Sonne, die bereits nicht mehr untergeht.

*

Und nur ein Weg führt zum Leben, das Leben …

*

Nach all den Regentagen holt der Himmel erneut sein Blau zurück aus dem Versteck in die hohen weiten Räume. Zwischen den Straßen, auf denen Pfützen schlafen wie ländliche Tümpel, und der klaren, kühlen Heiterkeit in den Lüften herrscht ein Gegensatz, der die schmutzigen Straßen angenehm und den winterlich banalen Himmel frühlingshaft erscheinen lässt. Es ist Sonntag, und ich habe nichts zu tun. Selbst das Träumen lockt mich nicht, so schön ist der Tag. Ich genieße ihn aufrichtig und mit all meinen Sinnen, denen sich mein Verstand ergibt. Ich gehe spazieren wie ein befreiter Kassierer. Ich fühle mich alt, nur um mich freudig jünger werden zu fühlen.

*

Mein Bewusstsein von dieser Stadt ist im Innersten mein Bewusstsein von mir selbst.

Mit einem Mal erinnere ich mich an meine Kindheit, als ich den Morgen über der Stadt aufgehen sah, wie ich ihn heute nicht mehr sehen kann. Damals ging er nicht für mich auf, sondern für das Leben, denn damals war ich, da ich nicht bewusst lebte, das Leben. Ich sah den Morgen und freute mich; heute sehe ich den Morgen, freue mich und werde traurig. Das Kind ist geblieben, aber es ist verstummt. Ich sehe noch immer, wie ich gesehen habe, aber hinter den Augen sehe ich mich sehen; das allein genügt, und die Sonne verschattet sich mir, das Grün der Bäume altert, und die Blumen welken, noch bevor sie erblühen. Ja, früher einmal war ich hier zu Hause; heute stehe ich vor jeder Landschaft, so neu sie für mich auch sein mag, als Fremdling, als Gast und Pilger, allem fremd, was ich höre und sehe, alt an mir selbst.

Weise ist, wer seine Existenz eintönig gestaltet, dann nämlich besitzt jeder kleine Zwischenfall das Privileg eines Wunders. Der Löwenjäger erlebt kein Abenteuer über den dritten Löwen hinaus. Für meinen eintönigen Koch hat eine Ohrfeigenszene auf der Straße immer noch etwas von einer bescheidenen Apokalypse.

Wer nie aus Lissabon herausgekommen ist, fährt mit der Straßenbahn in den Vorort Benfica, schier in die Unendlichkeit, und wenn er eines Tages nach Sintra fährt, meint er, er sei bis zum Mars gereist. Der Reisende, der die ganze Erde durcheilt hat, findet nach 5000 Meilen nichts Neues mehr, denn er kann nur neue Dinge finden; Neues und wieder Neues, Altes im ewig Neuen, denn der abstrakte Begriff der Neuheit ist schon bei der nächsten Neuheit im Meer zurückgeblieben.

Ein Mensch kann, wenn er denn wirklich weise ist, das gesamte Schauspiel der Welt von einem Stuhl aus genießen, ohne lesen zu können, ohne mit jemandem zu reden, nur seine Sinne gebrauchend und mit einer Seele begabt, die nicht traurig zu sein versteht.

*

Dass ich kein römischer Kaiser geworden bin, kann mich nicht sonderlich kümmern, wohl aber kann es mir überaus leidtun, nie auch nur ein Wort an die

Näherin gerichtet zu haben, die immer gegen neun um die rechte Straßenecke biegt.

*

Der schwarze Himmel tief im Süden des Tejo stand in finsterem Kontrast zu den lebhaft weißen Schwingen der rastlos umherfliegenden Möwen. Der Tag jedoch sah nicht mehr nach Gewitter aus. Die gesamte Masse des drohenden Regens war auf die andere Flussseite abgezogen, und die Unterstadt, noch von dem wenigen Regen feucht, lächelte vom Boden bis zum Himmel, der im Norden noch etwas blässlich zu bläuen begann. Die Frühlingsfrische strahlte leichte Kühle aus. (…)

Die Trostlosigkeit rührt von einem leblos grauen Himmel; hier und dort zerfetzen ihn Wolken, noch schwärzer als die Farbe des Himmels. Ich spüre keinen Wind, doch ist er da, und die gegenüberliegende Flussseite wirkt wie eine lange Insel, hinter der man – großer, verlassener Tejo! – das wahre andere Ufer konturlos in der Ferne erblickt. (…)

Und plötzlich spüre ich hier die Kälte von dort. Sie berührt meinen Körper, steigt auf aus meinen Knochen. Ich atme tief und erwache. Der Mann, der meinen Weg unter den Arkaden neben der Börse kreuzt, schaut mich mit dem Misstrauen eines Menschen an, der nichts zu erklären vermag. Der schwarze Himmel zog

188

sich zusammen und senkte sich noch tiefer über das südliche Ufer.

*

Alle Menschen sind interessant, wenn die Menschen
  es verstehen, alle Menschen zu sehen.
Welches Meisterwerk für einen möglichen Maler, in
  jedem Gesicht, das existiert!
Welch vielfältiger Ausdruck in allen, in allem!
Welch wundervolle Profile alle Profile!
Von vorn gesehen, was für ein Gesicht jedes Gesicht!
Die menschlichen Gesten eines Jeden, wie menschlich!

*

Ungewiss und schweigend breitet sich die Stadt vor meinen sehnsüchtigen Augen aus.

Die Häuser, alle verschieden, bilden eine in sich ruhende Masse, ein regloses Auf und Ab im Perlmutt des ungewiss gefleckten Mondlichts. Dächer und Schatten, Fenster und Mittelalter. Für Vororte kein Platz. Auf allem Sichtbaren liegt ein Hauch von Ferne. Über mir die schwarzen Äste von Bäumen, und in meinem entmutigten Herzen der Schlaf der ganzen Stadt. Lissabon im Mondlicht, und müde schon mein Morgen!

Was für eine Nacht! Wer auch immer Urheber der kleinen Dinge dieser Welt war, es hat ihm gefallen, dass die angenehmste Befindlichkeit, die schönste Melodie für mich dieser verlorene Moment im Mondlicht ist, in dem ich mich kennend nicht wiedererkenne.

Kein Lufthauch, kein Mensch unterbricht, was ich nicht denke. Ich bin so müde, wie ich munter bin. Nur meine Augenlider fühlen sich an, als mache sie etwas schwer. Ich höre mich atmen. Schlafe ich, oder bin ich wach?

Meine Füße heimwärts zu bewegen ist ein bleischweres Unterfangen meiner Sinne. Die Süße des Verlöschens, die Blume, Geschenk des Nutzlosen, mein nie ausgesprochener Name, meine Unruhe zwischen Ufern, das Privileg überlassener Pflichten und, hinter der letzten Biegung des uralten Parkes, wie ein Rosengarten das andere Jahrhundert.

*

Ich betrat wie gewohnt das Friseurgeschäft, glücklich, so leicht und ungehemmt mir bekannte Häuser betreten zu können. Meine Scheu vor Neuem ist beängstigend: Ruhig bin ich nur, wo ich schon gewesen bin.

Während ich mich in den Stuhl setzte, fragte ich beiläufig den jungen Friseur, der mir einen kühlen, sauberen Frisiermantel um die Schultern legte, wie es seinem Kollegen vom benachbarten rechten Stuhl ginge, einem älteren, witzigen Menschen, der krank war. Ich fragte nicht, weil ich mich dazu verpflichtet fühlte, sondern weil Ort und Erinnerung dazu einluden. »Er ist gestern gestorben«, erwiderte tonlos die Stimme, die hinter dem Frisiermantel und mir stand, während sich ihre Finger von dem Tuch zwischen meinem Nacken und meinem Kragen lösten. Meine ganze unvernünftig gute Laune war dahin wie der für immer abwesende Friseur des benachbarten Stuhls. Es wurde kalt in all meinen Gedanken. Ich sagte kein Wort.

Sehnsucht! Ich verspüre sie sogar nach dem, was mir nichts bedeutet hat, aus Angst vor der vergehenden Zeit und dank einer Krankheit, die Geheimnis des Lebens heißt. Wenn ich die gewohnten Gesichter aus meinen gewohnten Straßen nicht mehr sehe, werde ich betrübt; und doch haben sie mir nichts bedeutet; sie waren nur ein Symbol des Lebens für mich.

Der langweilige Alte mit den schmutzigen Gamaschen, der häufig morgens gegen halb zehn meinen Weg kreuzte? Der hinkende Losverkäufer, der mir vergeblich auf die Nerven ging? Der rundliche Alte mit der frischen Gesichtsfarbe und der Zigarre an der Tür des Tabakladens? Der blasse Inhaber des Tabakladens? Was ist aus ihnen allen geworden, die, weil ich sie regelmäßig sah, einen Teil meines Lebens ausmachten? Morgen werde auch ich aus der Rua da Prata, aus der Rua dos Douradores, aus der Rua dos Fanqueiros verschwinden. Morgen werde auch ich diese denkende, fühlende Seele, dieses Universum, das ich für mich bin –, ja, morgen werde ich derjenige

sein, der nicht mehr durch diese Straßen geht, und
andere werden mich mit einem: »Was ist wohl aus ihm
geworden?« aus der Vergessenheit zurückrufen. Und
alles, was ich tue, alles, was ich fühle, alles, was ich
erlebe, wird nicht mehr sein als ein Passant weniger im
Alltag der Straßen irgendeiner Stadt.

*

Erwachen der Stadt Lissabon, später als andere Städte,
Erwachen der Rua do Ouro,
Erwachen des Rossio, vor den Türen der Kaffeehäuser,
Erwachen,
Und inmitten von allem der Bahnhof, der Bahnhof, der
    niemals schläft,
Wie ein Herz, das schlagen muss im Wachen wie im
    Schlaf.

Jeder Morgen, der klart, klart stets am gleichen Ort,
Es gibt keine Morgen über Städten oder Morgen über
    dem Land,
Wenn der Tag anbricht, wenn das Licht sich flirrend
    erhebt,
Sind alle Orte der gleiche Ort, alle Länder das gleiche
    Land,
Und die von allem aufsteigende Frische ist ewig und
    allen Orten gemein
Und □

Spiritualität entstanden aus unserem Fleisch,
Erleichterung zu leben, woran unser Leib teilhat,
Begeisterung für den neuen Tag, Freude über das, was
   sich an Gutem ergeben kann,
Sind die Empfindungen, die sich einstellen, wenn wir
   die Morgendämmerung betrachten,
Gleich ob sie sanft herrscht über die Berggipfel,
Langsam eindringt in die ost-westlich verlaufenden
   Straßen der Städte,
Oder □

Die leise weinende Frau
Inmitten der Hoch rufenden Menge …
Der Straßenverkäufer mit seinem ausgefallenen Lock-
   ruf,
Einzigartig für den, der ihn wahrnimmt …
Der einsame Erzengel, Skulptur einer Kathedrale,
Die vor den offenen Armen Pans fliehende Syrinx,
All dies strebt der gleichen Mitte zu,
Sucht sich zu finden und eins zu werden
In meiner Seele.

Ich vergöttere alle Dinge,
Und mein Herz ist eine Herberge, offen die ganze
   Nacht.
Am Leben habe ich ein gieriges Interesse,
Das sucht, es fiebrig fühlend zu verstehen.
Ich liebe alles, belebe alles, vermenschliche alles,

Menschen und Maschinen, Steine und Seelen,
Um auf diese Weise mein Ich zu mehren.
Um mir selbst immer mehr zu gehören, gehöre ich
    allem an,
Und am liebsten trüge ich die Welt auf dem Arm,
Wie ein Kind, das die Amme küsst.

Ich liebe alle Dinge, die einen mehr als die anderen –
Keines jedoch mehr als das andere, wohl aber stets die
    mehr, die ich gerade sehe,
Als die, die ich gesehen habe oder sehen werde.
Nichts ist für mich so schön wie Bewegung und Wahr-
    nehmung.
Das Leben ist ein großer Jahrmarkt voller Buden und
    Gaukler.
Denke ich daran, bin ich gerührt, doch Ruhe finde ich
    nie.

Gib mir Lilien, Lilien
Und Rosen ebenso.

Die Milde der nächtlichen Flamme in fernen Häusern,
Die Heime der anderen, nur mehr menschliche Sterne
    in der Nacht,
Das grenzenlose Glück, andere von fern zu sehen.

Nicht auf den weiten Feldern oder in den großen Gärten sehe ich den Frühling kommen. Sondern auf den wenigen armseligen Bäumen eines kleinen städtischen Platzes. Dort hebt sich das Grün ab wie ein Geschenk und ist heiter wie eine rechte Traurigkeit.

Ich liebe diese einsamen Plätze, die sich zwischen Straßen mit geringem Verkehr schieben und selbst noch verkehrsärmer als diese Straßen sind. Es sind nutzlose Lichtungen, Dinge im Zustand der Erwartung, zwischen fernen Tumulten. Sie sind Dorf in der Stadt.

Ich überquere einen dieser Plätze, gehe eine der in ihn mündenden Straßen hoch und wieder hinunter, zurück zu ihm. Von der gegenüberliegenden Seite aus betrachtet, ist der Platz ein anderer, doch der gleiche Friede vergoldet mit plötzlicher Sehnsucht – in der untergehenden Sonne – die Seite, die ich zunächst nicht wahrgenommen hatte.

Alles ist unnütz, und ich empfinde es so. Was ich erlebt habe, ist mir entfallen, als hätte ich nur zerstreut davon gehört. Was ich sein werde, ruft nichts in mir wach, als hätte ich es bereits erlebt und wieder vergessen.

Ein Sonnenuntergang leichten Kummers umflort mich vage. Alles wird kühler, doch nicht, weil es abkühlte, nein, ich bin in eine enge Straße gebogen, und der Platz liegt hinter mir.

Wirbel, Strudel in der fließenden Flüchtigkeit des Lebens! Auf dem großen Platz im Zentrum der Stadt strömt das Wasser der Menge in mäßiger Buntheit dahin, beschreibt Kurven, bildet Lachen, öffnet sich zu Bächen, vereinigt sich zu Flüssen. Meine Augen nehmen zerstreut wahr, und ich entwerfe in mir dieses aquatische Bild, das, besser als jedes andere, zumal ich dachte, es würde bald regnen, dieser unbestimmten Bewegung entspricht.

(…)

Um die Mitten *[sic]* des Platzes knirschen und bimmeln die Elektrischen wie große, gelbe Streichholzschachteln auf Rädern, in die ein Kind ein abgebranntes Streichholz schräg als Mast gesteckt hat; sie setzen sich mit lautem metallischem Pfeifen in Bewegung. Rings um die Statue in der Mitte nehmen sich die Tauben wie schwarze Brosamen aus, wirbeln durcheinander, als sei ein Windstoß zwischen sie gefahren. Dicke Geschöpfe auf kleinen Trippelfüßen.

Und Schatten sind sie, Schatten …

*

Seit dem frühen Morgen und entgegen der sonnigen Gewohnheit dieser hellen Stadt hatte der Nebel die Häuserreihen, die aufgehobenen Räume, die Unebenheiten von Boden und Gebäuden in einen leichten Mantel gehüllt, den die Sonne nach und nach vergoldete. Doch je näher die hohe Mittagsstunde kam, desto mehr löste sich der nachgiebige Nebel auf und wich unwägbar in hauchdünnen Schattenschleiern. Gegen zehn Uhr vormittags verriet nur noch das zarte, zögerliche Erblauen des Himmels, dass es neblig gewesen war.

Kaum verrutschte die verbergende Maske, erwachte das Gesicht der Stadt zu neuem Leben. Wie durch ein geöffnetes Fenster brach der bereits angebrochene Tag an. In den Geräuschen vollzog sich eine leichte Veränderung. Neue Geräusche kamen hinzu. Ein blauer Farbton schlich sich aufs Straßenpflaster und in die unpersönliche Aura der Passanten. Die Sonne wärmte, doch war ihre Wärme noch feucht, unsichtbar gefiltert von dem schon nicht mehr vorhandenen Nebel.

Das Erwachen einer Stadt – mit oder ohne Nebel – bewegt mich weit mehr als das anbrechende Morgenrot über Feldern. Es ist sehr viel mehr als ein Erwachen, es ist sehr viel mehr zu erwarten, wenn die Sonne – statt die Gräser, die Konturen der Sträucher, die offenen Flächen der Blätter nur mit ihrem anfangs noch diffusen, dann feuchten und zu guter Letzt leuchtenden Licht zu vergolden – ihre möglichen Effekte auf den Fensterscheiben spielen lässt, sich darin vielfach bricht, Mauern bunt bemalt, Dächer in die verschiedensten Farbtöne taucht und den Morgen groß macht und so anders als so viele andere Wirklichkeiten. Das Morgenrot auf dem Land tut mir wohl; das Morgenrot in der Stadt tut mir wohl und nicht wohl und daher mehr als nur wohl. Ja, denn die größere Hoffnung, die es in mir weckt, hat wie alle Hoffnung jenen leicht bitteren, wehmütigen Beigeschmack, nicht Wirklichkeit zu sein. Der Morgen auf dem Land existiert; der Morgen in der Stadt verheißt. Der eine lässt leben; der andere denken. Und wie alle großen Verfluchten werde ich immer fühlen, dass denken mehr wert ist als leben.

*

Lissabon mit seinen Häusern,
Ihrer Farbenvielfalt,
Lissabon mit seinen Häusern,
Ihrer Farbenvielfalt,
Lissabon mit seinen Häusern,
Ihrer Farbenvielfalt …
Monoton in seiner Buntheit,
So wie mein vieles Fühlen nur Denken provoziert.

Wenn ich mir, nachts im Bett, doch wach,
In der unnützen Geistesklarheit des Nicht-schlafen-
   Könnens,
Etwas vorstellen möchte
Und immer wieder etwas anderes aufscheint (weil
   Müdigkeit mich übermannt,
Und mit der Müdigkeit auch ein wenig Traum),
Möchte ich den Blick meiner Vorstellung erweitern

Durch ausgedehnte traumhafte Palmenhaine,
Doch sehe ich,
Auf einer Art Innenseite meiner Lider,
Nur Lissabon mit seinen Häusern,
Ihrer Farbenvielfalt.

Ich lächle, denn hier, im Liegen, ist es anders.
Durch seine Monotonie wirkt es bunt.
Und da ich ich bin, schlafe ich ein und vergesse, dass
    ich existiere.
Es bleibt nur, ohne mich, der ich es vergessen habe, da
    ich schlafe,
Lissabon mit seinen Häusern,
Ihrer Farbenvielfalt.

*

Daniel Speck

Bella Germania

1

Unser Leben gehört uns nicht allein. Dieses Haus, das wir unser Ich nennen, ist bewohnt von denen, die vor uns kamen.
Ihre Spuren sind in unsere Seelen eingraviert.
Erst ihre Geschichten machen uns zu dem, was wir sind.

Julia

Er sagte, er sei mein Großvater. Wenn er mir seine Geschichte erzählen dürfe, würde ich ihm glauben. Er bat mich so eindringlich, ihm zuzuhören, als hinge sein Leben davon ab. Und als er mir die Geschichte dann erzählte, begriff ich, dass in Wahrheit *mein* Leben davon abhing.

Aber das wusste ich noch nicht, als er plötzlich vor mir stand, ein schöner alter Mann, ein Fremder, der mich ansah, als hätte er mich schon immer gekannt. Es war Frühling, ich war in Mailand, und er weckte mich aus einem Traum auf – nur dass dieser Traum die Wirklichkeit war, die ich bisher für mein Leben gehalten hatte.

Kleider machen Leute. Ich mache Kleider. Ich gebe Menschen eine zweite Haut, verwandle, verhülle oder entpuppe das, was sie ihr Ich nennen, sehe dabei zu, wie sie ins Licht treten und sich den Blicken der anderen aussetzen, während ich selbst im Verborgenen bleibe. Mein Reich ist das Atelier, der Zauber des Möglichen, Stoff in meinen Händen, der sich aus Fläche zu Raum entfaltet, aus der Skizze zur lebendigen Skulptur. Stoffe haben Persönlichkeit, sie erzählen mir etwas über den Menschen, der sie trägt. Seide spricht eine andere Sprache als Wolle, Leinen sucht eine andere Form als Samt. Kleider leben, sind keine tote Form; sie bewegen sich, verändern sich, verändern ihre Träger. Wenn ich ein Kleidungsstück entwerfe, sehe ich die Menschen nicht nur als das, was sie sind, sondern als das, was sie werden könnten.

Seit ich ein Kind war, wollte ich nie etwas anderes machen. Und es gibt kein größeres Glück, als das zu tun, was man liebt. Aber Talent genügt nicht. Mode ist zur Hälfte Kunst und zur Hälfte harte Arbeit. Was nach außen aussieht wie Selbstverwirklichung, verlangt in Wahrheit viel Selbstverleugnung. Es ist ein Leben für die Schönheit der anderen. Man zahlt immer einen Preis. Mein Traum von einem eigenen Modelabel war purer Größenwahn oder, schlimmer noch, blutige Naivität. Die meisten meiner Kommilitonen auf der Londoner Modeakademie hatten sich mit ihrem Dasein als Angestellte arrangiert, wenn sie überhaupt noch in der Branche arbeiteten. Sie beneideten und bewunderten mein kleines eigenes Label, aber niemand kannte meine Albträume, aus denen ich nachts aufwachte, die Existenzängste, die Panik, es nicht zu schaffen und auf hohem Niveau zu scheitern.

Ich war jetzt sechsunddreißig, aber ich fühlte mich genauso wenig angekommen wie mit sechsundzwanzig. Die großen Ziele, für die man seine »besten Jahre« opferte, lagen immer noch vor mir. Was nach außen glamourös klang, war in Wahrheit ein Nomadenleben aus dem Koffer, ein Tingeln durch den Messezirkus, getrieben von chronischen Schulden und dem sturen Glauben, dass Talent sich durchsetzen würde in einer Welt, die nicht auf mich gewartet hatte.

Mein Geschäftspartner Robin war der einzige Mensch, der vorbehaltlos an mich glaubte. Er war acht Jahre älter als ich, ein Fels in der Brandung, schon einmal spektakulär pleitegegangen und ebenso spektakulär wiederauferstanden. Robin hatte alles, was ich nicht hatte: Eltern mit Geld, unerschütterliches Selbstvertrauen, immer einen witzigen Spruch auf den Lippen. Und er brachte etwas mit, ohne das es heute keiner mehr schafft: einen zinslosen Kredit seiner Eltern.

Er kümmerte sich ums Geschäft, ich ums Kreative. Unsere Firma war unsere Familie, die Kleider unsere Kinder. Wir waren zwei Besessene, die Versicherung füreinander, dass wir mit unseren verrückten Träumen nicht alleine waren. Wir teilten die durchwachten Nächte, die Hoffnungen und Enttäuschungen, den Traum vom großen Durchbruch. Alles – außer das Bett. Wir waren beide klug genug, unser Start-up dadurch nicht aufs Spiel zu setzen. Denn wenn es eine Konstante in meinem Leben gab, dann die: Auf mein Handwerk konnte ich mich immer verlassen, auf die Männer weniger.

Die Tage und Nächte in unserem Münchner Hinterhofatelier waren kein inniges Miteinander, sondern ein Ineinandergreifen von genau getakteten Arbeitsabläufen. Es gab keine Konkurrenz zwischen uns, sondern eine produktive Symbiose. Wir fieberten dem Durchbruch entgegen, ohne je zu hinterfragen, was das eigentlich war: der Durchbruch. In Wahrheit gab es nur eine Aneinanderreihung von Erfolgen und Rückschlägen. Der Durchbruch stand irgendwie immer kurz bevor und kam doch nie wirklich. Wie Tunnelarbeiter wühlten wir uns tagtäglich durch die Erde und nahmen alles in Kauf, im Glauben daran, dass wir eines Tages Licht sehen würden.

Und jetzt war es so weit. Wir hatten zum ersten Mal einen Auftritt auf der Mailänder Fashion Week, vor internationalem Publikum, zusammen mit fünfzehn anderen jungen Designern. Es gab einen Preis zu gewinnen, ohne Preisgeld zwar, aber der Gewinner würde ein Jahr lang einen Sponsor bekommen, der die Marke aufbauen und vermarkten würde – eine italienische Holding, der große Labels gehörten, mit Weltvertrieb und unbezahlbaren Kontakten. Alles, wofür wir in den letzten Jahren gekämpft hatten, könnte sich jetzt endlich auszahlen.

Wochenlang hatten wir wie besessen an der neuen Kollektion gearbeitet, die anders sein sollte als alles, was wir bisher gemacht hatten. Ein Potpourri aus verschiedensten Materialien, Farben und Epochen. Wochenlang lebten wir in einem kreativen Rausch mit kaum Schlaf und viel Kaffee, nur das Ziel vor Augen. Mailand war kein Heimspiel wie München oder Berlin. Alles war eine Nummer größer – die Hallen, die Labels, die Einkäufer. Hier war das Licht greller, der Aufstieg steiler und der Fall tiefer. Die anderen fünfzehn waren verdammt gut, und in unserer Halle kochte die Luft wie auf einem mittelalterlichen Marktplatz. Aber alle lächelten.

Es ging schief, was schiefgehen konnte. Noch Sekunden vor der Show steckte ich hinter der Bühne die Hosen ab, korrigierte Nähte, änderte das Make-up und stach mir mit der Nadel in den Finger. Im selben Augenblick öffnete sich der Vorhang. Die Models schalteten ihr Gesicht an und gingen auf den Catwalk. Das ist der Moment, in dem du mit rasendem Puls hinten im Dunkeln stehst, den Atem anhältst, nicht sehen kannst, was vorn passiert, und nichts hörst außer der Musik, dem Klicken der Kameras und deinem eigenen Herzschlag. Die Reaktion in den Gesichtern des Publikums siehst du nicht. Und du kannst nichts mehr tun. Was du monatelang im Verborgenen hast wachsen lassen, ist nun dem unbarmherzigen öffentlichen Auge preisgegeben. Jetzt fiel das Urteil, es gab keine Möglichkeiten mehr, etwas zu ändern, nur noch Triumph oder Niederlage.

Robin und ich sahen uns an. Im schwachen Licht schien sein fiebriges Gesicht auf, während sein Körper im schwarzen Rollkragenpulli vor dem schwarzen Hintergrund verschwand. Wir waren zu Gespenstern geworden. Wir versuchten, die Reaktionen des Publikums zu hören, aber nichts drang zu uns durch, weder Staunen noch Ablehnung. Dann kamen die ersten Models zurück, und wir stürzten uns auf sie, um in Sekundenschnelle die Outfits zu wechseln. Andere Designer arbeiteten mit mehr Models, uns fehlte das Geld dazu.

Im zweiten Set gingen die schrägeren Kreationen raus, die ironischen Zitate, optischen Täuschungen und provokanten Stilbrüche. Am Ende: Stille. Atem anhalten. Dann Applaus, die erste Erleichterung, und schließlich der Moment, als Robin mich an der Hand nahm und wir aus dem Dunkel ins grelle Licht der Scheinwerfer traten. Wie Maulwürfe, die auf einmal in die Sonne blickten. Ich konnte zuerst keine Gesichter erkennen, nur eine weiße Brandung aus Licht, mit der uns ein unerwartet heftiger Applaus entgegenschlug. Auf einmal wurde alles ganz leicht. Wir verneigten uns, lachend, verunsichert, berauscht. Plötzlich wurde mir schwarz vor Augen. Meine Knie gaben nach, als wären sie aus Gummi. Ich stürzte, spürte noch den harten Aufprall auf der Bühne, dann fiel mein Bewusstsein in eine bodenlose, schmerzfreie Dunkelheit.

2

Als ich meine Augen wieder öffnete, spürte ich Schweiß und kalte Nachtluft auf der Stirn. Jemand hatte das Fenster aufgerissen. Ich lag in der Maske, auf dem kalten Boden unter dem Schminkspiegel, zwischen Stühlen, Kleiderständern und Kleiderbergen. Die Models redeten aufgeregt durcheinander. Eine von ihnen hielt meine Beine hoch. Robin fehlte. Ein junger Sanitäter redete auf Italienisch auf die Mädels ein, spritzte mir irgendwas in den Arm, und langsam drangen wieder Geräusche an mein Ohr. Die besorgten Stimmen, wummernde Musik von nebenan und ein Motorroller vor dem offenen Fenster. Der Sanitäter half mir auf einen der Stühle.

Mein bleiches Gesicht im Schminkspiegel. Eine Fremde. Da sah ich ihn zum ersten Mal, hinter mir. Er kam durch die Tür, ein alter Mann zwischen den jungen Models. Groß, schlank und energisch; er passte nicht hierher mit seinem eleganten Anzug, dem Halstuch und dem Hut. Niemand kannte ihn, aber er schob sich zu mir durch, als kenne er mich. Ich sah seine Augen. Klar, blau und wach. Er musste Deutscher sein. Jeder im Raum glaubte wohl, er würde zu jemand anderem gehören. Das war der Modezirkus. Immer läuft irgendein Fremder herum, nie kennt man alle Namen, und jeder hütet sich davor nachzufragen, denn es könnte ja jemand Wichtiges sein.

»Wie geht es Ihnen?«, fragte er mich. Für einen Fremden klang seine Stimme zu besorgt.

»Okay.«

Er reichte mir ein Glas Wasser. Ich trank einen hastigen Schluck und strich mir durch die zerzausten Haare, dankbar für den Sauerstoff, der zum Fenster hereinströmte. Er setzte sich auf den Stuhl neben mich. Zuerst dachte ich, er gehöre zur Jury. Aber dafür wirkte er zu seriös. Man spürt, ob einer aus der Branche kommt. Es lag etwas Anrührendes in der Art, wie er mich ansah. Er war bewegt, aufgewühlt, als kenne er mich schon lange. Aber ich hatte keinen Schimmer, wer er war. Im Neonlicht des Schminkspiegels konnte ich jetzt sein Alter schätzen. Er musste um die achtzig sein.

»Julia«, sagte er leise.

»Kennen wir uns?«, fragte ich zurück, irritiert davon, wie er mich unverwandt ansah. Er zog die Augenbrauen hoch.

»Gratuliere zu der Kollektion.« Seine Stimme klang erstaunlich jung, aber nicht ohne Autorität und zugleich auf eigenartige Weise zerbrechlich.

»Danke.«

Er räusperte sich. »Ich komme auch aus München. Ich bin Ihnen gefolgt, um Ihre Präsentation zu sehen.« Er sagte »Präsentation«, als ginge es nicht um Mode, sondern um einen PowerPoint-Vortrag. »Ich heiße Vincent ... Vincent Schlewitz.«

Er wartete darauf, welches Echo sein Name bei mir auslöste. Aber bei mir klingelte nichts. Der Sanitäter unterbrach uns auf Italienisch. Da ich kein Wort verstand, übersetzte Vincent: Ich solle bitte den Ärmel hochziehen, er müsse meinen Blutdruck messen. Ob ich wirklich keinen Arzt sehen wolle. Ich schüttelte den Kopf. »Kleiner Schwächeanfall, sonst nichts«, gab ich zurück und verschwieg den Mix aus Kaffee, Adrenalin und anderen Substanzen in meinem Blut. Es war mir unangenehm, von allen beobachtet zu werden, während der Sanitäter die Manschette um meinen dünnen Oberarm aufpumpte. Eher um von mir abzulenken als aus Neugier fragte ich den Unbekannten: »Und von welchem Label sind Sie?«

Er wog seine Worte ab, bevor er antwortete. »Das mag Sie jetzt überraschen, aber ich bin privat hier. Wenn Sie sich wieder besser fühlen und ein paar Minuten unter vier Augen hätten …«

Er wurde mir unheimlich. Als könnte er meine Gedanken lesen, setzte er hinzu: »Nicht dass Sie denken … Ich bin kein verrückter Fan, ich wollte Sie nur … kennenlernen.« Er sah mich auf eine seltsame Weise an, als würde er durch mich hindurch jemand anderen sehen.

»Ist gerade nicht so der passende Zeitpunkt, sorry.«

Er ließ sich nicht abwimmeln. »Das wird Ihnen jetzt vielleicht seltsam erscheinen, aber … Wir sind verwandt. Ihr Vater …« Er zögerte, als er meine Reaktion bemerkte. »… ist mein Sohn. Ich bin … dein Großvater.«

Schlechter Scherz. Unmöglich. Ein Spinner. Solche Gedanken schossen mir durch den Kopf. Ich muss ihn so entgeistert angestarrt haben, dass er wieder zum Sie wechselte.

»Ihr Vater, das ist doch Vincenzo?«

Vincenzo. Seit Jahren hatte ich den Namen nicht

mehr gehört. Seit Jahrzehnten. Woher zum Teufel kannte er ihn? Kein Mensch außer meiner Mutter wusste, wie mein Vater hieß. Der Sanitäter nahm mir irritiert die Manschette ab und sagte etwas zu dem Mann. Wenn mein Blutdruck gerade noch im Keller gewesen war, musste er jetzt durch die Decke schießen. Ich wollte aufspringen, fühlte mich aber wie gelähmt.

Vincenzo, das war ein Mann, den ich einmal im Leben gesehen hatte. Vincenzo Marconi, Italiener, Sohn eines Gastarbeiters aus Sizilien. Viel mehr hatte meine Mutter mir nicht erzählt. Und das wenige, was sie sonst noch über ihn wusste, war nicht sehr schmeichelhaft. Dieser Fremde, der behauptete, sein Vater zu sein, war eindeutig Deutscher. Es konnte nicht stimmen.

»Ich glaube, Sie verwechseln mich«, murmelte ich und versuchte aufzustehen. Ich wollte raus. Aber im Stehen wurde mir schwindlig. Der Sanitäter hielt mich am Arm fest.

»*Piano, signora, piano.*« Er gab dem Mann zu verstehen, dass er mich jetzt in Ruhe lassen sollte. Aber der ließ sich nicht abwimmeln.

»Bitte. Es ist wirklich wichtig.«

Er zog seine Visitenkarte aus dem Sakko und reichte sie mir.

»Ich wohne auch in München. Ich muss Ihnen das erklären. Das hier ist für Sie, das ist …« Er zog ein altes Foto aus seinem Sakko. Zögerte kurz, als wollte er sicher sein, dass ich auf diesen Moment vorbereitet war. Dann reichte er es mir.

Es kam aus einer anderen Zeit. Schwarzweiß und abgegriffen, der Mode nach zu urteilen aus den Fünfzigern. Ein junges Paar vor einem Motorrad, im Hintergrund der Mailänder Dom, er hält ihre Hand, beide ein bisschen schüchtern, aber unbefangen, strahlend vor Glück. Der Mann ist etwas älter als die Frau, trägt einen einfachen Sommeranzug im geraden, etwas biederen Schnitt der Fünfziger, ist stattlich und groß, mit hellen Augen, aus denen Witz und Intelligenz sprühen. Sein Lachen strahlt Mut und Zuversicht aus. Etwas Jungenhaftes, Unschuldiges umgibt ihn. Ich erkannte ihn wieder, selbst nach sechzig Jahren.

»Das bin ich, 1954, in Mailand. Und das ist Giulietta. Deine Großmutter.«

Er deutete auf die Frau auf dem Foto. Eine hübsche Italienerin Anfang zwanzig, kurze schwarze Haare, Sommerkostüm mit kleinem Hut. Sie sah aus wie ich. Nicht dass sie mir irgendwie ähnlich sah, nein. Es war vielmehr, als blickte ich direkt in mein Spiegelbild. Ich war schockiert. Sie war jünger als ich heute, aber sie hatte meine zierliche Figur, meine geschwungenen Augenbrauen, diesen abenteuerlustigen und etwas verträumten Blick, den ich von meinen Fotos her kannte, die dunklen Augen und den ironischen Zug um den Mund. Sie schien voller Energie zu stecken, und dennoch lag etwas Trauriges und Melancholisches in ihren großen Augen. Was ich da sah, war keine Fremde, sondern ein Echo meiner Seele aus einer vergangenen Welt. Auf diesem Bild sah ich mich selbst als eine Frau in einer anderen Zeit, in anderen Kleidern, neben einem fremden Mann. So unfassbar lebendig, so vertraut und rätselhaft, dass es mir die Sprache verschlug.

»Moment, das kann nicht sein. Mein Vater war Italiener. Aber Sie sind doch Deutscher?«

Er sah mich etwas verunsichert an.

»Was hat er Ihnen denn von mir erzählt?«

Ich drehte mich weg, so dass die anderen mich nicht hören konnten.

»Nichts. Ich habe nichts mit ihm zu tun.«

Er war irritiert von der plötzlichen Schärfe meiner Stimme.

»Aber – …?«

»Er ist tot. Sorry, Sie müssen mich verwechseln.«

»Tot?«, fragte er schockiert. »Wann ist er gestorben?«

»Als ich klein war.«

»Wer sagt das?«

»Meine Mutter.«

»Aber das ist nicht wahr. Er lebt.«

Ich starrte ihn verstört an. Er schien sich sicher zu sein.

»Nein.«

»Doch. Das weiß ich. Er lebt in Italien.«

In diesem Moment kam Robin in die Maske gelaufen.

»Bist du okay?«

Instinktiv versteckte ich das Foto hinter meinem Rücken. Robin umarmte mich. Er musste bemerkt haben, wie verstört ich war, schob es aber wohl auf meinen Schwächeanfall. Er warf dem ungebetenen Besucher einen irritierten Blick zu.

»Alles in Ordnung«, sagte ich, und bevor er den Fremden fragen konnte, wer er war, legte ich nach: »Ich schick Ihnen das Autogramm zu, ja? Sie müssen mich jetzt entschuldigen.«

Der Mann nickte unsicher.

»Rufen Sie mich an. Es ist wichtig. *Bitte.*«

Ich hatte noch nie einen gestandenen Mann erlebt, der mich so flehend ansah. Auf seiner Seele schien eine alte Last zu liegen, deren Gewicht ich nicht fassen konnte. Als er sich mit einem höflichen Kopfnicken verabschiedete, fühlte ich mich schuldig. Ich hätte ihn nicht abweisen dürfen.

»Wer war das?«, fragte Robin.

»Keine Ahnung.«

Ich hasste es, ihn anzulügen. Ich hatte Robin nie belogen, ich hatte nichts zu verstecken. Außer vor mir selbst.

»Was ist«, fragte ich, »warum grinst du so?«

Wir hatten Glück. Endlich mal Glück. Vielleicht waren wir auch tatsächlich die Besten gewesen, egal, jedenfalls hatte sich die Jury für uns entschieden. Die Wette, die ich vor vielen Jahren gegen alle Zweifler geschlossen hatte, war gewonnen. Das war's. Der Durchbruch. Das Licht am Ende des Tunnels. Und ich zu schwach auf den Beinen, um den Preis entgegenzunehmen. Ich weiß nicht mehr, wie ich es dann doch geschafft habe, kann mich an kaum etwas erinnern, nur laute Musik und Applaus, während ein Kreuzfeuer von Gedanken durch meinen Kopf raste. Presse, Jury, Investoren, alle stürzten sich auf uns. Auf einmal waren wir groß.

ALICE MUNRO

Japan erreichen

Kaum hatte Peter ihr den Koffer in den Zug getragen, schon schien er es eilig zu haben, wieder auszusteigen. Aber nicht, um wegzugehen. Er erklärte ihr, es sei nur sein dummes Gefühl, der Zug könnte sich in Bewegung setzen. Dann stand er draußen auf dem Bahnsteig, schaute zu ihrem Fenster hoch und winkte. Lächelte und winkte. Das Lächeln für Katy war weit offen, ohne den leisesten Zweifel, als glaubte er, sie werde für ihn immer ein Wunder bleiben, wie auch er für sie. Das Lächeln für seine Frau war eher zuversichtlich und vertrauensvoll, mit einer gewissen Entschlossenheit. Nicht leicht in Worte zu kleiden, vielleicht auch gar nicht. Hätte Greta das zur Sprache gebracht, hätte er gesagt: Sei nicht albern. Und sie hätte ihm beigepflichtet, der Überzeugung, dass es für Menschen, die sich tagein, tagaus sahen, unnatürlich war, sich mit irgendwelchen Erklärungen abzumühen.

Als Peter noch ein Baby war, hatte seine Mutter ihn über mehrere Berge getragen, deren Namen Greta immer wieder vergaß, um ihn aus der kommunistischen Tschechoslowakei hinaus nach Westeuropa zu schaffen. Natürlich waren auch noch andere dabei. Peters Vater hatte vorgehabt, sie zu begleiten, wurde aber kurz vor dem Datum ihrer geheimen Abreise in ein Sanatorium eingeliefert. Er sollte nachkommen, sobald er konnte, doch stattdessen starb er.

»Ich habe solche Geschichten gelesen«, sagte Greta, als Peter ihr zum ersten Mal davon erzählte. Sie erklärte, wie die Babys in den Geschichten anfingen zu weinen und unweigerlich erstickt oder erwürgt werden mussten, damit der Lärm die Flüchtlinge nicht in Gefahr brachte.

Peter erwiderte, solch eine Geschichte hätte er nie gehört, und wollte nicht sagen, was seine Mutter unter solchen Umständen getan hätte.

Was sie tat, war, nach British Columbia zu gehen, wo sie ihr Englisch verbesserte und sich eine Stellung als Lehrerin an einer Highschool besorgte, für ein Fach, das damals Handelskunde hieß. Sie zog Peter allein groß, schickte ihn aufs College, und jetzt war er Ingenieur. Wenn sie zu Besuch kam, in die Wohnung und später in das Haus, saß sie immer im Wohnzimmer und kam nie in die Küche, außer Greta forderte sie dazu auf. So war sie. Sie trieb es auf die Spitze damit, nichts wahrzunehmen. Nichts wahrzunehmen, sich in nichts einzumischen, nichts vorzuschlagen, obwohl sie ihre Schwiegertochter in jeder Haushaltsfertigkeit oder -kunst weit hinter sich ließ.

Außerdem kündigte sie die Wohnung, in der Peter aufgewachsen war, und zog in eine kleinere ohne Schlafzimmer, nur mit Platz für eine Schlafcouch. Also kann Peter nicht mehr nach Hause zu Mutter?, neckte Greta sie, aber das schien sie zu bestürzen. Witze peinigten sie. Vielleicht war es ein Sprachproblem. Doch Englisch war inzwischen ihre gewohnte Sprache, dazu die einzige, die Peter beherrschte. Er hatte Handelskunde gebüffelt – wenn auch nicht bei seiner Mutter –, während Greta sich mit dem *Verlorenen Paradies* auseinandersetzte. Sie mied alles Nützliche wie die Pest. Wie es schien, tat er das Gegenteil.

Mit der Fensterscheibe zwischen ihnen und mit Katy, die nicht zuließ, dass das Winken ermattete, schwelgten sie in Mienen von komischem oder sogar groteskem Wohlwollen. Greta dachte, wie gut er aussah und wie wenig ihm das bewusst zu sein schien. Er trug einen Bürstenschnitt, im Stil der Zeit – besonders, wenn man so was wie ein Ingenieur war –, und seine helle Haut rötete sich nie wie ihre, wurde nie fleckig von der Sonne, sondern war zu jeder Jahreszeit gleichmäßig braun.

Seine Ansichten glichen in manchem seinem Teint. Wenn sie ins Kino gingen, wollte er hinterher nie über den Film reden. Er sagte dann, der Film sei gut oder ganz gut oder passabel. Alles Weitere fand er sinnlos. In ganz ähnlicher Weise sah er sich Fernsehsendungen an, las er ein Buch. Er hatte mit solchen Dingen Geduld.

Die Leute, die sie herstellten, taten wahrscheinlich ihr Bestes. Greta wollte immer diskutieren, fragte unüberlegt, ob er dasselbe von einer Brücke sagen würde. Die Leute, die sie bauten, taten ihr Bestes, aber ihr Bestes war nicht gut genug, also brach sie zusammen.

Statt zu diskutieren, lachte er einfach.

Das ist nicht dasselbe, sagte er.

Nein?

Nein.

Greta hätte sich klarmachen müssen, dass diese Einstellung – entspannt, tolerant – für sie ein Segen war, denn sie war Dichter, und es gab Dinge in ihren Gedichten, die überhaupt nicht fröhlich oder leicht zu erklären waren.

(Peters Mutter und seine Arbeitskollegen – jene, die davon wussten – sagten immer noch Dichterin. Ihn hatte sie dazu erzogen, es nicht zu sagen. Weitere Erziehungsarbeit war nicht notwendig. Die Verwandten, die sie in ihrem Leben hinter sich gelassen hatte, und die Leute, die sie jetzt in ihrer Rolle als Hausfrau und Mutter kannten, wussten nichts von dieser Besonderheit.)

Später in ihrem Leben ließ sich nur schwer erklären, was eigentlich zu jener Zeit gebilligt wurde und was nicht. Sie konnte sagen, Feminismus jedenfalls nicht. Aber dann musste sie erklären, dass das Wort Feminismus damals noch gar nicht in Gebrauch war. Also behalf sie sich damit, zu sagen, irgendeinen ernsthaften

Gedanken zu haben – geschweige denn Ehrgeiz – oder vielleicht sogar ein richtiges Buch zu lesen, konnte dich verdächtig machen und mit der Lungenentzündung deines Kindes in Verbindung gebracht werden, und eine politische Bemerkung auf der Firmenfeier konnte deinen Mann die Beförderung kosten. Es kam gar nicht darauf an, für oder gegen welche Partei. Eine Frau hatte den Mund zu weit aufgemacht, das war's.

Woraufhin die Leute lachten und sagten: Sie machen bestimmt Witze, und sie nur sagen konnte: Na ja, nicht so ganz. Sie setzte hinzu, wenn man jedoch Gedichte schrieb, dann war es etwas sicherer, eine Frau zu sein und kein Mann. Dafür stand nämlich das Wort Dichterin zur Verfügung, wie ein Gespinst aus Zuckerwatte. Peter hätte bestimmt nicht so gedacht, sagte sie, doch man durfte nicht vergessen, er war in Europa geboren. Er hätte allerdings verstanden, warum seine Arbeitskollegen so dachten.

In jenem Sommer sollte Peter einen Monat lang oder vielleicht länger Arbeiten beaufsichtigen, die in Lund ausgeführt wurden, weit oben im Norden, sogar so weit nördlich, wie es auf dem Festland nur ging. Dort gab es keine Unterbringungsmöglichkeit für Katy und Greta.

Aber Greta war mit einer jungen Frau in Verbindung geblieben, mit der sie in der Stadtbibliothek von Vancouver zusammengearbeitet hatte und die inzwischen verheiratet war und in Toronto lebte. Sie und ihr Mann wollten in jenem Sommer einen Monat in Europa verbringen – er war Lehrer –, und sie hatte Greta geschrieben und gefragt, ob Greta mit ihrer Familie ihnen einen Gefallen tun – sie war sehr höflich – und das Haus in Toronto für einen Teil dieser Zeit hüten könnte, damit es nicht leer stand. Und Greta hatte ihr zurückgeschrieben, ihr von Peters Arbeit erzählt, aber das Angebot für Katy und sich angenommen.

Deshalb standen sie jetzt und winkten unablässig vom Bahnsteig und aus dem Zug.

Es gab damals eine Zeitschrift namens *The Echo Answers*, die unregelmäßig in Toronto erschien. Greta hatte sie in der Bibliothek entdeckt und einige Gedichte an die Redaktion geschickt. Zwei der Gedichte waren abgedruckt worden, und als der Herausgeber der Zeitschrift dann im letzten Herbst nach Vancouver kam, war sie zusammen mit anderen Schriftstellern zu einem Empfang eingeladen worden, um ihn kennenzulernen. Der Empfang fand im Haus eines Schriftstellers statt, dessen Name ihr vom Gefühl her seit ihrer Kindheit vertraut war. Er war für den späten Nachmittag angesetzt, eine Zeit, zu der Peter noch arbeiten musste, also engagierte sie einen Babysitter und fuhr im North-Vancouver-Bus über die Lions Gate Bridge und durch den Stanley Park. Dann musste sie vor der Hudson's Bay Station warten, auf die lange Fahrt hinaus zum Universitätsviertel, wo der Schriftsteller wohnte. Sie verließ den Bus an der Endhaltestelle, fand die Straße, ging sie hinauf und hielt nach der Hausnummer Ausschau. Sie trug Schuhe mit hohen Absätzen, die sie beträchtlich verlangsamten. Außerdem ihr elegantestes schwarzes Kleid, das einen Reißverschluss auf dem Rücken hatte, die Taille lose umspielte und um die Hüften immer ein bisschen zu eng war. Sie sah darin ein wenig lächerlich aus, dachte sie, während sie die gewundene Straße ohne Bürgersteig entlangstakste, als Einzige unterwegs im dunkelnden Nachmittag. Moderne Häuser, Panoramafenster wie in jedem aufstrebenden Vorort, überhaupt nicht die Umgebung, die sie erwartet hatte. Sie begann sich zu fragen, ob sie sich in der Straße geirrt hatte, und der Gedanke machte sie nicht unglücklich. Sie konnte zu der Bushaltestelle zurücklaufen, wo es eine Bank gab. Konnte die Schuhe ausziehen und in Ruhe auf die lange, einsame Heimfahrt warten.

Aber dann sah sie die parkenden Autos, die Hausnummer, zur Umkehr war es zu spät. Lärm drang aus der geschlossenen Haustür, und sie musste zwei Mal klingeln.

Sie wurde von einer Frau begrüßt, die offenbar jemand anderen erwartet hatte. Begrüßt war das falsche Wort – die Frau machte die Tür auf, und Greta sagte, hier sei doch wohl der Empfang.

»Wonach sieht's denn aus?«, fragte die Frau und lehnte im Türrahmen. Sie versperrte den Weg, bis Greta sagte: »Darf ich reinkommen?«, dann trat sie beiseite, als bereitete ihr die Bewegung beträchtliche Schmerzen. Sie bat Greta nicht, ihr zu folgen, also tat Greta es unaufgefordert.

Niemand sprach sie an oder nahm von ihr Notiz, aber nach kurzer Zeit streckte ein junges Mädchen ihr ein Tablett entgegen, auf dem Gläser mit so etwas wie rosa Limonade standen. Greta nahm eins und trank es durstig aus, dann nahm sie noch eins. Sie dankte dem Mädchen und versuchte, ein Gespräch über den langen, heißen Anmarsch anzufangen, aber das Mädchen war nicht interessiert und wandte sich ab, tat seine Arbeit.

Greta schlenderte weiter. Sie lächelte unentwegt. Niemand der Gäste sah sie mit irgendeinem Zeichen von Wiedererkennen oder Freude an, und warum sollten sie auch? Ihre Blicke glitten an ihr vorbei, dann setzten sie ihre Gespräche fort. Sie lachten. Alle außer Greta waren mit Freunden, Witzen und vertraulichem Wissen ausgestattet, alle schienen jemanden gefunden zu haben, dem sie willkommen waren. Alle bis auf das Mädchen und den Jungen, die weiterhin verdrossen und unerbittlich ihre rosa gefüllten Gläser anboten.

Sie gab jedoch nicht auf. Das Getränk half ihr, und sie beschloss, sich noch eins zu nehmen, sobald ein Tablett vorbeikam. Sie hielt nach einer Gesprächsrunde Ausschau, die eine Lücke zu bieten schien, in die sie schlüpfen konnte. Sie meinte, eine gefunden zu haben, als sie hörte, wie Titel von Filmen erwähnt wurden. Von europäischen Filmen, die zu jener Zeit allmählich in die Kinos von Vancouver gelangten. Sie hörte den Titel von einem Film, den sie mit Peter zusammen gesehen hatte. *Sie küssten und sie schlugen ihn.* »Ah, den hab ich gesehen!«, kam es laut und begeistert aus ihr heraus, so dass alle sie anschauten und eine, offenbar die Wortführerin, sie fragte: »Ach ja?«

Greta war natürlich betrunken. Pimm's No. I und rosa Grapefruitsaft, hastig hinuntergestürzt. Sie nahm sich diese Abfuhr nicht so zu Herzen, wie sie es unter normalen Umständen getan hätte. Sondern segelte einfach weiter, merkte, dass sie irgendwie die Orientierung verloren hatte, bekam aber das Gefühl, dass in den Räumen eine schwindelig machende Atmosphäre von Freizügigkeit herrschte und dass es nicht darauf ankam, Bekanntschaften zu schließen, sie konnte einfach umherschlendern und sich ihre eigene Meinung bilden.

Ein Grüppchen von wichtigen Leuten stand in einem Torbogen. Sie sah unter ihnen den Gastgeber, den Schriftsteller, dessen Name und Gesicht sie seit so langer Zeit kannte. Er unterhielt sich laut und hektisch und schien, zusammen mit noch zwei anderen Männern, Gefahr auszustrahlen, als würden sie eher eine Beleidigung austeilen als jemanden wie sie anschauen. Ihre Ehefrauen, so nahm sie jedenfalls an, vervollständigten den Kreis, in den sie sich zu drängen versucht hatte.

Die Frau, die ihr die Tür aufgemacht hatte, stand nicht in einer der Gruppen, denn sie war selbst Schriftstellerin. Greta sah, wie sie sich umwandte, als jemand ihren Namen rief. Ein Name, vertraut aus der Zeitschrift, die Gretas Gedichte veröffentlicht hatte. War es aus diesen Gründen nicht möglich, auf sie zuzugehen und sich vorzustellen? Wie einer Gleichrangigen, trotz des kühlen Empfangs an der Tür?

Aber jetzt schmiegte die Frau den Kopf an die Schulter des Mannes, der sie gerufen hatte, und eine Unterbrechung wäre den beiden kaum willkommen.

Diese Überlegung zwang Greta, sich hinzusetzen, und da sie keine Stühle sah, setzte sie sich auf den Fußboden. Ein Gedanke kam ihr in den Sinn. Wenn sie mit Peter zu einer Cocktailparty von Ingenieuren ging, war die Atmosphäre angenehm, auch wenn die Gespräche langweilig waren. Weil nämlich der Status jedes Einzelnen feststand, zumindest für den Augenblick. Hier dagegen war niemand sicher. Urteile konnten hinter dem Rücken gefällt werden, sogar über die, die bekannt waren und gedruckt wurden. Es herrschte eine Aura von Anmaßung oder Nervosität, ganz egal, wer man war.

Und hier hatte sie sich verzweifelt nach jemandem umgeschaut, der ihr einen Strohhalm für ein Gespräch hinhielt!

Als sie ihre Theorie der unguten Spannungen aufgestellt hatte, fühlte sie sich wesentlich besser und legte keinen Wert mehr darauf, ob jemand mit ihr redete oder nicht. Sie zog die Schuhe aus, und die Erleichterung war ungeheuer wohltuend. Sie lehnte sich an die Wand und streckte die Beine aus auf einem der weniger begangenen Wege. Sie mochte nicht riskieren, ihr Glas auf den Teppich zu verschütten, also trank sie es hastig aus.

Ein Mann beugte sich über sie. Er fragte: »Wie sind Sie hergekommen?«

Ihr taten seine armen eingesperrten Füße leid. Ihr tat jeder leid, der stehen musste.

Sie sagte, sie sei eingeladen.

»Ja. Aber sind Sie mit dem Auto hier?«

»Ich bin gelaufen.« Aber das genügte nicht, und nach einer Weile gelang es ihr, das zu vervollständigen.

»Ich bin mit dem Bus gekommen, dann bin ich gelaufen.«

Einer der Männer aus dem erlauchten Kreis stand jetzt hinter dem Mann in den Schuhen. Er sagte: »Großartige Idee.« Er schien sogar bereit, mit ihr zu reden.

Der erste Mann mochte den anderen nicht besonders. Er hatte Gretas Schuhe aufgesammelt, aber sie wies sie zurück und erklärte, dass sie zu weh taten.

»Dann nehmen Sie sie in die Hand. Oder ich nehme sie. Können Sie aufstehen?«

Sie sah sich hilfesuchend nach dem wichtigen Mann um, aber der war nicht mehr da. Jetzt fiel ihr ein, was er geschrieben hatte. Ein Theaterstück über die Duchoborzen, das einen Skandal ausgelöst hatte, weil die Duchoborzen darin nackt auftreten mussten. Natürlich waren es keine echten Duchoborzen, sondern Schauspieler. Und die durften schließlich doch nicht nackt auftreten.

Sie versuchte das dem Mann zu erklären, der ihr aufhalf, aber es interessierte ihn überhaupt nicht. Sie fragte ihn, was er schrieb. Er sagte, er sei kein Schriftsteller, sondern Journalist. Zu Besuch hier mit seinem Sohn und seiner Tochter, den Enkelkindern der Gastgeber. Sie – die Kinder – hatten die Getränke herumgereicht.

»Tödlich«, sagte er und meinte die Getränke. »Kriminell.«

Jetzt waren sie draußen. Greta lief auf Strümpfen über den Rasen und verfehlte nur knapp eine Pfütze.

»Jemand hat sich hier übergeben«, teile sie ihrem Begleiter mit.

»Allerdings«, sagte er und half ihr ins Auto. Die frische Luft hatte ihre Stimmung verändert, von einer unbestimmten Euphorie zu etwas wie Verlegenheit, sogar Scham.

»North Vancouver«, sagte er. Sie musste ihm das erzählt haben. »Ja? Fahren wir los. Richtung Lions Gate.«

Sie hoffte, er würde sie nicht fragen, wieso sie auf

dem Empfang war. Wenn sie zugab, dass sie Gedichte schrieb, musste er ihre gegenwärtige Situation, ihre Trunkenheit, für nur allzu typisch halten. Es war noch nicht dunkel, aber schon Abend. Sie schienen in die richtige Richtung zu fahren, am Wasser entlang, dann über eine Brücke. Die Burrard Street Bridge. Danach weiter im Strom der Autos, sie schlug immer wieder die Augen auf und sah Bäume vorbeisausen, dann fielen sie ihr wieder zu, ohne dass sie es wollte. Als das Auto anhielt, wusste sie allerdings, dass sie noch nicht zu Hause sein konnten. Das heißt, bei ihr zu Hause.

Diese großen, dicht belaubten Bäume über ihnen. Man konnte keine Sterne sehen. Aber ein Glitzern auf dem Wasser, zwischen ihrem Standort, wo immer der war, und den Lichtern der Innenstadt.

»Bleiben Sie einfach sitzen und besinnen Sie sich.«

Das Wort entzückte sie.

»Besinnen.«

»Darauf, wie Sie ins Haus gehen werden, zum Beispiel. Schaffen Sie das würdevoll? Übertreiben Sie nicht. Ungezwungen? Ich vermute, Sie sind verheiratet.«

»Ich muss mich erst mal dafür bedanken, dass Sie mich nach Hause fahren«, sagte sie. »So, und jetzt müssen Sie mir sagen, wie Sie heißen.«

Er sagte, das habe er ihr schon gesagt. Vielleicht schon zwei Mal. Aber gut, noch einmal. Harris Bennett. Bennett. Er war der Schwiegersohn der Leute, die den Empfang gegeben hatten. Seine Kinder hatten die Getränke herumgereicht. Er war mit ihnen aus Toronto zu Besuch hier. War sie nun zufrieden?

»Haben die Kinder eine Mutter?«

»Ja, allerdings. Aber sie ist in einer Klinik.«

»Das tut mir leid.«

»Nicht nötig. Es ist eine recht angenehme Klinik. Für geistige Störungen. Oder man könnte auch sagen, für seelische Störungen.«

Sie beeilte sich ihm zu sagen, dass ihr Mann Peter hieß und Ingenieur war und dass sie eine Tochter namens Katy hatten.

»Das ist doch sehr schön«, sagte er und setzte aus der Parklücke heraus.

Auf der Lions Gate Bridge sagte er: »Entschuldigen Sie meine Redeweise. Ich habe darüber nachgedacht, ob ich Sie küssen soll oder nicht, und beschlossen, es nicht zu tun.«

Sie meinte herauszuhören, sie habe etwas an sich, was nicht ganz die Ansprüche für einen Kuss erfüllte. Die Demütigung machte sie mit einem Schlag wieder nüchtern.

»Wenn wir von der Brücke runterkommen, müssen wir dann rechts zum Marine Drive?«, fuhr er fort. »Ich verlasse mich auf Ihre Anweisungen.«

Im folgenden Herbst und Winter und Frühling gab es kaum einen Tag, an dem sie nicht an ihn dachte.

Es war, als fiele man sofort nach dem Einschlafen in immer denselben Traum. Sie pflegte den Kopf an das Rückenpolster des Sofas zu lehnen und sich vorzustellen, dass sie in seinen Armen lag. Man sollte meinen, dass sie sich nicht an sein Gesicht erinnern konnte, doch es erstand in allen Einzelheiten, das verknitterte Gesicht eines recht müde aussehenden Mannes, der zu Spott neigte und nur wenig Zeit im Freien verbrachte. Auch sein Körper fehlte nicht, war zwar nicht mehr jung, aber kundig und unendlich begehrenswert.

Sie weinte fast vor Verlangen. Doch dieser Tagtraum verschwand, ging in Winterschlaf, wenn Peter nach Hause kam. Alltägliche Zärtlichkeiten traten dann in den Vordergrund, zuverlässig wie immer.

Der Traum ähnelte in vielem dem Wetter von Vancouver – eine trübe Sehnsucht, eine regnerische, träumerische Traurigkeit, eine Schwere ums Herz.

Was war denn nun mit der Weigerung, sie zu küssen, die ein ungalanter Hieb sein konnte?

Sie strich sie einfach aus. Vergaß sie völlig.

Und was war mit ihren Gedichten? Keine Zeile, kein Wort. Keine Spur davon, dass ihr das je am Herzen gelegen hatte.

Natürlich gab sie diesen Anfällen nur Raum, wenn Katy ein Schläfchen hielt. Manchmal sprach sie seinen Namen laut aus, überließ sich Hirngespinsten. Dem folgten brennende Schamgefühle und Selbstverachtung. Hirngespinste, jawohl. Hirnrissig.

Dann gab es einen Ruck, die Aussicht auf den Auftrag in Lund, schließlich die Gewissheit, dazu das Angebot des Hauses in Toronto. Ein klarer Wetterwechsel, ein Anflug von Beherztheit.

Ohne es fest vorzuhaben, schrieb sie einen Brief. Er fing nicht mit irgendeiner üblichen Floskel an. Kein Lieber Harris, kein Erinnerst Du Dich an mich.

Diesen Brief schreiben ist wie einen Zettel in eine Flasche stecken …
Und hoffen,
Er wird Japan erreichen.

Was einem Gedicht seit geraumer Zeit noch am nächsten kam.

Sie wusste die Adresse nicht. Sie war kühn und töricht genug, die Leute anzurufen, die den Empfang gegeben hatten. Aber als die Frau sich meldete, wurde ihr Mund schlagartig trocken und fühlte sich so groß an wie die Tundra, und sie musste auflegen. Dann karrte sie Katy zur Stadtbibliothek und fand dort ein Telefonbuch von Toronto. Es gab viele Bennetts, aber keinen einzigen Harris oder H. Bennett.

Da hatte sie den schrecklichen Einfall, in der Zeitung bei den Todesanzeigen nachzusehen. Sie konnte sich nicht davon abbringen. Sie wartete, bis der Mann, der das Bibliotheksexemplar las, fertig war.

Sie bekam die Zeitung von Toronto sonst kaum zu Gesicht, da man über die Brücke fahren musste, um sie zu kriegen, und Peter brachte immer die *Vancouver Sun* mit nach Hause. Beim Durchblättern entdeckte sie seinen Namen über einer Kolumne. Er war also nicht tot. Ein Journalist mit eigener Kolumne. Natürlich wollte er nicht von irgendwelchen Leuten zu Hause angerufen werden.

Er schrieb über Politik. Sein Artikel schien intelligent zu sein, aber daran lag ihr nichts.

Sie schickte ihren Brief an ihn dorthin, an die Zeitung. Sie konnte nicht sicher sein, dass er seine Post selber öffnete, und sie dachte, *Privat* auf den Umschlag zu schreiben machte es nur schlimmer, also schrieb sie lediglich das Datum ihrer Ankunft und die Ankunftszeit des Zuges hin, nach den Zeilen über die Flasche. Keinen Namen. Sie dachte, ganz egal, wer den Umschlag aufmachte, er würde wohl an eine ältere Verwandte denken, die zu schrulligen Formulierungen neigte. Nichts, was ihn kompromittieren konnte, nicht einmal, falls so merkwürdige Post den Weg zu ihm nach Hause fand und seine Frau, inzwischen aus der Klinik entlassen, sie öffnete.

Katy hatte offenbar nicht begriffen, was es bedeutete, dass Peter draußen auf dem Bahnsteig stand, nämlich, dass er nicht mitfuhr. Als sie sich in Bewegung setzten, er aber nicht, und als sie ihn mit zunehmender Geschwindigkeit ganz hinter sich ließen, nahm Katy den

Verlust sehr schwer. Aber nach einer Weile beruhigte sie sich und verkündete Greta, dass er am Morgen wieder da sein würde.

Als diese Zeit kam, war Greta ein wenig besorgt, aber Katy sagte kein Wort von seiner Abwesenheit. Greta fragte sie, ob sie Hunger habe, und sie sagte ja, erklärte dann ihrer Mutter – wie Greta es ihr erklärt hatte, noch bevor sie überhaupt in den Zug eingestiegen waren –, dass sie jetzt ihre Schlafanzüge ausziehen und zum Frühstück in ein anderes Zimmer gehen mussten.

»Was möchtest du zum Frühstück?«

»Beißies.« Das bedeutete Rice Krispies.

»Mal sehen, ob es die hier gibt.«

Es gab sie.

»Sollen wir jetzt gehen und Daddy suchen?«

Es gab zwar ein Kinderspielabteil, aber es war ziemlich klein. Ein Junge und ein Mädchen – Bruder und Schwester, nach ihrer zueinander passenden Häschenkleidung zu urteilen – hatten es vereinnahmt. Ihr Spiel bestand daraus, kleine Autos aufeinander zuzusteuern und im letzten Moment Ausweichmanöver zu versuchen. Krach Bum Krach.

»Das ist Katy«, sagte Greta. »Ich bin ihre Mutter. Wie heißt ihr?«

Die Zusammenstöße wurden heftiger, aber die beiden schauten nicht auf.

»Daddy ist nicht hier«, sagte Katy.

Greta beschloss, dass es besser war, wenn sie zurückgingen, Katys *Christopher Robin*-Buch holten und damit den Aussichtswagen aufsuchten, um es dort zu lesen. Wahrscheinlich würden sie niemanden stören, denn das Frühstück war noch nicht vorbei und die spektakuläre Gebirgslandschaft hatte noch nicht angefangen.

Das Problem war, sobald *Christopher Robin* zu Ende war, wollte Katy sofort wieder von vorn anfangen. Beim ersten Vorlesen war sie still gewesen, doch jetzt begann sie, das Ende der Zeilen mitzusprechen. Beim nächsten Mal sang sie Wort für Wort mit, obwohl sie noch nicht bereit war, es allein zu versuchen. Greta konnte sich vorstellen, dass den Leuten das lästig sein würde, sobald der Aussichtswagen sich füllte. Kinder in Katys Alter hatten kein Problem mit Monotonie. Sie stürzten sich geradezu darauf und tauchten hinein, schleckten an den vertrauten Worten, als seien es unerschöpfliche Bonbons.

Ein junger Mann und eine junge Frau kamen die Treppe herauf und nahmen gegenüber von Greta und Katy Platz. Sie sagten recht munter Guten Morgen, und Greta erwiderte die Begrüßung. Katy missbilligte offenbar, dass sie die beiden zur Kenntnis nahm, schaute wieder ins Buch und fuhr fort, leise aufzusagen.

Von drüben war die Stimme des jungen Mannes zu hören, fast so leise wie Katys:

Beim Wachwechsel vor dem Buckingham-Palast
Ist Christopher Robin mit Alice zu Gast.

Nachdem er damit fertig war, fing er mit etwas anderem an. »›Ich mag das nicht, denn ich bin Sam.‹«

Greta lachte, aber Katy nicht. Greta merkte ihr an, dass sie etwas empörte. Lustige Wörter, die aus einem Buch kamen, das verstand sie, aber nicht, wie Wörter ohne Buch aus jemandes Mund kamen.

»Tut mir leid«, sagte der junge Mann zu Greta. »Wir sind Vorschüler. Das ist unser Lesestoff.« Er beugte sich vor und sprach leise und ernsthaft auf Katy ein.

»Das ist ein schönes Buch, nicht wahr?«

»Er meint, wir arbeiten mit Vorschülern«, sagte die junge Frau zu Greta. »Aber manchmal kommen wir durcheinander.«

Der junge Mann redete weiter mit Katy.

»Vielleicht kann ich jetzt raten, wie du heißt. Wie heißt du? Heißt du Rufus? Heißt du Rover?«

Katy kniff die Lippen zusammen, konnte dann aber nicht widerstehen, streng zu antworten.

»Ich bin kein Hund«, sagte sie.

»Nein. Das war dumm von mir. Ich bin ein Junge, und ich heiße Greg. Das Mädchen hier heißt Laurie.«

»Er hat dich auf den Arm genommen«, sagte Laurie. »Soll ich ihm eine kleben?«

Katy bedachte das und sagte dann: »Nein.«

»›Alice heiratet mal einen Wachsoldat‹«, fuhr Greg fort, »›Das Soldatenleben ist desolat‹, sagt Alice.«

Katy fiel leise bei der zweiten Alice mit ein.

Laurie erzählte Greta, dass sie von Kindergarten zu Kindergarten gefahren waren und Sketche aufgeführt hatten. Das nannte sich Leseförderungsprogramm. Eigentlich waren sie Schauspieler. Sie, Laurie, war auf dem Weg nach Jasper, wo sie für den Sommer einen Job als Kellnerin mit komischen Einlagen hatte. Nicht direkt Leseförderung. Erwachsenenunterhaltung nannte sich das.

»Großer Gott«, sagte sie und lachte. »Nimm, was du kriegen kannst.«

Greg war frei und wollte in Saskatoon vorbeischauen. Seine Familie wohnte dort.

Beide waren ausgesprochen schön, dachte Greta. Groß, geschmeidig, fast unnatürlich schlank, er mit krausen dunklen Haaren, sie schwarzhaarig und makellos wie eine Madonna. Als Greta ein wenig später ihre Ähnlichkeit zur Sprache brachte, sagten beide, sie hätten das manchmal ausgenutzt, wenn es ums Schlafquartier ging. Das machte alles viel einfacher, aber sie durften nicht vergessen, um zwei Betten zu bitten und dann beide zu verwühlen.

Und jetzt, erzählten sie ihr, brauchten sie sich nicht mehr in Acht zu nehmen. Nichts mehr, was Anstoß erregte. Sie waren dabei, sich zu trennen, nach drei

Jahren zusammen. Sie lebten seit Monaten keusch, zumindest miteinander.

»Jetzt ist Schluss mit dem Buckingham-Palast«, sagte Greg zu Katy. »Ich muss meine Übungen machen.«

Greta dachte, das bedeutete, dass er hinuntergehen oder sich zumindest in den Gang stellen musste, um Gymnastik zu machen, doch stattdessen warfen er und Laurie den Kopf zurück, reckten den Hals und begannen zu trällern und tirilieren in merkwürdigem Singsang. Katy war entzückt, fasste es als Angebot auf, als Darbietung zu ihrer Unterhaltung. Sie benahm sich auch wie ordentliches Publikum – ganz still, bis es zu Ende war, dann brach sie in Gelächter aus.

Einige Leute, die die Treppe heraufkommen wollten, waren am Fuß stehen geblieben, weniger begeistert als Katy und ratlos, was es damit auf sich hatte.

»Entschuldigung«, sagte Greg ohne Erklärung, aber im Ton freundlicher Vertrautheit. Er streckte Katy die Hand hin.

»Mal sehen, ob es ein Spielabteil gibt.«

Laurie und Greta folgten ihnen. Greta hoffte, dass er nicht einer von diesen Erwachsenen war, die sich mit Kindern hauptsächlich anfreunden, um ihren eigenen Charme auszuprobieren, sich dann langweilen und unwirsch werden, wenn ihnen klar wird, wie unermüdlich die Zuneigung eines Kindes sein kann.

Zur Mittagszeit oder schon früher wusste sie, dass

sie sich keine Sorgen zu machen brauchte. Nicht nur, dass Katys Zuwendung Greg nicht ermüdete, sondern etliche andere Kinder hatten sich dem Wettkampf angeschlossen, und er zeigte keinerlei Zeichen von Erschöpfung.

Dabei veranstaltete er keinen Wettkampf. Es gelang ihm, dass die Kinder ihre Aufmerksamkeit, die er anfangs auf sich gelenkt hatte, einander zuwandten und dann den Spielen, die lebhaft oder sogar wild waren, aber nicht verbiestert. Es gab keine Wutausbrüche. Süßigkeiten und Stofftiere landeten in Ecken. Dafür war einfach keine Zeit – wesentlich Interessanteres ging vor sich. Es war ein Wunder, wie sich auf so kleinem Raum Wildheit friedlich austobte. Und die verausgabte Energie versprach Mittagsschläfchen.

»Er ist großartig«, sagte Greta zu Laurie.

»Er ist einfach ganz da«, sagte Laurie. »Er spart sich nicht auf. Verstehst du? Wie viele Schauspieler. Besonders Schauspieler. Abseits der Bühne wie tot.«

Greta dachte: Genau das tue ich. Ich spare mich auf, fast immer. Achtsam mit Katy. Achtsam mit Peter.

In dem Jahrzehnt, das vor kurzem begonnen hatte, ohne dass zumindest sie davon recht Notiz genommen hätte, sollte diesen Dingen viel Aufmerksamkeit geschenkt werden. Da sein sollte etwas bedeuten, was es vorher nicht bedeutet hatte. Spontan sein. Sich echt einbringen. Manche Menschen brachten sich echt ein, andere nicht so. Die Mauern zwischen dem

Innen und dem Außen des Kopfes mussten eingerissen werden. Die Echtheit verlangte das. So etwas wie Gretas Gedichte, alles, was nicht spontan rüberkam, war verdächtig, sogar verpönt. Natürlich machte sie einfach so weiter wie bisher, beharrlich erkundend, insgeheim im Hader mit der Gegenkultur. Aber momentan hatte sie ihr Kind Greg und allem, was er tat, anvertraut und war ihm sehr dankbar.

Am Nachmittag, wie Greta vorausgesehen hatte, legten die Kinder sich schlafen. Ihre Mütter in einigen Fällen auch. Andere spielten Karten. Greg und Greta winkten Laurie hinterher, als sie in Jasper ausstieg. Sie warf ihnen vom Bahnsteig aus Kusshände zu. Ein älterer Mann erschien, nahm ihren Koffer, küsste sie zärtlich, sah zum Zug hoch und winkte Greg zu. Greg winkte zurück.

»Ihre neue Zweierkiste«, sagte er.

Weiteres Winken, als der Zug sich in Bewegung setzte, dann brachte er zusammen mit Greta Katy zurück ins Abteil, wo sie zwischen ihnen einschlief, mitten in einer steilen Steigung. Sie zogen den Vorhang auf, um mehr Luft zu haben, da nun keine Gefahr bestand, dass das Kind aus der Koje hinausfiel.

»Gigantisch, ein Kind zu haben«, sagte Greg. Ein weiterer Ausdruck, der zu der Zeit neu oder zumindest für Greta neu war.

»Kommt vor«, sagte sie.

»Du bist so ruhig. Gleich sagst du ›So ist das Leben‹.«

»Bestimmt nicht«, sagte Greta und sah ihm in die Augen, bis er den Kopf schüttelte und lachte.

Er erzählte ihr, dass er durch seine Religion zur Schauspielerei gekommen war. Seine Familie gehörte einer christlichen Sekte an, von der Greta noch nie gehört hatte. Diese Sekte war nicht groß, aber sehr wohlhabend, oder zumindest einige ihrer Mitglieder waren es. Sie hatten in einer Stadt in der Prärie eine Kirche erbaut mit einem Theater darin. Dort hatte er seine ersten Auftritte, bevor er zehn Jahre alt war. Sie führten Parabeln aus der Bibel auf, aber auch aus der Gegenwart, über die schrecklichen Dinge, die Menschen widerfuhren, die nicht das glaubten, was sie glaubten. Seine Familie war sehr stolz auf ihn, und er natürlich auch auf sich selbst. Er dachte nicht im Traum daran, ihnen alles zu erzählen, was vorging, wenn die reichen Konvertiten kamen, um ihr Gelübde zu erneuern und in ihrer Frömmigkeit wiedererweckt zu werden. Jedenfalls gefiel es ihm sehr, so viel Anerkennung zu erhalten, und er mochte das Theaterspielen.

Bis ihm eines Tages die Idee kam, dass man Theater spielen konnte, ohne all diesen Kirchenkram über sich ergehen zu lassen. Er versuchte, es ihnen in höflicher Form beizubringen, aber sie sagten, das ist der Teufel, der da krallt. Er sagte: Haha, ich weiß, wer da krallt.

Und tschüss.

»Du musst nicht denken, dass alles schlecht war.

Ich glaube immer noch ans Beten und alles. Aber ich könnte meiner Familie nie sagen, was da vorging. Schon die halbe Wahrheit würde sie umbringen. Kennst du solche Leute?«

Sie erzählte ihm, als sie mit Peter nach Vancouver gezogen war, hatte ihre Großmutter, die in Ontario wohnte, sich mit einem Geistlichen ihrer Kirche in Vancouver in Verbindung gesetzt. Er stattete Greta einen Besuch ab, und sie behandelte ihn sehr von oben herab. Er sagte, er werde für sie beten, und sie gab ihm zu verstehen, dass sie darauf keinen Wert legte. Ihre Großmutter lag zu der Zeit im Sterben. Daraufhin schämte Greta sich, und jedes Mal, wenn sie daran dachte, ärgerte sie sich darüber, dass sie sich schämte.

Peter verstand das alles nicht. Seine Mutter ging nie in die Kirche, obwohl sie ihn vermutlich auch über das Gebirge getragen hatte, damit sie katholisch bleiben konnten. Er sagte, katholisch zu sein hatte wahrscheinlich einen Vorteil, man konnte sich nach allen Seiten hin absichern, bis man starb.

Zum ersten Mal seit einer ganzen Weile hatte sie an Peter gedacht.

Es war nämlich so, dass sie mit Greg zusammen etwas trank, während dieses selbstquälerische, aber auch etwas tröstliche Gespräch stattfand. Er hatte eine Flasche Ouzo hervorgeholt. Sie ging sehr vorsichtig damit um, wie mit jedem alkoholischen Getränk seit dem Literatenfest, aber es stellte sich doch Wirkung ein.

Genug dafür, dass sie anfingen, einander die Hände zu streicheln, und dann zu Küssen und Zärtlichkeiten übergingen. All dies musste neben dem Körper des schlafenden Kindes vor sich gehen.

»Lass uns lieber aufhören«, sagte Greta. »Sonst werden wir es bereuen.«

»Das sind nicht wir«, sagte Greg. »Das sind zwei andere.«

»Dann sag ihnen, sie sollen aufhören. Weißt du, wie sie heißen?«

»Moment. Reg. Reg und Dorothy.«

Greta sagte: »Lass das sein, Reg. Was ist mit meinem unschuldigen Kind?«

»Wir können in mein Abteil gehen. Das ist nicht weit weg.«

»Ich hab keine …«

»Ich aber.«

»Etwa dabei?«

»Natürlich nicht. Für was für ein Tier hältst du mich?«

Also ordneten sie, was an Kleidung in Unordnung geraten war, schlossen sorgfältig jeden Knopf der Koje, in der Katy schlief, stahlen sich aus dem Abteil und machten sich mit gespielter Unbekümmertheit auf den Weg von Gretas Wagen zu seinem. Das war kaum nötig – sie begegneten niemandem. Die Fahrgäste, die nicht im Aussichtswagen waren und Fotos von den ewigen Bergen machten, saßen im Salonwagen oder schlummerten.

In Gregs unordentlicher Koje machten sie dort weiter, wo sie aufgehört hatten. Es war nicht genug Platz für zwei, um sich richtig hinzulegen, aber sie schafften es, sich übereinanderzuwälzen. Anfangs ersticktes Gelächter ohne Ende, dann die tiefen Schocks der Lust, ohne Raum, woanders hinzuschauen als in die geweiteten Augen des anderen. Einander beißend, um sich wilde Laute zu verkneifen.

»Stark«, sagte Greg. »Echt stark.«

»Ich muss zurück.«

»Schon?«

»Katy kann aufwachen, und ich bin nicht da.«

»Gut. Gut. Ich muss mich sowieso für Saskatoon fertigmachen. Was, wenn wir mittendrin ankommen? Hallo, Mama. Hallo, Papa. Entschuldigt mich kurz, ich muss eben noch … Ja-haa!«

Sie zog sich ordentlich an und verließ ihn. Dabei war es ihr ziemlich egal, wer ihr begegnete. Sie fühlte sich schwach, war geschockt, aber in Hochstimmung, wie ein Gladiator – sie malte sich das sogar aus und lächelte darüber – nach einer Runde in der Arena.

Jedenfalls begegnete sie niemandem.

Der unterste Verschluss des Vorhangs war offen. Sie war sich sicher, ihn zugemacht zu haben. Obwohl Katy, auch wenn er offen war, kaum hinausgelangen konnte und es bestimmt nicht versuchen würde. Zuvor, als

242

Greta sie eine Minute allein lassen wollte, um auf die Toilette zu gehen, hatte sie ausführlich erklärt, dass Katy auf keinen Fall versuchen durfte, ihr zu folgen, und Katy hatte gesagt: »Mach ich nicht«, mit dem Vorwurf, dass sie wie ein Baby behandelt wurde.

Greta packte die Vorhänge, um sie ganz aufzuziehen, und als sie das getan hatte, sah sie, dass Katy nicht da war.

Sie drehte durch. Sie riss das Kissen hoch, als könnte ein Kind von Katys Größe sich damit zudecken. Sie klopfte mit den Händen die Decke ab, als könnte Katy sich darunter verbergen. Sie beherrschte sich und versuchte sich daran zu erinnern, wo der Zug gehalten hatte und ob er überhaupt gehalten hatte, während sie mit Greg zusammen war. Falls er gehalten hatte, hätte da ein Kidnapper in den Zug einsteigen und sich irgendwie mit Katy davonmachen können?

Sie stand auf dem Gang und überlegte, was sie tun musste, um den Zug anzuhalten.

Dann dachte sie, zwang sich zu denken, dass nichts dergleichen geschehen sein konnte. Sei nicht albern. Katy musste aufgewacht sein, gemerkt haben, dass sie nicht da war, und sie suchen gegangen sein. Ganz allein hatte sie sich auf die Suche gemacht.

Ganz in der Nähe. Sie musste ganz in der Nähe sein. Die Türen an beiden Enden des Wagens gingen viel zu schwer, als dass Katy sie öffnen konnte.

Greta vermochte sich kaum zu bewegen. Ihr ganzer

Körper, ihr Kopf völlig leer. Das konnte nicht geschehen sein. Zurückkehren, zurück zu dem Augenblick, bevor sie mit Greg wegging. Da anhalten. Halt.

Auf der anderen Seite des Ganges war ein zur Zeit unbesetzter Platz. Der Pullover einer Frau und eine Zeitschrift lagen da, um ihn zu reservieren. Weiter vorn ein Platz, dessen Verschlüsse alle zu waren – so wie bis eben bei ihrem, ihrem und Katys. Sie zog die Vorhänge mit einem Ruck auseinander. Der alte Mann, der dort schlief, drehte sich auf den Rücken, wachte aber nicht auf. Völlig unmöglich, dass er jemanden versteckte.

Was für ein Unsinn.

Dann eine neue Angst. Angenommen, Katy hatte sich auf den Weg zum einen oder anderen Ende des Wagens gemacht und es tatsächlich geschafft, eine Tür aufzukriegen. Oder war jemandem gefolgt, der sie vor ihr aufgemacht hatte. Zwischen den Wagen war ein kurzer Gang, wo man über die Stelle ging, an der die beiden Waggons miteinander verbunden waren. Dort spürte man plötzlich und erschreckend die Bewegung des Zuges. Eine schwere Tür hinter sich und eine weitere davor, und dazwischen klirrende Metallplatten. Die bedeckten die Stufen, die heruntergelassen wurden, wenn der Zug hielt.

Man beeilte sich immer, diese Durchgänge hinter sich zu lassen, wo das Krachen und Schwanken daran erinnerte, dass alles vielleicht doch nicht so fest zusammengefügt war. Fast zu locker und viel zu schnell für dieses Krachen und Schwanken.

Die Tür am Ende ließ sich sogar für Greta nur schwer öffnen. Oder die Angst hatte sie ausgelaugt. Sie stemmte sich mit der Schulter dagegen.

Und dort, zwischen den Waggons, auf einer dieser unablässig lärmenden Metallplatten – da saß Katy. Augen weit offen, Mund leicht offen, verwirrt und allein. Sie weinte überhaupt nicht, aber als sie ihre Mutter sah, fing sie an.

Greta packte sie, hob sie auf ihre Hüfte und taumelte wieder zu der Tür, die sie gerade geöffnet hatte.

Jeder der Wagen hatte einen Namen, zum Gedenken an Schlachten oder Entdeckungen oder berühmte Kanadier. Ihr Wagen trug den Namen Connaught. Das würde sie nie vergessen.

Katy hatte sich überhaupt nicht weh getan. Ihre Kleidung hatte sich auch nicht an den scharfen Kanten der hin und her gleitenden Metallplatten verfangen.

»Ich bin dich suchen gegangen«, sagte sie.

Wann? Eben erst? Oder gleich nachdem Greta sie verlassen hatte?

Bestimmt nicht. Jemand hätte sie dort entdeckt, sie hochgehoben, Alarm geschlagen.

Der Tag war sonnig, aber nicht sehr warm. Ihr Gesicht und ihre Hände waren eiskalt.

»Ich dachte, du bist auf der Treppe«, sagte sie.

Greta deckte sie in ihrer Koje mit der Decke zu, und

in diesem Augenblick fing sie selbst an zu zittern, als hätte sie Fieber. Ihr war übel, und sie schmeckte auch wirklich Erbrochenes in der Kehle. Katy sagte: »Schubs mich nicht«, und rückte von ihr ab.

»Du riechst schlecht«, sagte sie.

Greta zog ihre Arme zurück und legte sich auf den Rücken.

Ganz entsetzlich, zu denken, was hätte passieren können, entsetzlich. Das Kind war immer noch starr vor Protest, hielt sich von ihr fern.

Irgendjemand hätte Katy bestimmt gefunden. Ein anständiger Mensch, kein böser Mensch, hätte sie dort entdeckt und in Sicherheit gebracht. Greta hätte die bestürzende Durchsage gehört, dass ein Kind allein im Zug gefunden worden sei. Ein Kind, das angab, sein Name sei Katy. Sie wäre losgestürzt von da, wo sie gerade war, hätte ihr Äußeres, so gut sie konnte, in Ordnung gebracht und wäre losgestürzt, um ihr Kind abzuholen, hätte gelogen und gesagt, dass sie nur auf die Toilette gegangen sei. Sie hätte sich furchtbar erschrocken, aber ihr wäre das Bild erspart geblieben, das sie jetzt im Kopf hatte, von Katy, die an diesem lauten Ort saß, hilflos zwischen den Waggons. Nicht weinte, nicht jammerte, als müsste sie für immer dort sitzen, ohne je eine Erklärung zu bekommen, ohne jede Hoffnung. Ihre Augen waren seltsam ausdruckslos, und ihr Mund hing einfach offen in dem Augenblick, bevor sie ihre Rettung begriff und anfangen

246

konnte zu weinen. Erst da eroberte sie sich ihre Welt zurück, ihr Recht, zu leiden und sich zu beklagen.

Jetzt sagte sie, sie sei nicht müde, wolle aufstehen. Sie fragte, wo Greg sei. Greta sagte, er mache ein Nickerchen, er sei müde.

Katy und Greta gingen zum Aussichtswagen, um dort den Rest des Nachmittags zu verbringen. Sie hatten ihn fast ganz für sich. Die Leute mit den Fotoapparaten mussten sich an den Rocky Mountains abgearbeitet haben. Und die Prärie, wie Greg angemerkt hatte, war ihnen zu platt.

Der Zug hielt kurz in Saskatoon, und mehrere Leute stiegen aus. Darunter Greg. Greta sah, wie er von einem Paar in Empfang genommen wurde, offenbar seinen Eltern. Auch von einer Frau in einem Rollstuhl, wahrscheinlich eine Großmutter, und dann von mehreren jungen Leuten, die warteten, fröhlich und verlegen. Niemand von ihnen wirkte wie ein Sektenmitglied oder wie jemand, der sittenstreng und unleidlich war.

Aber wie konnte man das jemandem mit Sicherheit ansehen?

Greg ging einen Schritt von ihnen weg und suchte die Fenster des Zuges ab. Greta winkte vom Aussichtswagen, er erblickte sie und winkte zurück.

»Da ist Greg«, sagte sie zu Katy. »Sieh mal, da unten. Er winkt. Willst du zurückwinken?«

Aber Katy fiel es zu schwer, nach ihm zu schauen. Zumindest versuchte sie es nicht. Sie wandte sich mit artiger und leicht gekränkter Miene ab, und Greg wandte sich nach drolligem letzten Winken auch ab. Greta überlegte, ob das Kind ihn bestrafte, weil es verlassen worden war, und sich weigerte, ihn zu vermissen oder auch nur von ihm Notiz zu nehmen.

Also gut, wenn es so sein soll, dann soll es so sein.

»Greg hat dir zugewinkt«, sagte Greta, als der Zug abfuhr.

»Ich weiß.«

*

Während Katy an dem Abend neben ihr schlief, schrieb Greta einen Brief an Peter. Einen langen Brief, der komisch sein sollte, über all die unterschiedlichen Menschen im Zug. Wie sie es vorzogen, in ihre Kamera zu gucken, statt mit eigenen Augen hinzuschauen und so weiter. Katys im Allgemeinen verträgliches Verhalten. Nichts von ihrem Verschwinden natürlich oder dem Schreck. Sie gab den Brief auf, als die Prärie schon weit hinter ihr lag, die dunklen Fichten sich endlos erstreckten und der Zug aus irgendeinem Grund in dem verlorenen kleinen Städtchen Hornepayne hielt.

All ihre wachen Stunden wurden auf diesen Hunderten von Meilen Katy gewidmet. Sie wusste, dass solche Hingabe ihrerseits sich noch nie zuvor gezeigt hatte. Es stimmte, dass sie für das Kind gesorgt hatte, es angezogen, gefüttert und mit ihm geredet hatte, im Laufe der Stunden, die sie zusammen verbrachten,

248

wenn Peter seiner Arbeit nachging. Aber Greta hatte dann auch andere Dinge im Haus zu tun, und ihre Zuwendung war sporadisch, ihre Zärtlichkeiten oft taktisch.

Und das nicht nur wegen der Hausarbeit. Andere Gedanken hatten das Kind verdrängt. Sogar noch vor den sinnlosen, ermüdenden, idiotischen Träumereien von dem Mann in Toronto war die andere Arbeit da gewesen, die Arbeit an Gedichten, die sie, so schien es, fast ihr Leben lang im Kopf getan hatte. Das kam ihr jetzt vor wie ein weiterer Verrat – an Katy, an Peter, am Leben. Und jetzt, wegen des Bildes in ihrem Kopf von Katy, wie sie ganz allein mitten in dem metallischen Lärmen zwischen den Waggons saß, war das noch etwas, was sie, Katys Mutter, aufgeben musste.

Eine Sünde. Sie hatte ihre Aufmerksamkeit auf anderes gerichtet. Hatte sich willentlich mit aller Kraft auf etwas anderes konzentriert als das Kind. Eine Sünde.

Sie kamen am späten Vormittag in Toronto an. Der Tag war dunkel. Ein Sommergewitter ging mit Blitz und Donner nieder. Katy hatte solch einen Tumult an der Westküste noch nie gesehen, aber Greta sagte ihr, sie brauche keine Angst zu haben, und sie hatte offenbar keine. Auch nicht vor der noch größeren, elektrisch beleuchteten Dunkelheit, die ihnen in dem Tunnel begegnete, in dem der Zug hielt.

Sie sagte: »Nacht.«

Greta sagte, nein, nein, sie mussten nur bis zum Ende des Tunnels gehen, jetzt, wo sie aus dem Zug ausgestiegen waren. Dann eine Treppe hinauf, oder vielleicht gab es eine Rolltreppe, und dann würden sie in einem großen Gebäude sein und dann draußen, wo sie sich ein Taxi nehmen würden. Ein Taxi war ein Auto, weiter nichts, und das würde sie zu ihrem Haus bringen. Ihrem neuen Haus, wo sie eine Weile lang wohnen würden. Sie würden dort eine Weile lang wohnen, und dann würden sie zurückfahren zu Daddy.

Sie gingen eine Schräge hinauf, und da war eine Rolltreppe. Katy blieb stehen, also blieb Greta auch stehen, bis die Leute an ihnen vorbei waren. Dann hob Greta Katy hoch und setzte sie sich auf die Hüfte, mit der anderen Hand packte sie den Koffer und zog ihn rumpelnd auf die gleitenden Stufen. Oben setzte sie das Kind ab, und sie konnten sich wieder bei den Händen halten, im hellen, prächtigen Licht der Union Station.

Dort begannen die Leute, die vor ihnen gegangen waren, auseinanderzustreben, um von den Wartenden in Empfang genommen zu werden, die ihre Namen riefen oder einfach auf sie zugingen und ihre Koffer nahmen.

Wie jemand jetzt ihren Koffer nahm. Ihn an sich nahm, Greta an sich nahm und sie zum ersten Mal küsste, auf entschlossene und feierliche Weise.

Harris.

Anfangs ein Schock, wirres Durcheinander in Gretas Innerem, dann ungemeine Beruhigung.

Sie versuchte, Katy festzuhalten, aber die riss sich in diesem Augenblick los.

Sie versuchte nicht, fortzulaufen. Sie stand einfach da und wartete darauf, was nun kam.

Roger Willemsen

Diesseits von Nirwana

Der Dalai Lama in Nordindien

Der Weg zum »Gottkönig« in Dheradun führt über das »Meridien« in Neu-Delhi. An einer der großen Einfallstraßen in die Hauptstadt gelegen, vom Flughafen aus im temperierten Bus komfortabel erreichbar, überstrahlt es die Nachbarschaft mit seinem illuminierten Schriftzug. Innen die weltumspannende Fahrstuhlmusik aller »Meridiens«, die identischen Seifenspender im Bad, die bekannten Tagesdecken über den Kissen. Eine Tagesreise von Europa entfernt, erfüllt das Hotel seine globale Funktion vollendet, macht Indien vergessen und breitet ein Habitat aus, das klimatisch und ästhetisch ohne Überraschungen ist.

Von Europa aus betrachtet könnte man auch sagen, man hat die Erste Welt der Bequemlichkeit nicht verlassen. Von den Straßen Neu-Delhis aus betrachtet, lebt man im geschichtslosen Raum des Komfort-Paradieses. Was soll's, es ist zum Inbegriff des Komforts geworden, die Geographie vergessen zu machen.

Wir sind abends angekommen, übermüdet. Im Hotelrestaurant haben wir chinesisch gegessen und aus großen beschlagenen braunen Flaschen indisches Bier getrunken. Das war unsere erste Begegnung mit dem Land.

»Malzig«, befand einer.

Und dies war der erste Kommentar zu den Eigentümlichkeiten des Landes. Wieder oben im Zimmer, konnte man im Fernsehen die erwarteten Frauen in ihren langen Saris Sitcom spielen sehen. Auf Ritterfilme folgten Fantasy-Schinken oder tränentraurige Schmachtfetzen aus Bollywood, weich gezeichnet, die Frauen farbenfroh geschminkt, die Männer mit ihren Mützchen weichlich lächelnd, und weil keine Nackten erlaubt sind, fliegen unablässig junge Frauen ins Wasser und steigen nass wieder raus.

Ein paar Kanäle weiter zählte CNN die internationalen Hotels auf, in denen man CNN empfangen konnte. Auch das »Meridien, Neu-Delhi« war dabei und der Zuschauer in diesem Augenblick exakt auf der Höhe der Zeit.

Am nächsten Tag sind wir dann doch noch in die Stadt gegangen. Untrainiert haben wir uns über die Marktstraßen bewegt, durch die Hallen mit Stoffballen und Leder, Puppen und poliertem Kupfer, an den Auslagen vorbei mit den kostbaren Edelsteinen

Indiens, Smaragde und Rubine neben Korallen und Goldschmuck. Meist tobte eine Gruppe von Kindern um uns herum. Aber als ein Junge begann, uns die Verstümmelten, die Hautkranken und die auf Krücken Heranwackelnden vom Leib zu halten, entließen wir unsere Beschützer gestenreich, fanden uns aber damit ab, dass sie uns in einigem Abstand folgten, von Zeit zu Zeit einen Kurier mit einem neuen Verhandlungsangebot vorausschickend.

Wir waren zu viert, zugleich unausgeschlafen und überwach. Die Stadt drang uns mit ihrem intensiven Aroma, ihrem Krakelen und Drängen unter die Haut. Je ärmer die Viertel, desto satter die Farbe, desto reicher und verspielter die Ornamente, desto wirrer die Strukturen und Lebensformen. Der Wohlstand begradigt, ordnet, entfärbt, sterilisiert. Die Stufen der Armut waren auch hier ablesbar am Entwicklungsstand der Hygiene.

Am Abend hatten wir den Straßenmarkt gesehen und den Markt für die Einheimischen. Wir hatten an einem Glücksspiel teilgenommen, drei Baumwolldecken, bedruckt mit indischen Mustern, gekauft und uns im Übrigen dem Fluss der Straßen anvertraut.

Zweimal hatten wir unseren Kontaktmann in Dheradun angerufen, einen französischen Freelance-Journalisten namens Bastow, der seit ein paar Wochen die Vorbereitungen und Zeremonien zu einer seltenen Klosterweihe in Nordindien begleitete und sich gut auskannte, weil er für eine große Zeitung seit Wochen an einer Reportage schrieb. Er war wie immer übernervös gewesen.

Am Nachmittag hatte ich im Hotel zu mehreren Gläsern Mango Lassi weitere Fragen notiert und ein Buch des Dalai Lama zu Ende gelesen. Einer »Heiligkeit« hatte ich nie gegenübergesessen, aber der kindliche Gottesglaube war vor vielen Jahren nach einer Phase von gnostischem Atheismus in ein Interesse am spirituellen Leben Asiens übergegangen. Mit der Zeit wurden dann »Siddhartha« und Castaneda abgeworfen, und es blieben die buddhistischen Schriften übrig. Sie hatten den Bestand östlicher Philosophie, unabhängig von allen Fragen des Glaubens.

Abends aßen wir dann endlich im »Gaylord«, bestellten Chicken Tikka Masala mit Gemüsecurry und Tarka Dal. Vor dem Dessert lief wie bestellt eine einzelne Ratte mit mäßigem Tempo quer durch den Raum. Die einzige Touristin im Saal stieg wirklich wie in einer Filmklamotte auf den Tisch, allerdings mundtot vor Entsetzen, und Bobby, der indische Kameramann, freute sich von Herzen.

Er war ein schmaler, gut aussehender Familienvater Mitte zwanzig: sanfte Züge, tiefe Augen und ein schnelles Lächeln. Am liebsten beobachtete er uns. Wenn er sprach, tat er es in ausgereiften Sätzen, die manchmal noch lange nachhallten, so literarisch konnten sie klingen. Ich weiß nicht, was es war, aber seine Mischung aus Unbefangenheit und Lebenserfahrung wirkte so anziehend, dass man ihm immer gerne zuhörte, sofern er überhaupt ausgreifender redete. Bobby, fanden auch die anderen, war ein Glücksfall.

Am nächsten Morgen brachen wir, in zwei Wagen kolonnefahrend, früh auf und verließen Neu-Delhi Richtung Norden. Das Hotel war noch kaum richtig wach, und in der Innenstadt sah man nur selten jemanden mit einem Schlauch den staubigen Bürgersteig zwischen den schlafenden Straßenkindern abspritzen. Aber der Stadtrand war voller Bewegung.

Motorrikschas kreisten auf der Suche nach Fahrgästen, Straßenhändler zogen auf dem Weg ins Zentrum ihre Karren hinter sich her; Frauen mit überbordend beladenen Obstkörben machten sich in Gruppen auf zur Bahnlinie, wo man die Pendler durch die offenen Fenster versorgte, und auch die kleinen Handwerker, Schuhmacher, Fahrrad-Reparateure schleppten ihr Werkzeug an den Wegrand und richteten sich auf die frühe Kundschaft ein.

Schließlich wurde die Ausfallstraße breiter, die Stände lagen jetzt weiter auseinander, und der Horizont öffnete sich auf eine ferne Berglinie.

Nur alle zehn Jahre wird das Fest der Klosterweihe in Dheradun im indischen Himalaya gefeiert, ein Ereignis, aber ein spirituelles. Deshalb würde man es prachtvoll, wenn auch im Einklang mit buddhistischer

Mäßigung, gestalten. Am Abend nach unserem Interview sollte die festliche Zeremonie ihren Höhepunkt erreichen. Menschen aus großer Entfernung strömten längst in langen Karawanen herbei. Einige, die etwa aus dem alten Ladakh stammten, waren seit Wochen unterwegs. Wir hatten für unsere gesamte Wegstrecke aus Deutschland nicht einmal zwei Tage gebraucht.

Von der Straße aus riefen wir Bastow, unseren Kontaktmann, abermals an. Er sprach schnell, mit einer geradezu hochfrisierten Stimme und klang furchtbar aufgeregt, denn immer stimmte irgendein Detail nicht, trotzdem: Natürlich habe er die Zimmer reserviert, oder zumindest die Betten, der Interviewtermin sei bestätigt, aber man wisse ja hierzulande nie, er jedenfalls habe schon Dinge erlebt … er könne Sachen erzählen … Ja, doch! Wenn wir uns eilten, könne man abends miteinander essen, dann könne er vielleicht sogar versuchen, auch Clare dazuzuholen.

Wer Clare sei, ließen wir fragen. Seine Frau, gab er lakonisch zur Antwort.

Niemand von uns war Bastow je begegnet. Vielmehr hatten wir einen Tipp bekommen. Da er doch schon so lange an seiner Dalai-Lama-Reportage arbeite, gehöre er schon fast zur heiligen Familie und stehe uns für inhaltliche wie für logistische Fragen zur Verfügung. Alles Organisatorische werde von ihm am Ort selbst erledigt.

Am Telefon wirkte der Mann alles andere als abgeklärt. Immer auf dem Sprung, schien er zugleich kontinuierlich erschöpft und überfordert, wiederholte sich dauernd und brachte die nämlichen Informationen unermüdlich und in der immer gleichen asthmatischen Diktion vor. Ein merkwürdiger Vergil auf dem Weg zum Gottkönig.

Die Fahrt zog sich. Alles, was nur in Sichtweite der Straße nach Norden wohnte, schien sich jetzt auf der Fahrbahn zu drängen. Menschen gingen, fuhren und saßen auf der Straße, sie spielten hier, sie trafen sich mit Freunden, sie transportierten ihre Schutzgötter, hielten Äffchen an der Leine oder in viel zu kleinen Käfigen. Hühner und Rinder wurden in Scharen und Herden über die Fahrbahn getrieben, auch Lastelefanten schaukelten vorüber, und einmal kam über eine blumenbedeckte Straße ein Hochzeitszug daher.

Der Verkehr auf der zweispurigen, manchmal im Lehm verschwindenden Straße rollte über manchmal vier, manchmal sechs Bahnen, je nachdem, ob man Tierpfade, Kinder- und Bollerwagen-Spuren dazurechnet. Das Gewirr war undurchdringlich, und unvorhersehbar jede neue Bewegung auf der Fahrbahn. Wir passierten monströse Kinoplakate, Frisiersalons für spezielle ethnische Gruppen, Prozessionen, alte Frauen mit Bauchläden und wandernde Doktoren mit ihren Auslagen von Tierkadavern und gemahlenen botanischen und anorganischen Substanzen. Das symphonische Zusammenspiel aller Stimmen auf dieser Straße verdichtete sich zu einem kakophonischen Brausen: Indien!

Wir waren bereits eine Tagesreise unterwegs, als die Berge an Höhe gewannen, die Serpentinen begannen und im Schatten des Waldes ihre gewundene Spur immer höher schraubten. Ausgetrocknete Flussbetten begleiteten die Straße, manche Erosion hatte die Hänge abgeschält, fruchtbare, verwahrloste und unfruchtbare Parzellen griffen durcheinander.

Nach Einbruch der Dunkelheit kamen wir endlich in Dheradun an, in der Hotelhalle schon ungeduldig erwartet von Bastow. Spindeldürr, ganz in Schwarz gekleidet und pausenlos in Bewegung, war er die skurrile Erscheinung, die wir erwartet hatten: Der Kopf auffallend schmal, das Gesicht von tief eingefressenen Magenfalten graphisch gezeichnet, der Teint so blass, als sei der Mann einem englischen Schauerroman des 19. Jahrhunderts entstiegen. Keiner konnte sich ihm entziehen. In der Farbenpracht des indischen Hochlands war er allein »gothic«.

Er verhandelte mit dem Wirt, er verhandelte mit den Fahrern, er kommandierte das Hotelpersonal beim Entladen der Wagen, er verschwand zu Clare, er kam zurück von Clare mit besorgter Miene. Was immer er tat, wurde von Stromstößen befeuert, und so sahen wir ihn selbst dann fasziniert an, wenn er bloß einen Stundenplan für die nächsten zwei Tage entwickelte, wobei seine Stimme gestisch unterstützt wurde durch abrupte, eigentlich schreckhafte Handbewegungen. Kurz, man befand sich nicht lange in seiner Gegenwart und wurde allmählich selbst nervös.

»Ich werde jetzt Clare bitten«, sagte er, als wir uns endlich alle zum Essen eingefunden hatten. Es klang wie die Ankündigung des Dalai Lama selbst.

Aber ehrlich gesagt übertraf Clare dann auch alle unsere Erwartungen. Als sie zur Tür hereinkam, änderte sich die Atmosphäre schlagartig. Während auf der einen Seite Bastow existenzialistisch, ausgezehrt, am Ende seiner Nerven schien, und sich auf der anderen Seite die Angestellten des kleinen Hotels die Gelassenheit der Zeremonien bereits zu Herzen genommen hatten, schien an Clare das eine wie das andere vollständig vorübergegangen zu sein. Gleißend künstlich blond, wuchtig gewachsen und in phlegmatischem Selbstgenuss jeder einzelnen Bewegung trat sie an den Tisch, sah jedem reihum in die Augen und zog vor dem Handschlag dann noch ihren rechten Ärmel hoch, wodurch sie ihren glatten, feisten Unterarm entblößte.

Zur Feier der Stunde trug sie eine Kombination aus naturfarbenen Wollsachen, hatte sich die Lippen rot gemalt, und wer sich ihr näherte, roch das Haarspray. Abgesehen von jener sinnlichen Präsenz, die jeden am Tisch erreichte und blöd gucken ließ, brachte sie vor allem etwas Gelassenheit in die Atmosphäre, stellte Fragen, die nichts mit der Arbeit zu tun hatten, legte beim interessierten Zuhören die Hand auf den

Unterarm des Redenden und verbreitete Wohlwollen. Ihr brütender Eros wäre auch in einem Restaurant irgendwo in Deutschland aufgefallen, hier, in der Kargheit der Zeremonienstätte, wirkte sie geradezu brachial.

In ihrem Schlepptau befand sich außerdem Pravu, ein zehnjähriger indischer Junge mit dem auffallenden Talent, sich rasch zu assimilieren, Verhältnisse zu durchschauen, Autoritäten abzuschätzen und jedem Einzelnen persönlich zu begegnen, auf immer eigene Art. Er saß an diesem Abend neben mir, schmal, braun und lebendig, und ich erinnere mich, wie leicht es war, mit ihm ins Gespräch zu kommen. Schon vor Wochen war er mit den Bastows hier oben eingetroffen.

»Alles für den Dalai Lama?«

Ach nein, der war ihm nicht so wichtig, aber von den Zeremonien verstand niemand mehr als Pravu, schließlich hatte er Proben gesehen, Besprechungen belauscht und die Mitwirkenden befragt, hatte Freundschaften zu einigen Pilgern aus Ladakh geschlossen und ging bei den Mönchen ein und aus.

»Wir haben Pravu vor Jahren in Neu-Delhi kennengelernt«, sagte Clare auf Französisch, über den Tisch hinweg. »Er ist Straßenkind, und wir haben ihn richtig ins Herz geschlossen.«

Sie sei früher jahrelang in Indien unterwegs gewesen, sagte sie. Ja, auch in Goa. Aber den Kontakt zu Pravu hätten sie nie verloren.

»Wenn wir heute hierherkommen, suchen wir zuerst unseren Pravu auf den Straßen von Neu-Delhi, und als ginge es nicht mit rechten Dingen zu: Wir finden ihn immer. Manchmal verbringen wir nur ein paar Tage zusammen, manchmal nehmen wir ihn sogar auf eine unserer Reisen mit. Also haben wir ihn auch diesmal gefragt, nicht Pravu?«

So ermuntert, nickte der Junge pflichtschuldig und strahlte sicherheitshalber.

»Und er war glücklich, mit hier raufzukommen. Das bedeutet einfach mal Abwechslung für ihn. Und Sicherheit. Und regelmäßige Ernährung. Und ein warmes Bett. Nicht wahr?«

Sie legte ihre Hand auf seinen Kopf. Pravu bemühte sich immer noch zu verstehen. Er sah ganz aufmerksam zu, als ich Clare beglückwünschte zu ihrer unkomplizierten, menschenfreundlichen Art. Anschließend verwickelte ich Pravu in ein Gespräch über den Dalai Lama, den er in den vergangenen Wochen schon mehrfach gesprochen hatte.

Nur eine Stunde später erhob sich Clare, nahm ihren Schützling an die Hand – was seinem Alter nicht mehr ganz entsprach – und forderte auch ihren hypermotorischen Gatten auf, es sei Zeit, immerhin sei morgen ein langer Tag, und er könne doch gleich mitkommen.

Eigentlich roch das nach einer Situation für Herrenwitze, aber am Vorabend unserer Begegnung mit dem

Dalai Lama folgten wir dem ungleichen Trio nur mit den Augen, und niemand erlaubte sich eine zotige Bemerkung, als die drei davonzockelten. Schließlich aber drehte sich Bastow noch einmal um, trat an den Tisch, packte ein paar Früchte auf eine Untertasse und sagte entschuldigend:

»Für Mutter.«

»Welche Mutter?«

So erfuhren wir, auch seine gebrechliche Mutter habe den Dalai Lama unbedingt einmal in ihrem Leben sehen wollen. Sie wohne deshalb mit auf jenem Zimmer, das sie sich also zu viert teilten und das ich nie von innen gesehen habe.

Am nächsten Tag nahmen wir die Klosteranlage in Augenschein. Sie lag wie eine Festung zwischen den Bergen, geschmückt mit Transparenten und Blumen. Überall arbeiteten Menschen, manche hatten in der Nacht nur auf Matten geschlafen, andere kamen mit hundertjährigen, wasserklaren Gesichtern auf Eseln und Maultieren erst angeritten – wie viele Tagesreisen hinter ihnen lagen, hätte niemand sagen können.

Zu festen Zeiten versammelten sich die Betenden im Hof, im Übrigen saßen sie und redeten, säuberten die Anlage oder besorgten von irgendwo Obst oder Gemüse. Ich ließ mir von Pravu den gesamten Gebäudekomplex, die Gärten und die Tagesabläufe erklären, und da die Menschen alle derartig offen waren, setzten wir uns auch manchmal einfach auf den Boden und kamen mit irgendeinem Vorbeigehenden ins Gespräch. Vom Klosterwall aus sah man direkt in den Himalaya, aus dem auf ihren Lasttieren noch immer Menschen strömten, kleine Reiter mit ledernen Gesichtern und schwarzen Zöpfen unter dem Hut. Die Luft war klar und warm, und alle schienen glücklich.

Alle Würdenträger der Welt pflegen die gemessene Bewegung. Nicht der Dalai Lama. So flink wie seine Augen sind oft seine Schritte und Gesten. Es ist sein ungewöhnliches Temperament, ebenso wie die Gewohnheit, alles auf einmal erfassen und beantworten zu müssen, die ihn stets engagiert erscheinen lassen, und da sein Duktus im Sprechen ganz ähnlich ist, wirkt er oft enthusiastisch, manchmal auch auf nahezu unschuldige Weise beteiligt.

Als er den Raum, einen karg möblierten Salon mit sparsamem Bilder- und Blumenschmuck, betrat, nahmen alle eine bestimmte Aufstellung ein, verbeugten sich, hielten das obligatorische Stück weißen Schals zur feierlichen Begrüßung bereit.

Aber der Dalai Lama brachte schon bei der Tür jemanden zum Lachen. Seine Bemerkung wurde weitergegeben, und die Zeremonie der Schal-Weihe eröffnete also ein Gelächter. Ebenso wenig förmlich verlief die Begrüßung jeder einzelnen Person im Raum, und da er für kleine Gespräche über Alltägliches mehrmals stehen blieb, war die Situation bald zwanglos.

Wenn eine Methode hinter diesem Vorgang steckte, dann hatte sie ein einfaches Ziel: Alle im Raum sollten sich mit dem Eintritt des Dalai Lama besser fühlen als zuvor, das war gelungen. Anders gesagt, Seine Heiligkeit erfüllte zunächst sein altruistisches Ziel, das Lebensgefühl anderer zu steigern.

Ich versuchte, in seiner Erscheinung zu lesen, den amüsiert umherwandernden Augen, dem Übergang vom Lächeln zum Ernst, der begeisterten Gestik, dem Schwung, mit dem er den Arm mit den vier großen Impfnarben aus dem Tuch befreite, der Haltung mit dem vornübergeneigten, horchenden Kopf. Als wir uns setzten, musterte er mich mit unverhohlener, ja entwaffnender Neugier.

»Ich spreche Sie mit ›Eure Heiligkeit‹ an. Haben Sie eigentlich selbst ein Gefühl für diese Heiligkeit?«

»Nicht sonderlich. Ich bin einfach nur ein Mensch.«

»Wann haben Sie selbst ein Gefühl dafür erworben, heilig zu sein?«

»Als ich nach Lhasa kam, haben mich die Menschen dort wie einen höheren Lama behandelt. Aber ich glaube, all das wird in seiner Bedeutung ein bisschen übertrieben.«

»Wären Sie verletzt gewesen, wenn ich Sie einfach mit Ihrem bürgerlichen Namen, mit ›Herr Gyatso‹ angeredet hätte?«

»Nein, denn ich gebe nicht allzu viel auf Konventionen. Wir sind einfach Menschen. Wenn wir uns auf dieser Ebene treffen, können wir uns am leichtesten verständigen.«

»Also, was denkt Herr Gyatso über den vierzehnten Dalai Lama?«

»Er ist ein armer Kerl und trägt eine schwere Verantwortung.«

Dazu lachte er so herzlich, dass der Widerspruch vollendet war. Man konnte sich förmlich entscheiden: Entweder ist der Dalai Lama nicht wahrhaft zu bedauern oder er wird nicht wahrhaft bedauert oder das Lachen des Dalai Lama überdauert alle Kümmernisse im Einzelnen. Seine Antworten spricht er schnell, in einem Englisch, das er selbst »gebrochen« nennt und in dem manchmal kleine Pausen entstehen.

»Ein armer Kerl« ist er indessen tatsächlich. Denn seit 1950, als die Chinesen Tibet besetzten, leben die Gläubigen um den Dalai Lama im Widerstand. Spätestens seit 1959 und der dramatischen Flucht des Gottkönigs und seiner Anhänger nach Indien haben die Chinesen nicht nur die Zerstörung des kulturellen Erbes der Tibeter betrieben, sondern dem 14. Dalai Lama auch nach dem Leben getrachtet.

Nicht nur das, vor allem die Herausforderungen der politischen Situation, die weltweite Diplomatie, die Verpflichtung, sich der Aufgabe auch eines weltlichen Oberhauptes zu stellen, haben den Mönch in seiner Glaubenspraxis erheblich eingeschränkt, und so führt der Dalai Lama heute ein Leben fern von den eigenen

Idealen. Wäre er ersetzbar, er täte vermutlich nichts lieber, als alle weltlichen Aufgaben abzulegen. Aber in der Geschichte der Lamas war es nun einmal diesem vierzehnten bestimmt, so weit in die Politik vorzudringen, wie es keinem seiner Vorgänger bestimmt war. Deshalb erscheint mir für den Augenblick die spirituelle Seite auch als die persönlichere.

»Der Buddhismus fußt auf dem Gedanken der Reinkarnation. Können Sie von sich sagen, Sie seien Baum, Busch, Vogel gewesen?«

»Oh ja, natürlich. Aber ich habe von alledem kein Gefühl zurückbehalten, ich besitze keine spezifische Erinnerung daran.«

»Ist es Ihnen denn in der Meditation möglich, mit der Natur zu verschmelzen?«

»Nein, eine solche Erfahrung habe ich nicht. Das ist es ja genau, worüber ich mich bei meinen geistigen Freunden beschwere. Ich habe nicht genug Zeit, und demzufolge kann ich eine so tiefe Glaubenspraxis, wie ich eigentlich möchte, nicht leben.«

»Was bedeutet Ihnen dann der Gang durch den Garten?«

»Die Natur ist einfach wunderbar, und ihre Gesetze entziehen sich manchmal schlicht der Beschreibung. Ob es einen Schöpfer gibt oder nicht, diese Dinge sind wirklich da. Sie folgen einem natürlichen Gesetz. Wird das Gesetz aber gebrochen, kommt es zur Degeneration. Die Natur ist kooperativer als der Mensch.«

»Wie erfahren Sie selbst dann die Zerstörung dieser Natur?«

»Als wir damals nach Tibet kamen, hatten wir noch keine Ahnung von den bestehenden Gefahren für die Natur. Da gab es für uns zunächst nur diesen herrlichen Planeten, auf dem wir bequem sitzen. In den Himmel blicken, den Mond betrachten, die Sterne – das ist wunderbar. Dazu gibt es keine Alternative. Das ist unsere Heimat. Aber wenn wir jetzt auf den Mond fahren wollten, um dort zu siedeln, dann wäre das hoffnungslos, und es wäre hoffnungslos, dort bleiben zu wollen. Diese wunderbaren Dinge bleiben dort in der Ferne als ein Schmuck des ewigen Raums, aber unsere Heimat ist das nicht. Das ist die Erde. Wenn wir uns also um unser eigenes Heim nicht kümmern, ist das töricht. Ohnehin stößt die Natur gerade an eine Grenze. Unser Verhalten ist von größter Bedeutung für den Planeten, denn der Friede mit der Natur ist unsere einzige Möglichkeit, als Menschheit zu überleben.«

Alle Repräsentanten, Könige, Präsidenten, Staats- und Religionsoberhäupter bedienen sich der unverbindlichen Rede, um nicht durch pointierte Standpunkte ihre Anhängerschaft zu brüskieren. Wenn der Dalai Lama verwandte Sprechformen benutzt, tut er es nicht absichtsvoll, vielmehr sind seine Sentenzen Ausdruck einer ganzheitlichen Sicht der Dinge, und sie werden poetisch bereichert durch Bilder, Natureindrücke, scharf gesehene Details aus dem Alltagsleben. Auch spiegeln alle seine Worte durch die temperamentvolle Art ihres Ausdrucks ein lebendiges Eigenleben. So löst der Enthusiasmus seiner Rede alle Gemeinplätze auf und macht sie wieder erfahrbar.

Eine alte Überlieferung fällt mir ein, sie erinnert geradezu an Franz von Assisi:

»Haben Sie denn, wie frühere Lamas auch, eine besondere Beziehung zur Familie der Krähen?«

Offensichtlich amüsiert ihn, dass ausgerechnet diese Legende ihren Weg bis nach Europa gefunden haben soll.

»In Lhasa in Tibet hatte ich früher einmal einige Tauben gehalten. Ich habe ihnen an den Flügeln ein paar Federchen leicht gestutzt, damit sie nicht wegfliegen konnten. Ich habe sie immer beobachtet und gefüttert, das hat mir Spaß gemacht. Aber eines Tages hatte ich vergessen, das Türchen zu ihrem Schlag zu schließen. Als ich Stunden später wiederkam, hatten sich ein paar Krähen eingeschlichen und ein paar meiner Tauben getötet. Seither ist meine Beziehung zu den Krähen doch eher negativ.«

Er lacht so herzlich, als sei dies auch nicht mehr als eine kindliche Laune, ein Schmollen gegen die unschuldige Natur, dessen man sich eigentlich schämen müsste. Dann fügt er an:

»Manchmal habe ich sogar ein Luftgewehr genommen, um diese Krähen zu vertreiben.«

Er lacht noch herzlicher und macht mit den Händen erst eine Bewegung, als schösse er in die Luft, aber dann zerstäubt die Gebärde und wirkt jetzt eher wie das Flügelschlagen der fliehenden Krähen.

»Also lieben Sie in der Natur nicht alles gleichermaßen?«

Sein Lachen ist Sprache, das bedeutet, dass man es missverstehen kann. An dieser Stelle lacht der Dalai Lama noch einmal herzhaft, aber ohne Ironie und ohne Herablassung, sondern wohl eher angesichts dieses plumpen Versuchs, ihn auf dem Weg über den logischen Schluss eines Widerspruchs zu überführen. Aber so wie er in jedem Augenblick die eigene Stellung zurückgenommen und sich selbst allen anderen gleichgeordnet hat, so nimmt er auch jetzt, lachend, keine universelle, ausgeglichene und gerechte, mit einem Wort keine göttliche Naturliebe für sich in Anspruch und antwortet lieber:

»Vielleicht nicht. Aber unter buddhistischem Blickwinkel ist das alles relativ. Wenn wir zum Beispiel auf einem hohen Berg ein Opfer abhalten, mit brennendem Weihrauch und Kräutern, und der Rauch steigt auf, und da oben in solcher Höhe sind keine anderen Tiere zugegen als die Krähen, dann sehen sie sehr hübsch aus. Sind hingegen kleinere Vögel zugegen, werden die Krähen aggressiver, und damit ändert sich auch unser Verhalten zu ihnen. Das ist das Gesetz des Lebens.«

»Wenn Sie also alles lieben in der Natur, lieben Sie dann auch mich?«

»Natürlich. Warum nicht?«

Er mustert mich noch einmal unverhohlen, seine Wimpern schlagen ein paar Mal rasch hintereinander. Seine kleine Irritiertheit hat ihn im Augenblick ganz ernst werden lassen. Dann aber fährt er fort:

»Auch wenn wir eine unterschiedliche Kultur und Hautfarbe haben, wenn ich andere Menschen kennenlerne, lasse ich die sekundären Unterschiede außer Acht. Ich dringe in die Tiefe der Menschen ein, unabhängig von unterschiedlichen Gesinnungen oder kulturellen Bestimmungen. Auf der menschlichen Ebene, die ich suche, dort finde ich keine Hindernisse. Ich stoße zum Menschen vor. Denn Sie sind für mich kein Ausländer, sondern ein Mensch. Auf dieser Ebene ist es für mich viel leichter, mit Ihnen zu sprechen. Man muss sich nichts vormachen.«

»Haben Sie Mitleid mit mir als dem einzelnen Menschen oder haben Sie Mitleid mit den Menschen insgesamt?«

»Auf der ersten Ebene, von Mensch zu Mensch, habe ich kein Mitleid mit Ihnen. Sie sehen doch ganz zufrieden aus. Sollten Sie aber in der Tiefe eine Sorge haben, weiß ich das im Moment nicht. Wenn wir mehr Zeit miteinander verbringen und ich eine solche Sorge entdecke, dann entwickele ich vielleicht Mitgefühl mit Ihnen, aber noch sehen Sie aus wie ein Gentleman.

Auf der anderen Ebene, als Buddhist, habe ich natürlich Mitgefühl, aber nicht Mitleid, denn das bedeutet doch, dass man sich selbst in eine sichere, überlegene Position begibt und den anderen so etwas schwächer sieht. Das ist nicht wahres Mitgefühl. Wahres Mitgefühl verrät sich in der echten Liebe und der echten Sorge für die Menschen, in der Anerkennung der Rechte des Einzelnen. So habe ich Sorge um andere, und so bildet sich echtes Mitgefühl, gemeinsam mit Verantwortung und Hochachtung.

Es ist sehr schwierig, die geistige Ebene eines Menschen wirklich zu erreichen. Wir sind zunächst beide Menschen und als solche Teil der leidenden Natur. Eben hier, in der Tatsache, dass wir Menschen sind, liegt die Ursache unseres Leidens von der Geburt bis zum Tod. Es ist der Körper, der zu Schmerzen führt, es ist die Bindung, die wir zu ihm unterhalten, die Leiden macht. Jedes fühlende Wesen ist in dieser Lage. Darin liegt die Quelle des Mitgefühls.«

»Sind Sie auf dieser Grundlage in der Lage, selbst für jemanden wie Hitler Mitgefühl zu empfinden?«

»Natürlich. Keine Frage! Auf geistiger Ebene wissen wir nicht immer, welche Bedeutung die Dinge haben. Manchmal kommt es auf dieser geistigen Ebene zur Manifestation eines Zerstörers des Buddhismus. Hitler, Stalin oder Mao Tse-Tung sind in ihrer historischen

Wirkung sehr grausam gewesen. Buddhistisch gesehen ist dies ein negatives Karma. Jene, die Leiden zufügen, erringen gerade ihr negatives Karma; jene aber, die ihre Taten erleiden, ernten gerade die Folgen ihres negativen Karmas. Demzufolge müssen wir um diejenigen, die Leiden zufügen, mehr Sorge tragen als um jene, die ihr Leiden gerade erleben.«

Was folgt, ist eine längere Auseinandersetzung um die Politik der Chinesen in Tibet, die möglichen Folgen einer Reise des Dalai Lama dorthin und die internationale Feigheit vor einer Brüskierung Chinas. Auch hier findet sich das geistliche und weltliche Oberhaupt der Tibeter vor einem Paradoxon: Er muss der Besetzung Tibets mit allem Nachdruck widerstehen, aber er darf weder die Sache des Landes noch die Gegnerschaft der Chinesen zu einer Sache der Leidenschaft und damit der Gefährdung seines geistlichen Friedens werden lassen. Selten wurde ein Würdenträger der Religion auf so exponierter Stelle mit einer ähnlich unmöglichen Herausforderung konfrontiert.

»Nach den chinesischen Massakern von Lhasa und auf dem ›Platz des himmlischen Friedens‹ waren Sie sehr pessimistisch in Bezug auf die politische Entwicklung. Sind Sie heute optimistischer?«

»Langfristig bin ich sehr optimistisch. Mein Optimismus nimmt mit der Zeit sogar zu. Aber kurzfristig mache ich mir nicht viel Hoffnung. Seit zehn Jahren verhandeln wir – ohne Resultate.«

»Ein englisches Sprichwort sagt: ›Man hat Tibet erst, wenn man den König hat.‹ Ihr Stellvertreter, der Panchen Lama, ist in China auf ungeklärte Weise gestorben. Haben Sie persönlich Angst vor den Chinesen?«

»Auf einer Ebene ja, da habe ich einfach Angst. Denn erstens wissen sie nichts über Tibet und seine Kultur, zweitens zwingen sie anderen ihren Glauben auf und drittens glauben sie an die Macht der Gewehre. Da liegt die Gefahr.«

»Glauben Sie, dass der Panchen Lama von den Chinesen ermordet worden ist?«

»Das ist schwer zu sagen. Das Beste wäre, man würde – auch wenn der Körper des Panchen Lama für uns heilig ist – einen Arzt beauftragen, ein Stückchen aus ihm herauszuschneiden und dies dann untersuchen.«

»Toleranz gilt allgemein als Tugend. Wenn man aber inhumane Zustände toleriert, macht man sich dann nicht mitschuldig?«

»Toleranz heißt nicht, falsche Handlungen zu akzeptieren. Aber wir bilden keine negativen Gefühle aus gegen die Chinesen. Auch den Verantwortlichen für die Massaker dürfen wir keinen Hass entgegenbringen. Aber das heißt nicht, dass wir uns nur bücken und hinnehmen, wir leisten Widerstand. Unsere wahren Waffen sind Wahrheit und Gerechtigkeit, nicht die

Gewalt. Da ist Toleranz kein Zeichen der Schwäche, sondern der Stärke.«

In diese Form hat der Dalai Lama sein Engagement seit jeher gebracht, und man weiß nicht, was erstaunlicher ist, dass er die Aufmerksamkeit der Welt mobilisieren, den Friedensnobelpreis erringen und Tibet zu einer zentralen Frage der Menschenrechte machen konnte oder dass es ihm bis jetzt nicht gelungen ist, nennenswerten politischen Rückhalt für seine Sache zu gewinnen. Denn alle Hollywood-Vertreter, die ihn besuchen – neben Richard Gere auch Stephen Segal, Harrison Ford, Michael Stipe, Steven Dorff oder Sharon Stone – kommen um ihres Seelenheils willen, und außer Richard Gere suchen sie keine politische Plattform. Umgekehrt fühlt sich der Dalai Lama gewarnt, seine Idee des »Pan-Buddhismus« nicht zu einer Kostbarkeit des internationalen Showgeschäfts verkommen zu lassen.

»Die Politik ist der Grund dafür, dass Sie weit mehr als Ihre Vorgänger in die weltliche Welt hineingezogen werden. Was sehen Sie sich im Fernsehen an?«

»Nachrichten natürlich. Dokumentarfilme, vor allem Natur-Dokumentationen.«

»Haben Sie je in Ihrem Leben einen Film mit Richard Gere gesehen?«

»Er ist mein Freund, ein guter Freund, aber Filme von ihm habe ich nicht gesehen.«

»Das wird ihn enttäuschen.«

»Ich glaube nicht. Man hat mir gesagt, einige seiner Filme seien nicht gerade hervorragend – jedenfalls aus dem Blickwinkel eines Mönchs betrachtet. Aber was sagt das schon?! Anderen machen sie Spaß!«

Er hat seine Arme verschränkt. Nein, seine Freundschaft zu Richard Gere ist nicht gefährdet. Das Gespräch dauert nun schon eine ganze Weile. Wir sind vom Banalen zum Politischen gegangen, vom Alltäglichen zum Spirituellen, und doch könnte man den Eindruck gewinnen, der Dalai Lama widme sich jeder Frage mit der nämlichen Intensität.

Nicht allein weist er keine Frage, kein Thema zurück, er zieht auch den Sinn keiner einzigen Frage in Zweifel. Selbst wo ich etwas über den alltagspraktischen Dalai Lama wissen möchte und etwa nach der Herkunft seiner Brille frage, antwortet er detailliert, erzählt, wie ihm jener Arzt in Winterthur in der Schweiz von einer Brille berichtet habe, die seine »armen Augen« vor den Blitzlichtgewittern schützen, aber im Düsteren aufklaren werde. Er hat seine Brille abgenommen, sie in die Runde geschwenkt, demonstriert, was er meint, und niemandem das Gefühl gegeben, es lohne sich nicht, über dieses Meisterstück des Brillenbaus nachzudenken. Es lohnt sich immer. Also gehe ich einen Schritt weiter:

»Da Sie so weltoffen sind, frage ich Sie: Warum darf der Dalai Lama eigentlich keine sexuellen Erfahrungen machen?«

Wieder zögert er keinen Augenblick. Stattdessen lacht er entwaffnend und kommt dann so schnell zum Thema, als sei er geradezu dankbar, Gelegenheit zu bekommen, sich dazu zu äußern.

»Als Dalai Lama dürfte ich das schon. Der sechste Dalai Lama beispielsweise hat solche Erfahrungen gemacht. Er hatte sogar eine Freundin.«

Beim Gedanken daran schüttelt ihn erneut sein Lachen.

»In meinem Fall sind solche Erfahrungen untersagt, nicht weil ich Dalai Lama, sondern weil ich Mönch bin, und ich muss zugeben: Ich habe mich schon manches Mal gefragt, was das wohl für Gefühle sein mögen, von denen die Menschen so viel Aufhebens machen. Manchmal frage ich mich das.

Der Zweck des sexuellen Erlebens liegt darin, negative Gefühle und Wünsche zu mindern, um zur Rettung zu kommen. Dabei verschwinden alle negativen Empfindungen aus dem Verstand. Um das Schritt für Schritt zu erreichen, haben wir unsere Schriften und Meditationen. Die Laien genießen ihr Leben, auch ihr sexuelles Leben. Aber der Sex kann viele Schwierigkeiten bereiten: der falsche Partner, dann das Streiten, die Scheidung und die Kinder leiden.

Die Schrift sagt: Ein Mönch steht allein. Einerseits opfert man damit eine der wichtigsten menschlichen Erfahrungen, nämlich den Sex, dafür werden andere Dinge im Leben stabiler. Man genießt das Leben sehr, es gibt weniger Auf und Ab. Zwar mag es einem weniger farbig erscheinen, dafür verläuft die Lebensbahn stabiler. Das nichtbuddhistische Leben bringt ein unaufhörliches Rauf und Runter mit sich. Auf lange Sicht ist das, übrigens auch in körperlicher Hinsicht, schädlich.«

»Könnte der Dalai Lama eigentlich auch als Frau wiedergeboren werden?«

»Oh ja, das wäre möglich. Die Tradition der Reinkarnation geht über Stufen. Sie begann mit Männern und Frauen. In den meisten Fällen sind allerdings bisher Männer wiedergeboren worden. Aber wenn die feministische Bewegung blüht, die Frauen stärker werden und in den Vordergrund gelangen, führt das dazu, dass auch mehr Frauen in die Reinkarnation eintreten. Die Hauptbedeutung der Wiedergeburt liegt darin, der Gemeinschaft nützlich zu sein. Wenn sich also die Lage zwischen den Geschlechtern ändert, so dass ein neuer Stil nötig wird, dann ist die Reinkarnation des Dalai Lama als Frau durchaus möglich.«

Durch die geschlossenen Fenster drang das Geräusch von Schellen, dann hörte man einen chorischen Sprechgesang. Auch waren Pilger zu erkennen, die in Gruppen im Hof standen, irgendwo außerhalb des Blickfeldes wurde murmelnd und singend eine Zeremonie abgehalten, und aus den Bergen kletterten auf ihren kleinen Pferden immer neue Ankömmlinge in die Hochebene.

Im Hintergrund des Salons, in dem der Dalai Lama immer noch mit hoher, lebendiger Stimme die Lehre des Buddhismus entwickelte, hörten auch einige Mönche zu, und manchmal wandte ihnen Seine Heiligkeit den Kopf zu, als nutze er die Gelegenheit zu einer persönlichen Unterweisung. Es war ein wunderbarer Tag, nichts hätte die Atmosphäre trüben können, und gleich, welche Frage ich aufbrachte, auf alles konnte ich eine direkte Antwort erwarten.

Während mein Blick so durch den spartanischen Salon ging, dann durch das Fenster und wieder zurück bis zu dem Halbkreis der Mönche, in deren Mitte ganz unscheinbar und endlich auch ganz gelassen unser Kontaktmann Bastow saß, bewunderte ich den Dalai Lama für die Einfachheit, zu der er gefunden hatte, für die Atmosphäre, die er um sich verbreitet hatte und für die Bedingungen, die er der Verbreitung seiner Lehre geschaffen hatte – so anders als alles, was unter geistigen Oberhäuptern unseres Kulturkreises üblich ist.

»Mit welchen Gefühlen denken Sie hier, in diesem spartanischen Kloster oder in der Bescheidenheit Ihrer Räume, an den Papst in seinem marmornen Vatikan?«

Der Oberkörper des Dalai Lama schwankte vor und zurück. Seine Augen lachten, aber sie suchten noch nach einer passenden Antwort.

»Der Papst – «, rief er dann aus.

Es klang wie ein Seufzer, doch zugleich amüsiert. Bei einem anderen Menschen hätte man diese Reaktion vielleicht sogar als Spott interpretiert, doch der Dalai Lama spottet nicht, und er spricht auch nicht ironisch. Vielmehr suchte er in diesem Augenblick wohl zum ersten Mal während unseres Gesprächs nach einer diplomatischen Antwort. Dann sagte er mitfühlend, wenn auch entwaffnend hilflos:

»Ich weiß nicht, ob der derzeitige polnische Papst dieses große Gebäude überhaupt mag.«

Und alle lächelten über den Ausweg, den er gefunden hatte, den ersten Ausweg in diesem Gespräch.

Ähnlich wie das Christentum durch Wunder fasziniert, liegt für den Laien im Nirwana das größte Rätsel der buddhistischen Weltanschauung, und natürlich, so empfindet die abendländische Logik, muss ein buddhistisches Oberhaupt die tiefste Erfahrung mit diesem »anderen Zustand« des Bewusstseins besitzen. Aber auch hier ordnete sich das geistige dem weltlichen Oberhaupt wehmütig unter:

»Haben Sie im Zustand der Meditation je einen Schimmer des Nirwana gesehen?«

»Nein!«

»Enttäuscht Sie das?«

»Nein. Das Nirwana ist eine sehr tief greifende Erfahrung. Unter meinen zeitlichen Beschränkungen kann ich täglich nur etwa vier Stunden auf Meditationen und Gebete verwenden. Unter den gegebenen Umständen finde ich das ganz in Ordnung, aber für eine tief greifende Erfahrung reicht es nicht ganz aus. Also darf ich gar nicht erwarten, mit so geringem Aufwand eine so fundamentale Erfahrung machen zu können.

Unser Lehrer Buddha selbst hat sechs Jahre auf Nahrung, Kleidung und allen Schutz verzichtet und unter einem Baum in Meditation verbracht. Sein Körper wurde immer schwächer, und so hat unser Lehrer gezeigt, wie ernsthafte Praxis aussieht. Unser Buddha selbst musste solche Not dafür durchleiden, und wir glauben manchmal, es ginge auch ohne, gemächlich oder mit Komfort. Das ist völlig falsch.«

Damit war unser Gespräch vorbei. Mit einer fast burschikosen Geste klopfte mir der Dalai Lama abschließend auf die Knie und verließ den Saal eilend, mit fliegendem Gewand. An der Rückwand des Raums standen die Mönche noch ernst im Gespräch und wägten das Gehörte. Bastow gesellte sich dazu.

Zurückgekehrt ins Hotel, setzten wir uns zu einem letzten Essen zusammen. Bastow hatte seine Nerven jetzt wieder im Griff, Clare thronte massig und elektrisierend am Kopfende des Tisches, mit ihrer weißen, fleischigen Rechten hatte sie Pravus braune Faust umwickelt. Er wirkte merkwürdig ernst.

»Hast du Heimweh nach Delhi?«, fragte sie ihn.

Pravu antwortete nicht, sein Blick suchte in den Gesichtern der Umsitzenden.

»Möchtest du mit den anderen wieder zurückkehren?«

Der Kleine traute sich nicht richtig, nickte aber endlich. So wurde er also rückwärtig in das ominöse Zimmer geschickt, in dem sich auch die unsichtbare Mutter Bastows noch aufhalten musste, packte dort einen Beutel mit seinen Sachen und verabschiedete sich eher sachlich von Bastow und seiner beeindruckenden Frau.

Anschließend brachen wir auf, die einen im Minibus, unser Kameramann Bobby und ich im Pkw hinterher. Während wir die Serpentinen hinab ins Tal bewältigten, machte mich Bobby auf jedes verödete Tal, jede Erosion, jede Verkarstung, auf Folgen der Klimaveränderung und die Spuren abgewanderter Tiere aufmerksam. Er kannte sich blendend aus.

Nach etwa einer Stunde war dem Kleinbus ein Reifen geplatzt, und der kleine Konvoi kam ins Stocken. Auf einer kurzen Gerade neben einem ausgetrockneten Flussbett war das geschehen, und die anderen waren bereits mit dem Radwechsel beschäftigt.

Bobby und ich stiegen in der Zwischenzeit die Böschung hinunter in das Geröll des Flussbetts. Erst zeigte er mir die Auffälligkeiten in den Ablagerungen der Felsbrocken, dann erklärte er mir, wo, dem Verlauf der steinernen, urzeitlichen Ströme nach, die ältesten

Exemplare zu finden sein müssten. Er schlug auch ein paar Steine auf, zeigte mir Einschließungen und las in diesem ganzen Flussbett wie in einem Gesicht.

»Was für ein merkwürdiger Abschied zwischen Pravu und den Bastows«, sagte ich, »so abrupt und nach dieser Zeit nicht gerade herzlich …«

»Warum erwartest du Herzlichkeit?«, fragte er stehen bleibend.

»Pravu wirkte bisher immer herzlich, und immerhin kennen sie sich viele Jahre …«

»Sie kennen sich ein paar Wochen.«

»Sie haben sich vor Jahren auf den Straßen von Neu-Delhi kennengelernt«, wiederholte ich. »Und jedes Mal, wenn die Bastows in der Stadt sind, suchen sie nach Pravu und verbringen mit ihm …«

»Sie haben ihn erst wenige Tage nach ihrer Ankunft in Neu-Delhi kennengelernt und ihm einiges versprochen, wenn er mitkommt. So abrupt ist Pravu nicht aufgebrochen, er wollte schon länger weg.«

»Was haben sie mit ihm gemacht?«

Bobby wusste es nicht, aber in seinem Gesicht machte sich gerade ein beklommener Ausdruck breit.

»Ich vermute etwas, aber er spricht nicht richtig darüber. Trotzdem, ich verstehe ihn gut …«

»Wie hast du das alles herausbekommen?«

»Ich weiß, wie er empfindet, wir sprechen dieselbe Sprache. Ich war selbst mal Straßenkind in Neu-Delhi.«

Sie waren sich zuvor nie begegnet, hatten sich aber sofort erkannt. Was in jenem rätselhaften Zimmer der Bastows im Norden Indiens gleich unter den Augen des Dalai Lama und in den Festtagen der Klosterweihe wirklich vorgefallen ist, hat niemand von uns herausgefunden. Aber eines ist sicher: Unwillentlich existierte auch hier das Heilige in engster Nachbarschaft mit dem Profanen. So schien es auch schließlich wie eine Verabredung von höheren Gnaden, dass wir eine so weite Reise zurückgelegt haben sollten, um ein Straßenkind nach Neu-Delhi zurückzubringen und auszusetzen, wo immer es »stopp« sagen würde, jedenfalls wieder auf der Straße.

Ich sehe Pravu noch, wie er den Platz überquert und auf der anderen Seite unter den Menschen verschwindet. Er steuerte auf eine Gruppe von Kindern rund um einen Zeitungskiosk zu. Ja, man konnte Heimweh empfinden nach diesem Platz.

Viele hundert Kilometer nördlich von hier begann zur selben Zeit die Zeremonie der Tempelweihe.

Eva Menasse

Haus am See

Vor einigen Jahren haben wir ein Haus am See gekauft. Es ist ein hässliches, plumpes Häuschen an einem See, den niemand kennt. »An welchem See denn?«, fragen manchmal insistierend Berliner, die sich rühmen, alle bedeutenden und weniger bedeutenden Seen der weiteren Umgebung mindestens bis »Meck-Pomm« zu kennen, und die jederzeit mit Ranglisten der Schönheit und Wasserqualität ebenso aufwarten können wie mit den letzten Geheimtipps in Sachen garantierter Gottverlassenheit.

Aber an unserem See scheitern sie, »ach Mensch, das Urstromtal, da nennt sich ja jede Pfütze gleich See«.

Unsere schmale, aber langgestreckte Pfütze liegt so versteckt im Wald, dass es beim ersten Mal nicht reichte, sie auf einer Straßenkarte zu identifizieren. Wir mussten im Ort fragen und verfuhren uns trotzdem noch zweimal. In einem meiner Bücher gibt es eine Stelle, an der die Menschen, die zu den Lesungen kommen, manchmal lachen. Die Protagonistin hat auch ein Haus am See, und wenn sie per E-Mail ihre

Freunde einlädt, schreibt sie in der Wegbeschreibung: »Wenn ihr ganz sicher seid, falsch zu sein, dann seid ihr goldrichtig.« Ich habe zwar noch nie so eine E-Mail geschrieben oder diesen Satz zu einem meiner Freunde gesagt, trotzdem ist er gewissermaßen autobiographisch, denn ich muss ihn im Zusammenhang mit unserem Häuschen gedacht haben. Und das zeigt ganz nebenbei wieder einmal, um wie viel verschlungener die Wege zwischen Realität und Fiktion sind, als die Leute immer glauben.

Von frühester Kindheit an verbindet sich für mich das sommerliche Paradies mit Bildern von kühlen, grünumsäumten Seen. Nicht vom Meer, nein. Das Meer war ein Statussymbol, das man gesehen haben musste, da Österreich bekanntlich seit fast hundert Jahren ein Binnenstaat ist. Und »Binnenstaat« hörte sich für mich als Schulkind schon so an wie »Land zweiter Klasse«. Nie habe ich den Verlust der Monarchie so bedauert wie damals, als ich frisch von ihrer Existenz und Ausdehnung erfuhr. Trotzdem lernten wir das Meer bald kennen, unser verlorenes, das Adriatische Meer, denn alle österreichischen Eltern, die es sich irgendwie leisten konnten, reisten in den Siebzigerjahren mit ihren Kindern in stundenlangen Autofahrten an die Adria, nach Italien oder Jugoslawien. Diese Urlaube waren ein immens anstrengendes Dorado aus Hitze, Sand, Eis, Spaghetti und Sonnenbrand, schön, aber auch gleißend fremd.

Doch nur am See lernte man schon als Kind, dass ein Hauptbestandteil des Glücks gerade in seiner verdammt kurzen Verweildauer liegt. Dass man sich nach dem Glück vor allem sehnt und dass man es, wenn man es endlich hat, nie auskosten kann, genau wie einem im Hochsommer das Eis unaufschleckbar in der Hand zerrinnt.

Ein Beispiel: vierzehn Tage Familienurlaub am Ossiacher See, davon die ersten zehn Tage verregnet, die Eltern haben sich wahrscheinlich angegiftet, meine Schwester und ich haben uns wahrscheinlich gezwickt, sekkiert[1], geprügelt und konnten nur mit den damals üblichen Ohrfeigen auseinandergetrieben werden; manchmal, wenn der Regen angeblich »ein bisserl nachgelassen« hatte, wie meine sich zwischendurch in den Zweckoptimismus flüchtende Mutter sagte, mussten wir im Wetterfleck[2] in den tropfenden Wäldern Eierschwammerln[3] oder Heidelbeeren suchen. Aber die meisten Details dieser Elendsperioden habe ich vergessen.

Unvergesslich jedoch sind die ersten Morgenstunden nach dem Wetterwechsel, wenn die Wiese noch feucht, das Wasser noch schwarz, die Sonne noch unscharf wie ein zerlaufener Dotter war. Wenn mit

---

1   sekkieren, wiener.-jiddisch: triezen, ärgern
2   Regenumhang
3   Pfifferlinge

klatschenden Holzrudern die ersten Boote erschienen, wenn die ersten Verrückten, meist ältere Männer mit sehnigen Körpern und Badehauben, zu schwimmen begannen, wenn die Luft langsam wärmer wurde, wenn man am Steg saß und mit den Zehen durchs Eiswasser Linien zog. Das war das kristallklare Glück, das Aufblitzen eines Splitters vom Paradies, und mit dem dumpfen, tierhaften, sand- und sonnenölverschmierten Vegetieren unter südlicher Sonne nicht zu vergleichen.

Sommer ist für mich: See. Es bedeutet all das, was das Leben in unseren Breiten ansonsten nicht vorsieht: die Unbeschwertheit, mit fast gar nichts am Leib herumzulaufen, keine Jacke, keinen Pullover, keinen Schirm, keinen Schutz, nichts »zur Sicherheit« dabeizuhaben. Diese rein körperliche Unbeschwertheit führt, für die paar kostbaren Tage im Jahr, zu einer tiefen seelischen Befreiung. (Jedenfalls bei mir. Zumindest wenn die Kinder nicht streiten und der Mann das Haus nicht umbauen will und die Eltern gesund sind und das Telefon nicht läutet und die WM vorbei ist und keiner mehr einen sommerlichen Text von mir will.) Sind Seele und See eigentlich etymologisch verwandt?

Auf jeden Fall sind »Sommerfrische« und »See« für mich Synonyme. Die Sommerfrische ist ohne Wasser (Erfrischung!) undenkbar. Und die Sommerfrische ist zwar vermutlich ein furchtbar konservatives Relikt aus vergangenen Zeiten und in andere Sprachen so wenig zu übersetzen wie »Sehnsucht«. Aber sie ist das glatte Gegenteil dessen, was inzwischen als weltweit gültiges Bild vom Urlaub im Umlauf ist, nämlich exhibitionierte Brüste und glänzende Muskeln, alles braungebrannt, darauf und darin Tätowierungen und Piercings, dazu Musik, bunte Cocktails, schreiend gute Laune et cetera, und das alles vor Sand, Palmen und Meer in undefinierbarer, also auswechselbarer Lage. Als die Vulkanasche den Flugverkehr lahmlegte, sagte eine Frau bedauernd in eine Fernsehkamera: »Wir wollten eigentlich in die Dom-Rep.«

Sommerfrische ist das Gegenteil vom Dom-Rep-Rap, ob der nun auf Mallorca, in Caorle oder Antalya spielt. Es ist Badekleidung ohne Sex-Appeal, Sonnen-schirm ohne Werbung, Strand ohne Sand und Disko, Wasser ohne Salz, Hitze, na ja, sagen wir lieber: Wärme ohne sofortige Gesundheitsgefährdung. Es ist Freizeit mit Regenmöglichkeit, ja, mit Regenwahrscheinlich-keit und daher die einzig wahre Übung in innerer Ruhe. Kein Rausch, sondern freudige Demut, grundiert mit Melancholie.

Es gibt die saftigen, reichen, beinahe zu prächtigen Seen meiner Kindheit, die Kärntner Seen oder jene des Salzkammerguts, in Deutschland vergleichbar mit Chiemsee und Starnberger See. Das sind Orte wie große Symphonien, hinten gewaltige Landschaftsku-lisse, davor resche Dirndlträgerinnen, Schnitzel und Biere stemmend, im Gastgarten. Es gibt aber auch, wie kleine Etüden für die linke Hand, die kargen, armen Seen, umsäumt nur von Kiefern und Granitsteinbrüchen, daneben ein Standl mit Eskimo-Eis. So ist es im Waldviertel, nordwestlich von Wien, an der tschechischen Grenze. Dort trieb ich in meinen frühen Zwanzigern an jedem heißen Wochenende im Karpfenteich vor dem Haus meines Bruders glückstrunken auf dem Rücken und versuchte, mir mein künftiges Leben vorzustellen.

Mein damals künftiges Leben, auf das ich jetzt ja schon teilweise zurückblicken kann, bestand, wenig überraschend, aus sehr viel Unwichtigem und wenig Wichtigem. Zum definitiv Wichtigen gehörte die Entdeckung eines vergleichbaren Sees (samt Haus) in Deutschland, diesem mir zuerst so fremden Land. Erst als ich begriff, dass Brandenburg ein ebenso armes, karges, melancholisch-schönes, aber immerhin klimatisch wärmeres Waldviertel ist, konnte ich mich in Berlin sicher niederlassen.

Und so hat das plumpe kleine Haus uns gefunden: Indem es, auf einer Internet-Immobilienseite unter zirka fünfzig anderen fingernagelgroßen Hausfotos unübersehbar, sein ehemaliges Kneipenschild (»Seeblick«) hochhielt, so dass wir es »nur zum Spaß« anklickten. Und dann den See sahen.

Da wir zum ersten und vermutlich letzten Mal in unserem Leben ein Haus kauften, waren wir erfüllt von einem Misstrauen, das genau so groß war wie unsere Inkompetenz, es baulich zu beurteilen: »Warum steht es so lange leer?«, fragten wir uns und den Makler, der übrigens für diesen Beruf nicht geboren schien, so gleichgültig war ihm alles. »Für die Ossis zu teuer, die wollen Datschen«, murmelte er, »und die Wessis wollen was Repräsentatives, mit Fachwerk oder gleich'n Herrenhaus.« Selbst diese Begründung hat uns bezaubert, ihre wurschtige Aufrichtigkeit, und die Tatsache, dass auf der ganzen Welt nur wir zu diesem Haus zu passen schienen.

Nun bewohnen wir es den achten Sommer. Die Bilanz ist durchwegs positiv, im umfassend unberechenbaren See-Sinn. Man hat selten Zeit, es zu genießen. Entweder ist etwas kaputt, und man muss es aufwendig reparieren. Oder es ist seit langer Zeit nichts kaputtgegangen, ein zwingender Anreiz, endlich mal wieder etwas zu verbessern, zu erneuern, zu streichen oder umzubauen. Dabei geht bestimmt irgendetwas aufwendig kaputt. Oder der Sommer ist komplett verregnet, was allerdings selten vorkam, meistens herrscht hier extreme Trockenheit und die höchste Stufe der Waldbrandgefahr, die Würstchen werden geruchsintensiv am Herd gebraten, und der teure Grill bleibt im Keller.

Je schöner das Haus, zumindest innen, wurde, desto hinfälliger wurde der See. Vor vier Jahren ist er ganz gekippt (Blaualgen!), nur er allein, die kleine, unbekannte Pfütze mitten in Brandenburg, das sich der ständig steigenden Wasserqualität aller seiner Seen rühmt. Warum das passiert ist, weiß keiner. Die Menschen im Ort jammern und erzählen von der herrlichen Zeit vor fünfzig Jahren, als es noch ein Strandbad mit Sandstrand gab, genau wie am Wannsee. Die lokalen Behörden wissen nicht, was sie tun sollen, da sich der Verursacher leider nicht von selbst meldet. Das Land Brandenburg ist nicht zuständig, da der See in Privatbesitz ist. Der Privatbesitzer hat, einen See weiter oben, ein gigantisches Hotel mit »Wellness-Spa-Bereich« gebaut, dem ist ein gesunder See eher zweitrangig.

Zum Glück gibt es andere Seen und Teiche in der unmittelbaren Umgebung, zu denen wir unsere Kinder zum Schwimmen chauffieren können. Zum Fahrradfahren sind sie zu faul. Ich bin vierzig geworden und beginne jetzt Sätze manchmal mit: »In meiner Kindheit hätte man sich nicht erlauben können …« Zum runden Geburtstag haben mir meine Freunde ein Ruderboot geschenkt, dessen Holzruder theoretisch leise klatschen. Zurzeit ist es mir zum Rudern zu heiß, und abends sind die Mücken infernalisch. Wir übergießen uns mit Autan, wir haben die Zeckenzange am Gürtel baumeln, wir braten die Würstchen in der Pfanne, wir chauffieren die Kinder zu fremden Seen, und trotzdem … Und trotzdem geht nichts über den Sonnenuntergang, der die Stämme der Kiefern rosa färbt wie Schneewittchens Wangen. Nichts über die Stille und Einsamkeit, nichts über das penetrante Hochzeitsgeschrei des Kuckucks im Frühling. Nichts über die zwanzig putzigen Fledermäuse, die vorgestern Abend aus dem beleuchtbaren »Seeblick«-Schild ausgezogen sind, unter Hinterlassung erklecklicher Mengen an Fledermauskot auf unseren Fensterbrettern. Wir urlauben nicht nur, wir leben hier mitten im Wald, und das Leben ist nun mal kein reiner Genuss. Aber leichter wird es in der Sommerfrische, für die Seele, am See.

JUDITH HERMANN

Acqua alta

Für F. M.

Meine Eltern sind aus Venedig zurückgekehrt. Sie sind unversehrt aus Venedig zurückgekehrt, es ist ihnen nichts geschehen. Man hätte sie überfallen, ausrauben und erstechen können. Es wäre möglich gewesen, daß sie an einer Fischvergiftung gestorben, in der Nacht vom Vaporetto aus angetrunken und unbemerkt kopfüber ins brackige Lagunenwasser gestürzt, auf dem Fliesenboden ihres Palazzo-Zimmers mit Herzinfarkt zusammengebrochen wären. Sie hätten sich im Gassenlabyrinth der Stadt verlaufen können und wären verschwunden, nie mehr aufzufinden gewesen, weg, vom Erdboden, vom Wasser verschluckt. Ist Venedig eine gefährliche Stadt. Ist nicht überhaupt alles mehr oder weniger gefährlich, also ungefährlich, also nichts. Ich rechne täglich mit dem Verschwinden meiner Eltern. Aus Venedig sind sie noch einmal zurückgekehrt.

Als meine Eltern alt wurden, begannen sie wieder zu reisen. Sie waren mit mir und meinen Schwestern verreist, als wir Kinder und sie also jung waren, nach Schweden, Norwegen und an die französische Atlantikküste, aber diese Art von Reisen meine ich nicht. Als wir größer wurden und es vermieden, mit ihnen zusammenzusein, als wir es vermeiden konnten und anfingen, ihnen aus dem Weg zu gehen, blieben sie zu Hause, bepflanzten ihren Balkon und saßen da, den Juni, den Juli, den August über, bis es endlich wieder kühler wurde und dann Herbst und schließlich Winter, und die Erinnerungen an die Strandnachmittage, die schlafenden Babys und Kleinkinder unter den Sonnenschirmchen, die Picknickkörbe und Sandburgen verblaßten – wir kamen und gingen und warfen die Haustür hinter uns zu und riefen auch erst auf der Straße, schon weit, weit weg »Bis heute abend, es wird sicherlich spät« über die Schulter; daß unsere Mutter vom Balkon aus uns hinterherwinkte, wußten wir, ohne uns umzusehen. Als wir wirklich groß waren, erwachsen, endlich aus dem Haus, und als sie also alt wurden, begannen sie wieder zu reisen, zu zweit, ohne uns. Sie kauften sich diese kleinen Koffer, die man auf Rollen hinter sich herziehen kann, bepackten sie aufs unsinnigste und schwerste und zerrten sie dann hinter sich her, auf der ersten Reise noch ungeschickt und nervös, später sehr geübt und gelassen, die Koffer wurden auch leichter, sie nahmen nur noch das Nötigste mit. Sie reisten durch Italien und Griechenland und Spanien. Sie fuhren Anfang Juni los und kehrten Ende August zurück, braungebrannt, zufrieden, die Koffer voller verdorbener Lebensmittel, die meine Mutter, ohne ein einziges Wort der jeweiligen Landessprache zu verstehen, auf den Marktplätzen der spanischen, italienischen, griechischen Dörfer zusammengekauft hatte. Sie hatten wenig Geld und reisten mit den Billigtickets der Bahn in überfüllten Zügen, sie schliefen in Jugendherbergen und Stundenhotels und aßen abends am Rand irgendeines Brunnens sitzend Heringsfilet aus der Büchse und trockenes Brot. Sie besichtigten Kirchen, Museen und Paläste, Ausgrabungsstätten und sonstige historische Schauplätze, sie standen vor den verfallenen Tempeln und Amphitheatern und hatten diese Bücher dabei, in denen man Schablonen über die Fotografien der Ruinen schieben konnte, um zu sehen, wie es auch vor über tausend Jahren wahrscheinlich nicht gewesen war. Ich glaube, mein Vater empfand das als tröstlich, und meine Mutter war getröstet, wenn er es war. Einen Tag all dieser Wochen verbrachten sie meiner Mutter zuliebe am Meer. Sie ging dann ins Wasser und hüpfte in der Brandung auf und ab wie ein Kind, während mein Vater, ohne sich auch nur ein einziges Kleidungsstück auszuziehen, noch nicht einmal barfuß und mit fragendem Gesichtsausdruck im Schatten ausharrte. Er hatte den Strand und das Baden noch nie gemocht, aber diesen einen Tag zumindest gönnte er meiner Mutter. Sie schickten uns Postkarten, die oft erst Monate nach ihrer Rückkehr bei uns eintrafen und deren Motive mein Vater ausgesucht hatte – die Gipsabdrücke der Verschütteten von Pompeij, die Franziskanermumien in den Katakomben von Palermo und Messina, Bramantes *Tempietto* in Rom. Auf den Rückseiten die kurzen Sätze meiner Mutter – »Das Wetter ist herrlich. Wir haben schon so viel gesehen. Papa hat immer noch nicht genug. Wir vermissen Euch und wünschten, Ihr wäret hier« – und die nicht zu entziffernde Schrift meines Vaters, krakelige, schwärzliche Hieroglyphen, manchmal ein erkennbares Wort – *offene Psychiatrie, Schieferdächer, Zinksärge, Ohr des Dionysios.* Wenn sie abreisten, brachten wir sie zur Bahn. Wir waren in einem merkwürdig aufgekratzten Zustand, weil sie endlich weg sein würden, auf und davon, und uns alleine lassen würden in der Stadt, die uns wie immer in ihrer Abwesenheit als eine endlich fremde, endlich schöne, herrliche, unbekannte schien, in der wir uns jetzt anders bewegen durften, frei und ungebunden und alleine. Aber wenn der Zug abfuhr und sie mit sich nahm, ihre winkenden Hände verschwanden und wir auf dem Bahnsteig zurückblieben, betreten und erschöpft, dann erfaßte uns alle, ohne daß wir darüber gesprochen hätten, die kindlichste aller Traurigkeiten. Unsere Angst, daß sie nicht mehr zurückkommen könnten, daß wir sie alleine und im Stich gelassen hatten, daß wir schuld sein könnten an ihrem Verschwinden, haben wir einander nicht eingestanden; daß auch meine Schwestern so empfanden, dessen bin ich mir sicher.

Ein einziges Mal habe ich sie auf einer dieser Reisen getroffen, oder besser, hat sich ihre Reise mit meiner Reise gekreuzt, eher zufällig und von meiner Seite aus fast ungewollt. Es war Juli, sie waren schon seit vier Wochen unterwegs, wir trafen uns in Venedig. Ich war in diesem Sommer zum wiederholten Mal am Ende einer Beziehung angelangt, zumindest war ich in der Verfassung, genau so und nie mehr anders über die Liebe sprechen und nachdenken zu wollen, und ich wurde dreißig Jahre alt, ein Geburtstag, den ich auf keinen Fall zu Hause oder gar mit Freunden verbringen wollte. Ich fuhr nach Korsika – ich kann mich nicht mehr erinnern, warum gerade nach Korsika, es scheint auch nicht wichtig gewesen zu sein – und mietete ein winziges Zimmer am Hafen eines Fischerdorfes. Aus dem Fenster führte eine Treppe direkt auf den Strand, und in der Nacht schienen die Wellen bis ins Zimmer zu schlagen. Ich saß eine Woche lang bewegungslos am Meer herum, ich sah auf Brandung, Möwen, Sonnenuntergänge, ich dachte, ich will überhaupt nichts mehr denken, und schließlich dachte ich auch nichts mehr, vergrub die Zehen im Sand, trank Wasser, rauchte korsische Zigaretten und sagte das Nötigste zu Fremden oder auch gar nichts. Ein Bekannter, ein wirklich entfernter Bekannter, hatte mir mein einziges Geburtstagsgeschenk mit auf die Reise gegeben, ich hatte lange gezögert, es mitzunehmen, und nahm es schließlich nur mit, weil es eigentlich das Geschenk eines Fremden war. Am Morgen meines dreißigsten Geburtstages packte ich es aus. Ich hatte mir dann doch Kaffee gekocht, eine Melone aufgeschnitten, einen kleinen Strauß Strandgras auf den Tisch gestellt. Das Geschenk war ein Buch, und zwar eines, das ich ohnehin unter den Büchern meiner Reiselektüre dabei und schon an den ersten Tagen gelesen hatte. Auf der ersten Seite stand eine mir völlig unverständliche Widmung – »You get so alone at times, that it just makes sense, alles Gute zum Geburtstag, F.« Ich legte das Buch in den Küchenschrank, ging an den Strand und setzte mich auf die Mole, ich brauchte nicht besonders lange, um mir fest genug einzureden, daß ich unbelastet, also frei und als eine zukünftig Unverwundbare in das Erwachsensein gehen würde. An diesem Abend beschloß ich abzureisen und meine Eltern in Venedig zu treffen, ich wußte, daß sie vor drei Tagen von Rom aus dort angekommen waren und schon zum dritten Mal eine Woche lang in der Stadt bleiben würden. Sie hatten mir vorgeschlagen, sie in Venedig zu besuchen, und ich hatte so vage wie möglich zugesagt, ich wollte mich nicht festlegen. Daß sie sich freuen würden, mich dort zu sehen, wußte ich. Am nächsten Morgen packte ich meinen Rucksack, bezahlte das Zimmer und reiste ab. Das Geburtstagsgeschenk ließ ich im Küchenschrank zurück, über seinen Inhalt und F.'s Widmung sollte sich der nächste Gast den Kopf zerbrechen. Ich fuhr mit der Fähre zurück aufs Festland, Bastia, schön und in kreidigen Farben, verschwand im Dunst, die Möwen verließen das Schiff erst auf dem offenen Meer. Ich vermißte etwas, eine Distanz zur Welt vielleicht. Ich nahm den Zug über Verona nach Venedig, ich schlief fast die ganze Zeit über oder starrte in einem schlafähnlichen Zustand aus dem Fenster. Vielleicht war es die näher kommende Begegnung mit meinen Eltern, die mich so ermüdete, vielleicht auch alles andere; erst, als ich in Venedig ankam, ging es mir besser.

Ich erinnere mich an eine Postkarte, die mein Vater mir von der ersten Venedigreise meiner Eltern geschickt hatte. Die meisten Sätze waren wie immer unleserlich, aber dazwischen konnte ich fast schon deutlich Worte wie *San Simeon Piccolo* oder *Chiesa degli Scalzi* oder *Lista di Spagna* entziffern, so als hätte es ihm Freude gemacht, diese italienischen, klingenden Silben schön zu schreiben. Es muß um den Bahnhof gegangen sein, um den ersten Blick auf die Kirchen und den Canal Grande, um das Ankommen in Venedig, das er uns später als ein »Ankommen wie ein Auftritt auf einer Opernbühne« beschrieb. Als ich vor den Bahnhof von Venedig trat, mußte ich an diesen Vergleich denken, obwohl ich ihn mochte, ärgerte ich mich darüber. Die grünspanige Kirche San Simeon Piccolo und die Kirche der Karmeliter Chiesa degli Scalzi. Auf dem Canal Grande kreuzten Gondeln und Vaporetti, die Luft war ein wenig feucht und der Himmel blaß und dämmrig, obwohl es erst früher Nachmittag war. Ich hätte fassungslos sein können über das Licht und die Farben, die Selbstverständlichkeit, mit der die Menschen auf der Brücke über dem Canal Grande entlangliefen wie über eine beliebige, gewöhnliche Straße, ich war nicht fassungslos. Meine Mutter, die sich immer bemühte, so viele Pensionen, Bahntickets, Besichtigungspakete wie möglich schon vor dem Antritt der Reise gebucht zu haben, hatte mir noch zu Hause die Adresse ihrer Pension in Venedig aufgeschrieben. Sie hatte »Es ist ganz nahe am Bahnhof, nicht zu verfehlen, wirklich« gesagt, als würde mir das die Entscheidung, nach Venedig zu kommen, irgendwie erleichtern. Ich faltete den Stadtplan auseinander, den sie mir fürsorglich mitgegeben hatte, mir wurde sofort heiß dabei, weil ich Stadtpläne noch nie verstanden habe und vor allem niemals wieder richtig zusammenfalten konnte. Meine Mutter hatte ein kleines Kreuz über die Pension gemalt und ein Ausrufezeichen daneben gesetzt, ich mußte mich aufs äußerste konzentrieren, um endlich die Lista di Spagna zu finden, die links vom Bahnhof abging. Ich schulterte meinen Rucksack und ging los, an den Trampern auf den Treppenstufen des Bahnhofs, den Souvenirhändlern, Touristenfängern vorbei die Straße hoch, ein Restaurant reihte sich ans andere, dazwischen Geschäfte für Postkarten, Sonnenhüte, Kaffeetassen, ein Rummelplatz. Ich ging langsam, hielt nach den Hausnummern Ausschau, nach meinen Eltern, ich vermutete sie um diese Zeit eigentlich nicht im Hotel, sondern viel eher im Museum, auf dem Markusplatz, in der Accademia. Dennoch dachte ich, sie immerfort zu entdecken, am Tisch eines Restaurants, im Eingang eines Weinladens, in den Schatten einer Seitenstraße einbiegend. Ich war jetzt aufgeregt, froh, sie überraschen zu können, aber auch beunruhigt – wie würden sie überhaupt aussehen, meine Eltern in Venedig? Die Selbstverständlichkeit, mit der sie sich in dieser Stadt aufhielten, ob ich käme oder nicht, erschien mir mit einem Mal fast ungehörig. Die Straße mündete auf einen großen Platz, den Campo San Geremia, irgendwo hier mußte die Pension sein. Billige Pensionen sind nie zu erkennen, im Grunde kaum auffindbar. Ich blieb stehen und stellte meinen Rucksack ab, ich fühlte mich entkräftet. Die Sonne blendete, sie stand über der Kreuzkuppel der Kirche. Meine Eltern huschten durch die schweren Portaltüren, duckten sich hinter einer Reisegruppe, verbargen sich unter den Sonnenschirmen des Cafés am Platz, mit einem Mal hatte ich das Gefühl, daß sie überhaupt nicht hier wären, niemals angekommen in Venedig, verschollen schon vorher, in Rom oder Florenz oder ganz am Anfang der Reise auf dem Bahnhof von Lutherstadt Wittenberg. »I signori P.?« würde fragend und langgezogen der Pensionsportier sagen, die Augenbrauen hochziehen und bedauernd den Kopf schütteln, und was täte ich dann? Nähme ich ihr reserviertes Zimmer und legte mich in ihr unbenutztes, frisch bezogenes, kühles, kaltes Bett? Ich sah mich schon in einer Telefonzelle stehen und nach Deutschland telefonieren, »Sie sind nicht hier, sie sind nicht in Venedig, sie sind gar nicht erst angekommen«, und die schläfrigen, verwirrten Stimmen meiner Schwestern, »Waaas?«, nicht entsetzt, eher begriffsstutzig, und dann rief jemand meinen Namen über den Platz. Ich erinnere mich gerne daran, an diesen Moment auf dem Campo San Geremia, in dem meine Mutter meinen Namen rief und mich erlöste. Ich wandte den Kopf, erschrocken und verwirrt, sie rief auch nicht meinen wirklichen Namen, sondern den, mit dem sie mich als Kind gerufen hatten, »Mädchen!« rief meine Mutter über den Platz. Ich sah über die Menschen hinweg, ich konnte sie nicht entdecken, sie rief mich noch einmal, ihre Stimme kam von hoch oben, und schließlich entdeckte ich sie auf dem einzigen Balkon eines schmalen, kleinen Hauses direkt gegenüber der Kirche. Sie lachte und winkte wie verrückt und sah einen Augenblick lang tatsächlich wie eine Venezianerin aus, wie jemand, der dort lebte, Campo San Geremia, um die Mittagszeit auf dem Balkon im Schatten saß, hoch über dem Lärm und der Menschenmenge auf dem Platz. Ich nahm meinen Rucksack, drängte mich zwischen den Touristen hindurch und lief auf sie zu, unter dem Balkon blieb ich stehen. Sie sah zu mir herunter und wiederholte meinen Namen, noch immer sehr laut. Sie rief »Wir wußten, daß du kommst, wir waren uns so sicher, wir warten schon seit Stunden!«, und ich versuchte, sie zu beschwichtigen. Sie war außer sich, und die Leute starrten mich an. Ich sagte »Mama! Ein bißchen leiser, ja?«, ich mußte auch lachen, und sie verschwand, kam mit meinem Vater wieder, beide beugten sich weit über das Balkongeländer, jeder auf seine Art. Ich rief »Kann ich raufkommen?«, und sie schüttelten den Kopf und zeigten auf das Café am Platz, in dem ich rätselhafte zwanzig Minuten auf sie warten mußte. Endlich kamen sie herunter, ich hatte inzwischen zwei Cappuccino getrunken und vier Zigaretten geraucht, meine Freude war fast verflogen. Sie liefen über den Platz und zankten sich über irgend etwas, meine Mutter redete eindringlich auf meinen Vater ein, der abwehrende Bewegungen machte und entnervt zum Himmel blickte. Und dann betraten sie das Café, vergaßen, worum auch immer es gegangen war, und blieben vor meinem Tisch stehen, fast andächtig und so froh. Sah ich anders aus? Größer, fremd? Ich war braungebrannt und trug meine Haare wie immer, was sahen sie in mir, ihr großes Kind oder noch immer das kleine, das ich auf ewig bleiben würde, solange sie da waren? Ich stand auf, und wir umarmten uns.

Eine andere Erinnerung – ich telefoniere mit meinem Vater, dem es nicht besonders gutgeht, er ist deprimiert, in schlechter Verfassung, ich weiß von meiner Mutter, daß er mehrmals »Mit mir geht es zu Ende« gesagt hat, in einem Tonfall, der keinen Widerspruch duldet, ohnehin wüßte niemand, wie ihm zu widersprechen wäre. Wir telefonieren miteinander, ohne über seine Verfassung zu sprechen, wir sprechen über das Buch, das er gerade liest, Walser, *Brandung*, ein dort zitiertes Gedicht, die feindselige Sprache der Liebe, und über anderes, Unwichtiges, dann wird er müde und wir verabschieden uns. Ich sage »Papa. Sei nicht so traurig«, und er sagt »Mach's gut«, und dann legen wir auf. Ich weiß nicht, warum ich mich daran erinnere. Ich höre den Tonfall, in dem er »Mach's gut« sagt, ich erinnere mich, daß mir das Ende unseres Telefonats grausam schien, ein anderes Wort will mir nicht einfallen. Oder abweisend? Alle Erinnerung scheint mir traurig zu sein.

In dem Café auf dem Campo San Geremia in Venedig bestellte meine Mutter einen Prosecco, mein Vater ein kleines Glas Wein, der Kellner sprach Deutsch, ich empfand das als demütigend. Wir saßen uns gegenüber, ich weiß nicht mehr, ob wir einander beobachteten, ich glaube, eher nicht. Ich sagte »Wie war denn die Reise bisher?«, weil ich es wissen und weil ich nichts von meiner Reise erzählen wollte. Meine Mutter antwortete bereitwillig, mein Vater bestellte ein zweites Glas Wein. In Rom hatten sie den Zug verpaßt, in Padua gab es das billigste Pensionszimmer Italiens, allerdings in einem Bordell, in Mailand hatte sie der Taxifahrer um fünfzigtausend Lire betrogen, auf der Busfahrt nach Florenz war meinem Vater so schlecht geworden, daß sie hätten aussteigen müssen, mein Vater hätte sich flach auf die Straße gelegt und nicht mehr weitergewollt, der Bus wäre auch einfach davongefahren. Immer erzählte meine Mutter derartige Geschichten von ihren Reisen – umständlich, ausschweifend, Querverbindungen ziehend zu anderen Reisen und Situationen, oftmals schon zehn und mehr Jahre zurückliegend –, und mein Vater hielt das irgendwann nicht mehr aus, griff ein und ergänzte und erzählte dann selbst. Die Inkrustation am linken Südeingang des Mailänder Doms, die Uffizien in Florenz, Michelangelo und Leonardo, die Hitze und die Spuren der Wagenräder auf den staubigen Steinen der Via Appia Antica. Meine Mutter sagte »In Italien gibt es kein einziges Restaurant, in dem man abends mal einfach ein kleines Glas Wein trinken kann, immer muß man ein Fünf-Gänge-Menü dazu bestellen, und außerdem bringen sie Weißwein, wenn man doch Rot-

wein will«, mein Vater sah sie von der Seite an. Sie sagte
verunsichert »Nicht wahr?«, und er faßte ihr gerührt
und gereizt zugleich in den Nacken und schüttelte
sie ein bißchen, sie lächelte verlegen. Ich sagte »Es
ist schön, euch wieder zu sehen«. Der Kellner nötigte
uns alle Viertelstunde zu einer neuen Bestellung, die
Kirchturmuhr schlug sechsmal, mein Vater wurde
unruhig, zog ein Reclamheftchen aus der Jackentasche
und begann demonstrativ darin herumzublättern, sie
hatten schließlich den ganzen Nachmittag lang unnütz auf dem Balkon gesessen und auf mich gewartet.
Meine Mutter hatte sich nichts sehnlicher gewünscht,
sagte sie, als »dich vom Balkon aus über den Platz
gehen zu sehen«. Die Pension, in der sie wohnten, war
zwar billig, dafür aber ein Besuch von Fremden absolut
verboten, noch nicht einmal einen Blick in ihr Zimmer
durfte ich werfen, geschweige denn dort ebenfalls
übernachten. »Sie lassen dich nicht rein, auch nicht für
zwei Minuten«, sagte mein Vater, »außerdem sind sie
ausgebucht, wir müssen dir jetzt woanders ein Zimmer
suchen.« Ich sagte »Ich kann mir auch selber ein
Zimmer suchen«, mein Vater sagte »Aber du kennst
dich nicht aus, die Zimmer sind hier alle unglaublich
teuer, wir suchen zusammen, du mußt verhandeln können«, und ich sagte »Wirklich, ich kann das alleine«.
Die Vorstellung, mit meinem Vater von einer Hotelre-
zeption zur nächsten zu ziehen und schamrot zuhoren
zu müssen, wie er in seinem altmodischen Englisch

307

umständlich *verhandeln* würde, war mir fürchterlich. »Dann eben nicht«, sagte mein Vater, sofort beleidigt, persönlich verletzt, ich sagte »Papa, bitte«, er hörte nicht mehr hin und winkte dem Kellner. »Wann willst du denn weiterfahren, nach Hause?«, fragte meine Mutter, tatsächlich unverfänglich. Ich hatte von Anfang an gesagt, daß ich, wenn überhaupt, nur für eine Nacht bleiben würde. »Morgen«, sagte ich, »Ich muß wirklich nach Hause, ich habe zu tun«, das stimmte und stimmte auch wieder nicht, ich hatte zu tun, aber im Grunde war es völlig gleichgültig, wann und ob ich überhaupt nach Hause zurückkehren würde. Ich sagte »Morgen«, bereute es sofort und war doch froh, weil ich meiner Neigung folgte. Meine Mutter tat mir den Gefallen und sagte nichts weiter, sie sah noch nicht einmal bedauernd aus. Wir bezahlten eine aberwitzige Rechnung, verabredeten uns um acht Uhr abends am Markusplatz, meine Eltern wollten vorher noch Santa Maria della Salute, Santa Maria Formosa und Santa Maria Gloriosa dei Frari besichtigen, meine Mutter zählte all diese Namen kindlich und ernsthaft auf. Mein Vater erklärte mir auf dem Stadtplan sehr genau den Weg, den ich zum Markusplatz gehen sollte. Ich gab mir Mühe, konzentriert zu erscheinen, mir wurde wieder heiß. Er sagte mißtrauisch »Der Plan ist schon ganz zerknittert, du mußt den mal richtig zusammenfalten«, wand ihn mir aus der Hand und faltete ihn selbst. Dann verabschiedeten wir uns. Ich sah ihnen hinterher, wie sie eilig, geschäftig davonliefen, sie wurden schnell von der Menschenmasse auf dem Platz verschluckt. Ich ging ins erstbeste Hotel neben ihrer Pension, mietete ein Zimmer für eine Nacht zu einem Preis, den meine Mutter unanständig gefunden hätte, duschte kurz, legte mich zehn Minuten aufs Bett – das Fenster ging auf einen schachtartigen Hinterhof hinaus, in dem aus unergründlichen Tiefen ein unheimliches, stetiges Scharren und Kratzen drang – und rauchte langsam eine Zigarette. Weit entfernt schlug die Kirchturmuhr halb acht, ich stand wieder auf, kaum erholt, zog mich an und verließ das Hotel, der Portier hinter dem Tresen war eingenickt. Draußen war tatsächlich noch immer Venedig, die Lista di Spagna, die jetzt kühle, wasserfeuchte Luft.

Das Reisen fällt mir eigentlich schwer. Zwei oder drei Tage vor dem Beginn einer Reise werde ich ängstlich, ohne Grund, alles scheint mir sinnlos, die Ferne, die Fremde, die Kontinente nicht anders als jeder Blick aus meinem Fenster, vier Wochen in einem unbekannten Land, wozu, denke ich, was soll da anders sein und was soll es mir nützen, unsinnigerweise ist mir, als hätte ich alles schon gesehen. Es ist mir unmöglich, mich in fremden Städten sicher und unbeschwert zu fühlen, ich würde am liebsten im Hotelzimmer sitzen bleiben, die Tür verriegeln, überhaupt nicht hinausgehen. Selbstverständlich bleibe ich nicht im Hotelzimmer, sondern gehe hinaus, das Gefühl der Angst verläßt mich jedoch nur selten. In Venedig war das anders, die Anwesenheit meiner Eltern schien mich zu beruhigen. Ich hatte die Wegbeschreibung meines Vaters sofort wieder vergessen und war, von der Lista di Spagna aus, einfach den Touristen hinterhergelaufen, die um diese Zeit allesamt eine Verabredung auf dem Markusplatz zu haben schienen. Die Touristen folgten den kleinen hölzernen Hinweisschildern, auf denen die wichtigsten Sehenswürdigkeiten aufgeführt waren, Piazza San Marco, Prokuratien, Ponte dei Sospiri. Ich folgte den Touristen, amüsiert und ein wenig überheblich. Zu irreal erschien mir dieses Venedig, eine Theaterkulisse, eine Unmöglichkeit, so seltsam, so bezaubernd kann kein wirklicher Ort sein. Ich lief über die Brücke des Canal Grande hinweg mit eben der Selbstverständlichkeit, die mir bei meiner Ankunft so lächerlich erschienen war, der Kanal war waschwasserblau, das Licht jetzt schwindend, die Palazzi am Ufer zogen sich in den Schatten zurück. Alles erschien mir undeutlich, milde, vielleicht war es aber auch nur das Wassergeräusch, die Dämmerung. Ich bog in die Gassen von San Polo ein, ich fühlte mich geschützt, ich war ja nicht alleine, irgendwo hier, in der nächsten Gasse, hinter der nächsten Brücke, waren meine Eltern, eine merkwürdige, schöne Vorstellung. Aus allen Gassen strömten die Menschen, mir schien kein einziger Venezianer darunter zu sein. Die Touristen liefen schneller und schneller, ich rannte fast, und dann blieben alle mit einem Mal stehen und seufzten – *Rialtobrücke!* Ich blieb ebenfalls stehen, ich konnte gar nicht anders. Ich lehnte mich an das Brückengeländer, die Brückensteine erstrahlten weiß, und das Licht der Straßenlaternen spiegelte sich in blauen und goldenen Streifen im Wasser. Meine Überheblichkeit war dahin, meine Skepsis auch. Ich stand unter all den anderen und dachte unbeholfen und glücklich »Wie schön ist Venedig« und dachte das so lange, bis ich spürte, daß der Tourist neben mir seine Hand in meinen Hosenbund geschoben hatte. Die Rialtobrücke war voller Menschen, die Touristen strömten nach rechts und links, sie drängten sich ans Brückengeländer und wieder weg, und ich hatte sehr wohl bemerkt, daß rechts von mir jemand einen besonders intensiven Blick auf das Wasser werfen wollte. Jetzt aber verstand ich, daß es gar nicht um diesen Blick ging, sondern um die verbotene Berührung einer Frau in der anonymen Masse, um mich. Die Hand, die sich in meinen Hosenbund schob, war kühl und erstaunlich selbstverständlich, so selbstverständlich, daß ich mich – eine Sekunde lang seelenruhig – ihrer Berührung hingab, bevor ich mich eindeutig entzog. Die Hand glitt von meiner Haut, nachsichtig und ohne Bedauern. Ich drehte mich um und sah dem Touristen ins erhitzte Gesicht, kein Tourist, ein Venezianer, ich war mir sicher, endlich ein Venezianer. Ich weiß nicht, in welchem

Moment genau ich mich ihm entzog. Ich weiß nicht, ob er gerade erst angefangen hatte, sich mit mir zu beschäftigen, ob ich ihn entscheidend unterbrach oder ob er gar schon fertig war. Ich stieß ihn von mir weg, und sein Gesicht leuchtete auf, er fing meinen Blick und hielt ihn dreist zwei, drei Sekunden lang. Wir sahen uns direkt in die Augen, vermutlich war das der Höhepunkt seines Spiels, die letzte, süße Steigerung, und bevor ich hätte ausholen und ihn über diese Augen schlagen können, hatte er sich umgedreht und war in der Menge verschwunden.

Ich bin von Erlebnissen dieser Art bisher verschont geblieben, ich bin nicht empfindlich und eigentlich bereit, alle erdenklichen Phantasien zuzulassen, solange sie mir nicht zu nahe kommen. Der Venezianer auf der Rialtobrücke war mir nicht nur nahe, er war mir *wirklich* nah gekommen, dennoch gewann ich erstaunlich rasch meine Fassung wieder. Er war so schnell verschwunden, daß es sinnlos gewesen wäre, ihm hinterherzulaufen. Ich hätte auch nicht gewußt, was ich mit ihm hätte tun sollen, der Impuls, ihn zu schlagen, war einem verblüfften Staunen gewichen. Ich hatte das Gefühl, daß er einen Geruch hinterlassen hatte, einen unangenehmen, säuerlichen Geruch, der mir widerwärtiger erschien als seine Berührung, und ich bemerkte, daß ich mich mit beiden Händen am Brückengeländer festklammerte und sehr schnell atmete. Das schnelle Atmen erschien mir wie eine Gabe an ihn, die er nicht verdient hatte. Ich zwang mich, langsamer zu atmen, ich versuchte, etwas anderes zu riechen, das Lagunenwasser, die Abendluft, aber vielleicht roch in Venedig alles seltsam und brackig. Dann stieß ich mich vom Geländer ab und ging weiter, mir zitterten ein wenig die Knie. Ich drehte mich von Zeit zu Zeit um, weil ich das Gefühl hatte, er sei zurückgekehrt und liefe hinter mir her, aber er blieb verschwunden, oder verbarg sich geschickt. Als ich auf dem Markusplatz ankam – ich war zehn Minuten zu spät –, hatte ich ihn fast vergessen.

Ich denke immer, wenn meine Eltern alt sind, will ich mit ihnen reisen. Vielleicht denke ich auch, wenn ich alt bin, will ich mit meinen Eltern reisen. Ich vergesse, daß sie schon jetzt alt sind, oder besser, ich verdränge es, ich denke, wir haben noch Zeit, ich verliere mein Zeitgefühl. Jedes Zusammentreffen mit meinen Eltern ist behaftet mit so etwas wie einer Unruhe. Hätte ich nicht Besseres zu tun, als mit meiner Mutter und meinem Vater auf dem Balkon zu sitzen und in dieser verfahrenen, gewohnten, unsinnigen Art und Weise mit ihnen zu sprechen? Sind da nicht andere Menschen, mit denen ich glücklicher wäre? Sitze ich hier nicht nur ihnen zuliebe? Und jeder Abschied ist begleitet von Reue und Traurigkeit, wie schön ist es doch eigentlich, mit ihnen zu sein, wie seltsam und wie vertraut. Und müßte ich nicht für immer zu ihnen zurückkehren, da ich von all dem anderen, vom ganzen Rest des Lebens doch nun ohnehin alles weiß. Ein neutrales Zusammensein, eines, in dem ich nicht unruhig, nicht reuig, nicht traurig bin, nicht auf dem Sprung und nicht bemüht, ihnen irgend etwas weiszumachen, gibt es selten. Warum wir auf dem Markusplatz so beieinandersitzen konnten, ein Vater, eine Mutter, ein erwachsenes Kind, nicht mehr und nicht weniger, kann ich nicht sagen.

Meine Mutter hatte darauf bestanden, ins Café Florian zu gehen, obwohl dort schon ein Mineralwasser 15 000 Lire kostete. Sie sagte »Wenn man in Venedig ist, muß man ins Café Florian gehen. Oder ins Quadri. Sonst war man nicht in Venedig«. Mein Vater bemerkte, daß er sich bisher in der Zuversicht gewiegt habe, schon zweimal in Venedig gewesen zu sein, wenn auch noch nie im Florian oder im Quadri. Hinter einem dichten Ring von Rucksacktouristen vermuteten wir richtig die auf der Piazza aufgestellten Tische des Florian. Die meisten waren leer, wir setzten uns an einen Tisch, der am Rand stand, was den Vorteil hatte, nicht auf dem Präsentierteller zu sein, wie meine Mutter befand. Während wir lange auf die Bedienung warten mußten, konnten wir sehen, wie ein Kellner die Leute vertrieb, die sich nur gesetzt hatten, weil sie sich ein wenig ausruhen wollten. Um einen solchen Verdacht wenigstens im nachhinein zu entkräften, drang meine Mutter darauf, doch nicht den billigsten Rotwein zu bestellen, mein Vater gab nach. Der Kellner stellte gnädig ein Schälchen Oliven vor uns ab. Wir stießen mit dem Rotwein an, »Alles Gute zum Geburtstag, mein altes Kind«, sagte meine Mutter zärtlich, mehr nicht, dafür war ich ihr dankbar. »Ja«, sagte mein Vater. Die Kapelle des Florian spielte unter den Arkaden *My Way*. Die uns umringenden Touristen sangen mit, meine Mutter sagte tonlos »Amerikaner«. Nachdem unsere Kapelle verstummt war und vom Quadri auf der anderen Seite der Piazza *Moon River* herüberzuwehen begann, zogen die meisten Leute weiter. Der Markusdom wurde sichtbar, mein Vater verschob seinen Stuhl, um ihn besser betrachten zu können, meine Mutter sagte »Ich bleibe hier sitzen«, ich glaube, sie empfand das Verhalten meines Vaters als eine Art Unhöflichkeit gegenüber dem Florian. Wir sagten lange nichts. Ich sah zwischen beiden hin und her und folgte mal dem Blick meines Vaters, dann wieder dem Blick meiner Mutter, der unschlüssig zu den erleuchteten Fenstern des Quadri ging. »Das Kind ist gestern dreißig Jahre alt geworden«, sagte sie unvermittelt und vorwurfsvoll zu meinem Vater. Mein Vater machte einen seiner fragendsten Gesichtsausdrücke. »Manchmal«, sagte sie zu mir, »sagt dein Vater stundenlang gar nichts, wenn ich ihn nicht nach diesem und jenem frage. Aber du mußt mal sehen, wie er die Augen schließt, wenn ich Barock sage, und es ist nicht Barock. Er weiß alles und ich weiß nichts«, ihre Stimme klang fast triumphierend. Ich dachte »So ist das, wenn meine Eltern reisen«, ich dachte an Korsika, an das Geburtstagsbuch im Küchenschrank eines verschlossenen Zimmers am Strand, an den, der fort war, an den, der kommen würde oder auch nicht, mir konnte ja nichts mehr geschehen. Dann wurde es kühl, wir bezahlten und gingen, ich war ein wenig betrunken oder auch nur entspannt, ich hakte mich bei meinen Eltern ein, die wußten, wo die Vaporetto-station, der Bahnhof, das Hotel waren, sie beschützten mich und, aber das wußten sie nicht, ich beschützte sie. Wir fuhren mit dem Vaporetto durch die nächtliche Stadt, unter den Brückenbögen hindurch über das Wasser, wir setzten uns an die Reling, ich saß in der Mitte. In einer Gruppe stand ein kleines Mädchen in einem Prinzessinnenkostüm, einem weißen Kleid mit Rosen geschmückt, ihr Körper war aufgebläht und ihre nackten Arme so dünn wie Stöcke, das Gesicht war alt, ernsthaft und schön. Sie hielt sich an der Hand eines Mannes fest, sie schien ein wenig ängstlich zu sein, ihre dunklen Augen waren weit aufgerissen. Als das Boot an der Accademia hielt, stieg sie würdevoll und majestätisch, in den Beinen einknickend, aus. Ich dachte an das unbehagliche Gefühl, das ich sonst oft habe, wenn ich mit meinen Eltern unterwegs bin, das Gefühl, aufzufallen, merkwürdig auszusehen, be-obachtet und belächelt zu werden, *Freaks*, ich wartete auf dieses Gefühl, aber es kam nicht. Meine Mutter wies mich auf jeden möglichen Blick in ein geöffnetes Palazzofenster hin – »Sieh, der Brokat, die Lüster, die schimmernden Gläser. Daß da Menschen wohnen, kann man sich kaum vorstellen«. Ich wußte, daß mein Vater wünschte, sie würde nichts sagen, ich wünschte das in gewisser Weise auch, ich wußte, daß genau das eben meine Mutter war. »Als wir im Vaporetto durch die venezianische Nacht fuhren und du die ganze Zeit über quatschen mußtest«, würde mein Vater sagen, später, sanft. Am Bahnhof stiegen wir aus, bedauernd, einen Moment lang noch schwankte der Boden unter meinen Füßen. Wir liefen die Lista di Spagna entlang zum Hotel, es war Mitternacht, ich dachte an den Markusplatz, an die Tauben und daran, daß man ihn nur spät in der Nacht und früh am Morgen leer sehen konnte. »Es gibt einen Suizidaltourismus in Venedig«, hatte mein Vater einmal erzählt, »die Selbstmörder kommen extra nach Venedig gefahren und schießen sich dann morgens um fünf auf dem Markusplatz eine Kugel in den Kopf.« »Wie exzentrisch«, hatte meine Mutter gesagt, ich hatte »Und du?« gefragt, und mein Vater hatte gelacht, kurz, und gesagt »Zu alt.« Ich stellte mir vor, wie die Tauben auffliegen würden in der Stille nach dem Schuß, und dann stolperte meine Mutter und fiel fast hin. Wir hielten sie fest, ich sagte empört und erschrocken »Mama!« und zu meinem Vater »Du mußt auf sie aufpassen!«. Mein

Vater sagte »Sie fällt sonst alle zwei Minuten«, und meine Mutter wehrte verlegen und kindlich unsere stützenden, beruhigenden, ängstlichen Hände ab. Ich zeigte ihnen kurz mein Hotel, verhinderte, daß sie sich das Zimmer anschauten und dem Portier Anweisungen für mich erteilten, und brachte sie bis zu ihrer Pension. »Also holen wir dich morgen um halb acht zum Frühstück ab«, sagte mein Vater und verschwand sofort und ohne sich weiter zu verabschieden oder noch einmal umzudrehen in der Tür, er fand solche Abgänge schon immer amüsant. Ich küßte meine Mutter und sagte mehrmals hintereinander »Und paßt bei der Treppe auf!«, ich unterdrückte den Wunsch zu sagen »Kann ich nicht mitkommen, kann ich nicht heimlich mit hinaufschleichen und mich mit in euer Bett legen, bitte«, dann ging auch sie. Ich wartete vor dem Fenster meiner Eltern, bis das Licht anging, ich wartete, bis es wieder ausging, zwanzig Minuten später. Mein Vater betrat noch einmal vorsichtig den Balkon, er zündete sich eine Zigarette an, er hatte seine Brille abgesetzt, ich war mir sicher, daß er mich nicht sehen konnte. Ich dachte daran, ihn zu rufen, ihm noch einmal »Gute Nacht« zu wünschen, aber dann drehte ich mich um und ging weg. Ich trank einen letzten Wein im Café am Platz, vor der Kirche hatten Schwarzafrikaner imitierte Luxustaschen ausgebreitet, sie trugen Trachten, schienen zu frieren und verkauften, solange ich saß, keine einzige Tasche. Dann ging ich ins Hotel, an der leeren Rezeption vorbei in mein Zimmer, in dem ich, als ich es verlassen hatte, das Nachttischlicht hatte brennen lassen. Aus dem Hinterhofschacht drang noch immer das Scharren und Kratzen, nicht beunruhigend jetzt, eher einschläfernd, ich rauchte eine letzte Zigarette, dann schlief ich ein.

Am Morgen klopfte der Portier an die Tür und rief mehrmals streng »Mamma e papà!«, es dauerte eine ganze Weile, bis ich begriff, daß ich nicht träumte. Ich sprang aus dem Bett und riß die Tür auf, der Portier stand dicht davor und zuckte zurück, dann sagte er noch einmal, sehr langsam und betont »La mamma e il papà«, deutete nach draußen, drehte sich um und verschwand. Ich packte so schnell wie möglich meine Sachen zusammen, ich befürchtete, meine Eltern in hitzigen Verhandlungen über den von ihnen herausspionierten Zimmerpreis vorzufinden, aber als ich an die Rezeption kam, standen sie scheinbar versunken in den Anblick eines kleines Gemäldes, das neben der Eingangstür hing, und bemerkten mich nicht. Ich bezahlte so unauffällig wie möglich und beobachtete sie, mein Vater erzählte leise etwas und deutete mit dem Zeigefinger, meine Mutter betrachtete aus den Augenwinkeln die Teppiche, Zierleisten, Vorhangdraperien und Zimmerpalmen, dann drehte sie sich plötzlich nach mir um und sagte übergangslos »Das Kind ist aufgestanden«. Ich verabschiedete mich übertrieben höflich von dem Hotelportier, ich hatte den Wunsch, er möge sich unter all den Gästen an uns erinnern, an mich, an mamma e papà, die so schön und einig vor seinem kleinen Gemälde herumgestanden und auf das verschlafene Kind gewartet hatten, aber der Portier blieb mürrisch und abweisend, und dann gingen wir und traten hinaus auf die Straße. Es war kurz vor acht, das Licht war hell und der Himmel weiß, die Straße war so leer und still, über den Platz vor der Kirche rannten Kinder in Schuluniformen, verschwanden in einer Gasse; ich hatte nicht gedacht, daß es in Venedig eine Schule, Kinder, überhaupt irgendeine Art von normalem Leben geben könnte. Die Souvenirläden waren noch geschlossen, vor den Cafés stellten die Kellner ihre frisch gewischten Tische auf und rückten die Stühle zurecht, junge Frauen in engen Kostümen und mit schmalen Aktentaschen unter dem Arm liefen eilig auf hohen Absätzen über das Pflaster, es war kein einziger Tourist zu sehen. Sachte schaukelten die leeren Gondeln an der Stazione Ferrovia Bar Roma. Wir setzten uns in ein Café vor dem Bahnhof und bestellten Kaffee und Croissants, ich erwartete nicht, daß mein Vater nach seiner Erläuterung des Gemäldes im Hotel schon wieder reden würde, und also redete ich mit meiner Mutter, und wir besprachen das, was sie »das Praktische« nannte – mein Rückfahrticket, meine Telefonrechnung, meine Schwestern, die Balkonpflanzen ihrer Wohnung in der Stuttgarter Straße. »Ich hoffe«, sagte meine Mutter, »daß deine Schwestern sie auch nur ein einziges Mal gegossen haben, dann könnten sie überlebt haben.« Mein Vater rauchte und sah mit gesenktem Kopf auf das Wasser. Ich mochte es, mit meiner Mutter diese Art von Gesprächen zu führen, ich mochte auch die Formulierung »deine Schwestern«, sie ehrte mich auf eine seltsame Art und Weise. Wir waren die ersten Gäste im Café, der Kellner hatte uns mit Schwung und morgendlicher Energie die Stühle an den Tisch gestellt, jetzt brachte er den Kaffee, nach dem ich ein gutgelauntes Verlangen hatte. Ein zweiter Gast setzte sich an den Tisch neben uns. Ich sah flüchtig auf und wieder weg und dann wieder hin, und in dem Maße, in dem sich in meinem Gesicht ein entsetztes Erkennen abgezeichnet haben muß, zeigte sich im Gesicht dieses Gastes die hellste, freudigste Überraschung. Der, der sich da jetzt zurechtsetzte, einen Espresso bestellte und offenbar mit einem Blick die Situation erkannte, war der Venezianer von der Rialtobrücke. Er saß im Rücken meiner Eltern, sie konnten ihn nicht sehen, sie hatten, glaube ich, noch nicht einmal bemerkt, daß sich jemand hinter sie gesetzt hatte. Ich weiß nicht, ob er an gewissen familiären Ähnlichkeiten oder an der Art und Weise, wie wir da zusammensaßen, erkannte, daß es meine Eltern waren – wie auch immer, er verstand die Situation. Er verstand, daß ich verloren und wehrlos war und

daß ich mich ihm um meiner Eltern willen ausliefern
würde.

Er bekam seinen Espresso, trank ihn mit einem Zug
aus, zündete sich eine Zigarette an und versenkte die
freie, rechte Hand in der Hosentasche. Die Straße war
noch immer fast leer, der Kellner verschwunden. »Du
mußt deine Immatrikulationsbescheinigung noch ein-
reichen«, sagte meine Mutter streng, mein Vater blätterte schon wieder in seinem zerlesenen Reclamheftchen herum. Ich hielt mich an meiner Kaffeetasse
fest, ich hätte auch gerne geraucht, alles in der Welt
hätte ich gegeben, um jetzt rauchen zu können, aber
nicht gleichzeitig mit dem Venezianer. Der Venezianer
arbeitete sich voran, ich verschränkte die Arme vor
der Brust, drehte den Kopf weg, preßte die Beine
zusammen, ein Vaporetto dröhnte an der Anlegestelle,
der Kellner, weit weg, klapperte mit dem Geschirr,
der Kaffee schmeckte bitter, Möwen stießen über
das Wasser, die Kirchturmuhr San Geronimo schlug
einmal, zweimal. »Ich würde gerne den Giorgione
sehen in der Accademia«, murmelte mein Vater, meine
Mutter bestellte die Rechnung, das Croissant zerbrach
zwischen ihren Fingern. Als ich klein war, bekam ich,
wenn ich Fieber hatte, Erdbeeren, zu jeder Jahreszeit
gelang es meiner Mutter, Erdbeeren zu kaufen, die sie
kleinschnitt, zuckerte und mir in den Mund steckte,
Stück für Stück. »Du gibst aus Unsicherheit und demü-

tiger Höflichkeit immer ein viel zu hohes Trinkgeld«, sagte mein Vater zu meiner Mutter, und sie lächelte mich an, ich dachte *acqua alta*, warum auch immer, *acqua alta*, Hochwasser, im Herbst und im Winter ist diese Stadt überschwemmt und irgendwann wird sie ganz versinken. »Hörst du uns zu?«, fragte mein Vater, »Ja«, sagte ich, »ja doch, ich höre euch zu«, mein Herz schlug heftig, der Venezianer legte den Kopf in den Nacken. Lautlos, endlich. Er nahm die Hand aus der Hosentasche. Dann bezahlte er seinen Espresso, sagte »Grazie«, zum Kellner, nicht zu mir, und ging.

Sind wir in der Accademia gewesen? Haben wir Carpaccio und Tintoretto und Veronese und Tizian gesehen? Die heilige Ursula, den heiligen Markus, den heiligen Rochus, den heiligen Georg. Habe ich mit meiner Mutter vor der Accademia auf meinen Vater gewartet, der lange nach uns herauskam und verweint aussah, hatten wir Postkarten gekauft zum Beweis unserer Besichtigung? Saßen wir am Wasser, an der Santa Maria della Salute, so schön und so weiß, und unsere Beine baumelten über die Kaimauer? Als wir aufstanden, taumelte ich, und meine Eltern griffen nach mir wie nach einer Greisin, eine Geste, die mich wütend machte, daran erinnere ich mich. Wege über Brücken, durch Gassen, über Brücken, am Wasser entlang und zurück. »Wir kaufen dir Reiseproviant«, sagte meine Mutter, die es liebt, in fremden Städten fremde Lebensmittel einzukaufen; ich habe mit meinem Vater vor einem venezianischen Feinkostgeschäft auf meine Mutter gewartet, die, nach Stunden schien es, endlich wieder herauskam und glücklich aussah. Der kurze, unwillige, neugierige Blick an einem Kiosk auf die Schlagzeile einer deutschen Zeitung vom vorigen Tag. Gondeln, die durch das Wasser gleiten, Japaner darin, Amerikaner, flach liegend, wie tot. »Möchtet ihr auch mal in so einer Gondel fahren?«, fragte ich meine Mutter. »Ja«, sagte sie und sah zu meinem Vater hin, »ich würde schon gerne, aber wir können uns das nicht leisten.« Die Glockenschläge von Santa Maria della Pietà, Santa Maria Assunta, Santa Margherita, Santa Corona. »Das Licht«, sagte mein Vater, »das Licht, ist dir am Licht irgend etwas aufgefallen?«

Meine Eltern haben mich zum Bahnhof gebracht. Sie haben gewartet, bis der Zug fuhr, wir haben eine Zigarette zusammen geraucht, sie haben nicht »Willst du noch bleiben?« gefragt, hätten sie gefragt, ich wäre geblieben. Sie selber wollten noch drei Nächte in Venedig verbringen, dann vielleicht in die Schweiz, vielleicht nach Österreich fahren, mein Vater wollte die Berge sehen, die Alpen, »Eine Bergwanderung möchte ich machen«, sagte er, meine Mutter verdrehte die Augen. Immer wieder las ich das Bahnhofsschild Stazione Ferroviaria Santa Lucia, mir war schwer ums Herz, ich sagte »Schreibt Karten, paßt auf euch auf, kommt heil zurück, bald«. Als der Zug anfuhr, hatte meine Mutter die Hand meines Vaters ergriffen. Die Türen schlugen zu, sie winkten, ich konnte nicht umhin zu denken, wenn ich sie das letzte Mal gesehen haben sollte, dann so, Hand in Hand auf dem Bahnhof von Venedig stehend, an einem Nachmittag im Juli 1999. Der Zug war leer, ich setzte mich in ein Abteil, zog die Vorhänge zum Gang zu, setzte mich ans Fenster, draußen glitt die Lagune vorbei. Ich öffnete die Tüte, die meine Mutter mir gegeben hatte, Brot, Schafskäse, Oliven, Äpfel, ein venezianischer Löwe aus Schokolade. Ich aß das Brot und den Käse und versuchte dann einzuschlafen. Irgendwann hielt der Zug auf freier Strecke, auf einer grünen, mit Butterblumen übersäten Wiese, die unzweifelhaft nach Deutschland oder Österreich aussah, er blieb einfach stehen. Ich öffnete das Fenster und sah hinaus, weit und breit war kein Bahnsteig zu sehen, nur diese Wiese im Abendlicht vor schon dunklen Bergen. Einige Passagiere stiegen aus und setzten sich ins Gras, es schien länger zu dauern, bis der Zug weiterfahren würde. Im Abteil war es kühl, aber draußen schien es wirklich warm zu sein, die Luft flimmerte über der Wiese. Ich stand auf und stieg ebenfalls aus. Es war still und friedlich, niemand schien sich über die Unterbrechung der Reise aufzuregen. Ich befürchtete anfangs, der Zug würde plötzlich wieder anfahren, zu schnell, um einsteigen zu können, es hatte etwas Riskantes, über die Wiese zu gehen, sich vom

Zug zu entfernen, sich nach ihm umzudrehen, er stand so still in dieser Landschaft. Im Schatten der Bäume hatte sich ein Paar wie zu einem abendlichen Picknick hingesetzt, sie waren mir schon auf dem Bahnhof in Venedig aufgefallen, weil sie alle beide ungeheuer dick waren und einander nicht losließen, geradezu niemals losließen. Sie waren Arm in Arm sehr umständlich eingestiegen, hatten sich aneinandergeklammert durch den Gang bewegt, saßen jetzt Hand in Hand, zwei riesige Kinder, unter dem Baum. Ich ging auf sie zu, sie begrüßten mich freundlich und antworteten mir auf meine Frage nach dem Grund für diesen Zwischenhalt ausführlich und höflich. Wir stünden kurz hinter der italienischen Grenze, irgendwo oben in den Bergen sei ein Drachenflieger abgestürzt und in die Leitung gefallen, der Schaden würde jetzt behoben und der Zug könne erst weiterfahren, wenn die Leitung repariert sei, vielleicht in ein bis zwei Stunden. Sie hatten fast gleichzeitig und einander immerzu liebevoll unterbrechend und ergänzend gesprochen, jetzt machten sie eine kleine Pause. Ich war mir nicht sicher, ob ich etwas zu der Verspätung sagen oder den Absturz des Drachenfliegers bedauern sollte. Ich dachte darüber nach, ob dieser Drachenflieger den Sturz überlebt hatte oder ob er zwangsläufig daran gestorben war, ich hätte sie das gerne gefragt, aber irgendwie erschien es mir unschicklich. Ich schwieg und sie schwiegen auch. Und dann fingen sie wieder an zu sprechen und erzählten mir, daß sie auf ihrer Hochzeitsreise seien und daß diese Hochzeit vom Pech verfolgt sei. Der Pfarrer sei kurz vor der Andacht vom Schlaganfall getroffen worden, ein Auto voller Hochzeitsgäste gegen einen Baum gefahren und das Wirtshaus, in dem die anschließende Feier hätte stattfinden sollen, abgebrannt. Ihnen aber gehe es gut. Daß sie den Drachenflieger in ihrer Aufzählung der Unglücksfälle nicht erwähnten, hielt ich für pietätvoll und ging also davon aus, daß er tot sei, in irgendeiner Leitung hing mit gebrochenen Flügeln. Ich saß noch eine Weile bei ihnen unter dem Baum, wir lächelten uns von Zeit zu Zeit beruhigend an, und sie streichelten einander unaufhörlich. Irgendwann stand ich auf und lief zum Zug zurück. Als es schon fast dunkel war, gingen die Schaffner herum und baten, wieder einzusteigen, man würde jetzt weiterfahren. Alle erhoben sich und stiegen in den Zug, langsam, fast zögerlich und so, als wären sie gerne noch ein wenig geblieben. Die Berge waren jetzt schwarz. Die Türen schlossen sich, ich ging in mein Abteil zurück und ließ, als der Zug wieder anfuhr, noch eine Weile das Fenster offen, die Luft, die hereinströmte, war warm. Erst viel später, Monate später, habe ich gedacht, daß wir auf dieser Wiese vor dem Zug und im Abendlicht vier Stunden lang wegen eines Toten gewartet hatten, und daß wir, vielleicht zu Ehren und zur Andacht dieses Toten, so still und friedlich und geduldig gewesen waren. An meine Eltern habe ich dabei nicht gedacht. Sie sind auch aus Venedig noch einmal zurückgekehrt.